乡村学校的
乡村振兴功能研究

王丽娟 著

中国社会科学出版社

图书在版编目（CIP）数据

乡村学校的乡村振兴功能研究 / 王丽娟著. -- 北京：中国社会科学出版社，2025.1. -- ISBN 978-7-5227-3886-4

Ⅰ. G725

中国国家版本馆 CIP 数据核字第 2024GW2165 号

出 版 人	赵剑英
责任编辑	黄　晗
责任校对	闫　萃
责任印制	张雪娇

出　　版	中国社会科学出版社
社　　址	北京鼓楼西大街甲 158 号
邮　　编	100720
网　　址	http://www.csspw.cn
发 行 部	010-84083685
门 市 部	010-84029450
经　　销	新华书店及其他书店
印　　刷	北京明恒达印务有限公司
装　　订	廊坊市广阳区广增装订厂
版　　次	2025 年 1 月第 1 版
印　　次	2025 年 1 月第 1 次印刷
开　　本	710×1000　1/16
印　　张	17.5
插　　页	2
字　　数	274 千字
定　　价	98.00 元

凡购买中国社会科学出版社图书，如有质量问题请与本社营销中心联系调换
电话：010-84083683
版权所有　侵权必究

目 录

前　言 ……………………………………………………………（1）

第一章　乡村学校与乡村振兴的逻辑关联 ……………………（1）
　　第一节　历史经验：乡村学校功能的回顾与启示 …………（1）
　　第二节　时代需求：乡村振兴呼唤乡村学校参与 …………（18）
　　第三节　理论确证：乡村学校与乡村休戚与共 ……………（34）

第二章　乡村学校之乡村振兴功能的基本框架 ………………（43）
　　第一节　乡村学校之乡村振兴功能的内涵 …………………（43）
　　第二节　乡村学校之乡村振兴功能的范畴 …………………（46）
　　第三节　乡村学校之乡村振兴功能现状的分析技术 ………（58）

第三章　乡村学校之乡村振兴功能发挥的现实样态 …………（73）
　　第一节　调查实施情况 ………………………………………（73）
　　第二节　问卷结果呈现 ………………………………………（81）
　　第三节　调查结论 ……………………………………………（128）

第四章　乡村学校之乡村振兴功能发挥的评判分析 …………（132）
　　第一节　乡村学校之乡村振兴功能发挥的初步成效 ………（132）
　　第二节　乡村学校之乡村振兴功能发挥中的问题 …………（140）
　　第三节　乡村学校之乡村振兴功能发挥问题的成因 ………（150）

第五章 乡村学校之乡村振兴功能发挥问题的解决方向 …………（167）
  第一节 以大教育观指引乡村学校拓展功能 ……………（167）
  第二节 以统筹思维推进学校助力乡村振兴 ……………（182）

第六章 乡村学校之乡村振兴功能发挥问题的解决路径 …………（194）
  第一节 加强宏观统筹以增强乡村学校组织力量 ………（194）
  第二节 调适乡村学校工作模式以助力乡村振兴 ………（203）
  第三节 师生积极响应学校助力乡村振兴的召唤 ………（214）
  第四节 家校联动合作以巩固学校振兴乡村成效 ………（226）

第七章 乡村学校之乡村振兴功能发挥问题的解决保障 …………（231）
  第一节 完善顶层政策引导，注重学校发展质量 ………（231）
  第二节 构建多元投入机制，稳定供给支持系统 ………（240）
  第三节 改善基础设施平台，推动社校互促发展 ………（248）

第八章 结语 ………………………………………………………（257）
  第一节 研究结论 …………………………………………（257）
  第二节 研究创新 …………………………………………（259）
  第三节 不足与展望 ………………………………………（260）

参考文献 ……………………………………………………………（262）

后　记 ……………………………………………………………（271）

前　言

　　乡村振兴战略的提出将乡村发展推至极为重要的地位，全社会对此给予高度关注。在寻求乡村全面振兴的同时，来自乡村学校的振兴力量亦不可忽视。乡村学校既具有教育机构特性，又汇聚人力资源，还是乡村联系外界的重要平台，因而是乡村振兴比较可靠的动力源泉。乡村学校场域中的行动者可利用自身的社会资本、文化资本、象征资本促进乡村社区发展，以利于乡村振兴的实现。因此，乡村学校可通过发挥哪些功能助力乡村振兴，以及乡村学校的这些功能发挥得怎么样、如何更好地发挥值得我们关注。

　　乡村学校的乡村振兴功能主要指乡村学校对于乡村振兴的助力作用，即在乡村实现"产业兴旺、生态宜居、乡风文明、治理有效、生活富裕"的过程中，办在乡镇或村庄的教学点、幼儿园、完全小学、乡镇中心小学、初级中学、九年一贯制学校等对乡村文化、乡村经济、乡村生态、乡村政治及乡村社会等的发展所起的助力作用。从调查结果来看，乡村学校的乡村振兴功能总体发挥水平处于中等略微偏好的状态，五个维度发挥水平从高到低依次为支持乡村社会建设、参与乡村生态建设、助力乡村政治建设、促进乡村文化建设、推动乡村经济建设。运用独立样本 t 检验或单因素方差分析对数据进行分析后可知，村小、教学点和乡镇中心校的乡村振兴功能发挥水平之间不存在显著性差异，但各类学校在五个维度上平衡度不一；性别、年龄、婚姻状况、学历、居住地情况不同的教师，以及出生地与任教地一致或不一致的教师对乡村学校的乡村振兴功能及其各维度发挥水平的判断之间存在显著性差异，不同民族的教师之间则不存在显著性差异；不同工作身份、聘任类型、教龄、职称、工资水平的教师对乡村学校的乡村振兴功能及其各维度水平的判断存在显著性差异，曾任教科目数不同的教师在总体功能水平及促进乡村文化建设、推动乡村经济建设、参与乡村生态建设、助力乡村政治建设水平的判断上存在显著性差异；对乡村政策的认知、参与扶贫实践的经历影响乡村教师对乡村学校振兴功能现状的判断。

综合调研资料及文献可知，乡村学校乡村振兴功能的发挥成效在促进乡村文化建设、推动乡村经济建设、参与乡村生态建设、助力乡村政治建设、支持乡村社会建设上均有表现。不可否认的是，问题亦同时存在。乡村学校在促进乡村文化建设上面临后续动力不足，在推动乡村经济建设上面临人力结构不佳，在助力乡村政治建设上有效程度不高，在支持乡村社会建设时面临较多的客观限制，在参与乡村生态建设方面遭遇范围窄化的尴尬。乡村学校的乡村振兴功能发挥出现问题的原因大致如下：一是传统观念下学校功能发挥范围窄化，学校实际服务对象窄化为在校学生，学校工作任务安排盯校内。二是学校服务乡村建设的内部支撑不足，乡村学生和乡村教师助力乡村振兴的能力和精力有限。三是相应的政策缺位导致外部支持乏力，比如专门政策与执行组织缺位、社区人文环境支持度不高、专项经费和专门人才匮乏。四是社会公众对乡村学校价值诉求偏执，比如学校的工具性价值被不当理解，离农价值被奉为圭臬；不同视野之中的乡村学校价值也难以平衡。

欲解决乡村学校的乡村振兴功能发挥问题，既需要乡村学校响应新时代乡村振兴的呼唤、遵循大教育观的工作理念，也需要以统筹思维推进乡村学校与乡村社区的发展。首先，要立足大教育观拓展乡村学校功能，努力实现其对乡土文化传承与创新、乡村生产与经营、乡村党建和治理、乡情培育与增强、生态爱护与改善的促进作用。其次，要统筹确保乡村学校助力乡村振兴的空间，完善乡村文化的公共服务体系、发掘学校带动乡村经济的空间、打通学校助力乡村政治的通道、营造学校增进乡村情感的情境、支持学校参与生态改善的实践。离开乡村学校，难以续谈乡村学校乡村振兴功能的发挥。围绕上述方向，国家要加强宏观统筹以确保助力乡村振兴的学校布局合理、教师力量充足，在吸收和借鉴国内外经验基础上，依据乡村人口规模变化和乡村振兴需要来重新统筹乡村学校布局调整；在保证学校布局合理基础上，还需通过扩编增能提升乡村学校胜任力。学校要调适工作模式，即将乡村民众纳入教育对象,将生活知识融进教育内容,采取灵活多样的教育形式,以及改善评价师生的制度。从个体层面来说,乡村教师要兼顾好校内外的需求,在做好校内工作、促进学校发展的同时,时常走出学校,推动乡村建设;乡村学生要积极支持学校或教师面向乡村开展的活动,并以己之力主动参与乡村建设活动。此外,还需注重家校之间的联动合作,这样做的目的在于巩固学校振兴乡村的效益。

为保障乡村学校的乡村振兴功能得到较好的发挥,我国需要从完善政策制度引导、建立多元投入机制、改善设施平台等方面努力。在政策引导层面,既需要国家从宏观层面制定支持乡村学校助力乡村振兴的政策,强调乡村学校助力乡村振兴的重要意义,规定政府、学校等各责任主体及其责任,也要引导乡村学校通过标准化建设、特色化发展、智能化助力向高质量发展目标迈进。同时,我国还要努力实现投入主体多元化和投入形式多样化。其中,实现投入主体多元化的举措主要包括坚持以公共财政投入为主渠道、鼓励金融行业积极助力和吸纳多种社会力量参与;实现投入形式多元化的举措为鼓励投入主体结合自身专长和乡村需要采取资金投入、基建投入、物资投入与向教育教学力量形式中的一种或多种。在完善设施平台方面,加强学校设施建设的同时,还要注重乡村道路网络设施、文体活动设施、生产教育示范基地等方面建设。

此外,我们还应认识到在乡村学校的功能范畴方面,超越乡村学校功能限度的要求是不合理的,是难以达到的。但我们不能因此放弃对乡村学校的功能的探讨,而应结合学校发展实际与乡村振兴的诉求,在乡村学校功能的"最近发展区"做出尝试,拓展乡村学校功能,以更好地实现乡村振兴背景下乡村学校的可持续发展。同时,随着乡村学校逐渐融入乡村振兴,在教师数量不变的情况下,乡村教师工作量无疑会增加。鉴于乡村学校助力乡村振兴具有独到的优势,乡村学校的乡村振兴功能不能因为教师数量不足、结构不佳而被湮没。因而,我们在呼吁学校助力乡村振兴的同时,更要关注对乡村教师服务乡村振兴能力的培养,关注乡村教师结构的调整、乡村教师编制的配备。

第一章

乡村学校与乡村振兴的逻辑关联

"乡村学校的乡村振兴功能"的提出源于对乡村学校与乡村发展关系的深度思考。它建立在对乡村学校发展历史的梳理、对我国乡村政策走向的把握、对乡村学校与乡村多维关系探讨基础之上。当前,乡村振兴还存在一些薄弱环节,在诸多方面对社会各界表现出诉求。作为乡村组成部分和乡村社会发展重要影响者的乡村学校,应该发挥自身功能以积极助力乡村振兴的实现。

第一节 历史经验:乡村学校功能的回顾与启示

一 不同时期乡村学校发展的概况

教育伴随人类社会而产生,原始社会的教育活动中逐渐产生了专门从事教育活动的人,即我国历史上最早的教师。教师向他人传授知识和经验的形式演变中逐渐产生"学校"。可见,"学校"这一名称并不是自教育活动开始就有,也非与"教师"这一称呼同时出现。1912年1月,中华民国南京临时政府教育部颁布《普通教育暂行办法》,其中提到将以往各种学堂统称为"学校"[①]。因此,人们一般认为"学校"名称直接的起源在民国时期。

[①] 中国革命博物馆编,齐钟久主编:《近代中国报道:1839—1919 插图本》,首都师范大学出版社2000年版,第704页。

学校的产生适应了人们的生产生活、文化保存和传递经验的需要。① 文字的产生为学校教育提供了知识载体,并且当时的统治阶级需要通过学校培养接班人和对被统治阶级施以教化。"养士"也是学校的重要目的。自诞生以来,学校就发挥着促进个体发展的作用,并且"成为社会教化的重要场所,成为国家治乱兴衰的根源所系"②。学校履行"分隔"家庭的功能和"去个性化"角色。③ 无论国内还是国外,古代早期学校教育都带有追求"普遍性"的取向。与国外不同的是,我国学校教育的思想渊源主要是伦理道德思想、尊师重教思想、读书穷理思想与集体主义思想。乡村学校作为学校的一种,其教育活动也是在这些思想指引下进行的。

(一)初创与雏形:先秦时期的乡村学校

就先秦时期的学校而言,有"乡里有教,夏曰校,殷曰序,周曰庠"④之说。不同时期的乡学承担不同的任务,开展不同的教学活动。夏朝的学校主要进行带有深厚等级意识的政治伦理和阶级化教育,当时的学校也会开展诸如射箭等军事训练。⑤ 夏朝的"校"是平民子弟的学校。⑥ 商朝接受教育的主要是奴隶主贵族子弟,学校教育的主要作用在于"明人伦"和巩固统治,辅之以宗教、军事、祖先崇拜、文化知识和礼乐教育。⑦ 商代在地方也设置学校,称为"序",其以习射为义。

周代王城和诸侯国都的近郊为乡,远郊为野。乡学处于王城或国都的近郊,其教师则为地方官员及掌管土地、教育的官员,以及一些告老还乡的官员。西周依据行政管辖层级将地方学校划分塾、庠、序。乡学

---

① 郭法奇:《文化视野中的学校教育:历史与比较》,中国社会科学出版社2016年版,第1页。

② 田晓伟:《找寻失落的"蜀庠楷模"——重庆聚奎学校变革的历史人类学研究》,人民出版社2019年版,第5页。

③ 郭法奇:《文化视野中的学校教育:历史与比较》,中国社会科学出版社2016年版,第3页。

④ (汉)司马迁:《史记·儒林列传第六十一》,转引自(汉)司马迁《史记》,易行、孙嘉镇校订,线装书局2006年版,第503页。

⑤ 樊克政:《学校史话》,社会科学文献出版社2011年版,第4页。

⑥ 郭秉文:《中国教育制度沿革史》,储朝晖译,商务印书馆2017年版,第17页。

⑦ 樊克政:《学校史话》,社会科学文献出版社2011年版,第6页。

教育内容受制度约束，要学习"六仪""六德""六行"。① "政教合一"是西周学校的典型特征，"乡学的庠、序、校，既是地方教育活动的场所，也是乡官议政、乡饮酒礼、乡射之礼、养老尊贤的场所"②。此外，乡学具有一定的选拔人才功能，贤能者经过推荐进入司徒，司徒中优秀者经推荐最终进入国学。春秋时期奴隶主贵族在政治上失势，原本由奴隶主统治阶级举办的国学和乡学落寞。有学识之人靠传授学业为生，文化、学术"撒向民间乡野"③，乡村下层民众有机会受教。战国时期，私学人数大增，私学学派林立，私学内容更加丰富，如儒家私学、墨家私学、道家私学、法家私学等。在私学产生发展的同时，乡村地区学校教育覆盖范围逐渐扩大，接受学校教育的人数增加。

（二）扩散与转折：秦朝至清末的乡村学校

战国末期，商鞅、韩非子已经在提倡禁私家学派。秦朝时，秦始皇听从李斯的建议，禁止私学，并推行焚书坑儒。此时，出现了"除官府附设的'学室'外，再无其他学校的存在"④的状况。汉代统治者吸取前朝衰亡的教训，重视文化知识分子及文化知识传播。地方官学中乡有庠、聚（村）有序。⑤ 私学逐渐昌盛，一种主要教授经书、子书、天文、历法等，另一种主要教授识字写字和《孝经》《论语》等传统经典。三国和两晋时期私学的主要内容都是以儒家经典为主，三国时期兼有天文、黄老之学，两晋时期兼有阴阳五行学说和佛学。这也说明了学校教育内容与社会政治背景有很大的关系。南北朝时期，儒经依旧是重要内容。其中南朝时期玄学、佛学与儒学几乎出现抗衡局面，北朝时儒学则优势明显。汉代私学和三国两晋南北朝时期私学设置范围逐渐向乡村、山林、边陲延伸。

隋唐户籍制度以"乡""里"为划分单位，百户为一里，五里为一乡。⑥ 概言之，隋唐私学主要面向基层民众，乡、里各设置学校，乡学、

---

① 樊克政：《学校史话》，社会科学文献出版社2011年版，第9—10页。
② 孙培青主编：《中国教育史》第三版，华东师范大学出版社2009年版，第22页。
③ 蔡应妹、严米平：《农村学校布局调整对农村文化建设的影响》，中国社会科学出版社2019年版，第51页。
④ 蔡应妹、严米平：《农村学校布局调整对农村文化建设的影响》，中国社会科学出版社2019年版，第51页。
⑤ 孙培青主编：《中国教育史》第三版，华东师范大学出版社2009年版，第108页。
⑥ 宋昌斌：《中国户籍制度史》，三秦出版社2016年版，第290页。

村学及私塾、家塾纷纷出现并承担基础教育、文化传承、移风易俗的功能。① 宋代私学中一类传授经说和科举之要,一类是以识字写字、道德规范、历史等为教学内容。私塾中的塾师在为乡民义务服务、传播和传承文化方面发挥了重要作用。② 此外,书院萌芽于唐、兴盛于宋,一般建在寂静的山林、水湖旁,对周边乡村民众素质提升起到促进作用。宋元时期蒙学受到重视,与宫廷内的贵胄小学并存的是设立在地方的庶民小学。承担乡村学校功能的还有民间设立的"冬学",它是农家子弟冬闲时节接受教育的渠道。③ 多民族融合是元朝的重要特征,元朝尤其是元世祖在位期间广设学校以促进偏远地区开发。④ 元代私学最大的特点在师生民族成分多元化,讲解经书仍然是重要内容。

社学是古代乡村学校的一种,创立于元朝,明清时期较多见。元朝时期,五十家为一社,一社一学校。教学内容包括儒家经学、文化知识及农事知识与技术。⑤ "导民向善、移风易俗"是社学的主要目的,同时起到了稳定乡村秩序与安定边疆的作用。⑥ 与社学一起构成明清乡村学校教育体系的还有乡校、村学、义学、书院、经馆、家塾,不过清朝的社学逐渐被其他形式的乡村学校取代。明清时期乡里的社学、塾学是乡约宣讲的场所,乡约宣讲起到了巨大的社会教化作用,对乡风文明建设、乡村社区治安起到了重要作用。⑦ 明清时期塾师与其他知识分子共同为乡村开展文化服务活动,成为乡村文化的代言人,也是"地方官员处理民间纠纷、维护治安、修桥补路、社会教化的有力助手"⑧,乡民常常邀请

---

① 蔡应妹、严米平:《农村学校布局调整对农村文化建设的影响》,中国社会科学出版社2019年版,第53页。
② 申国昌等:《生活的追忆:明清学校日常生活史》,海峡出版发行集团、福建教育出版社2018年版,第286页。
③ 孙培青主编:《中国教育史》第三版,华东师范大学出版社2009年版,第221页。
④ 孙培青主编:《中国教育史》第三版,华东师范大学出版社2009年版,第213页。
⑤ 熊明安、熊焰:《中国古代教学活动简史》,重庆出版集团、重庆出版社2013年版,第261—263页。
⑥ 申国昌等:《生活的追忆:明清学校日常生活史》,海峡出版发行集团、福建教育出版社2018年版,第210页。
⑦ 谢长法:《乡约及其社会教化》,《史学集刊》1996年第3期。
⑧ 申国昌等:《生活的追忆:明清学校日常生活史》,海峡出版发行集团、福建教育出版社2018年版,第323页。

第一章　乡村学校与乡村振兴的逻辑关联

塾师为其子命名、起草契约、书写春联及信函等。①

鸦片战争以后，我国固有的经济社会体系受到严重冲击，乡村教育出现转折。晚清时期士绅出资办学也较为常见。晚清时期乡村社会的治理和权力结构状况也让士绅有机会进一步控制乡村社会。② 他们在皇权和乡村社会管理权之间，通过垄断资源和提供利益等方式逐渐掌握乡村社会的经济权、政治管理权。③ 近代以来的士绅也参与经济活动，思想观念不再拘泥于旧的传统教育，逐渐支持发展新式学校。19 世纪末 20 世纪初新式学校开始建立，书院和私塾依旧是乡村的精神寄托和文化中心。④ 从发展历史来看，随着现代治理观念逐渐延伸至基层，近现代新式教育体系扩散至乡村，但是新式教育在乡村发展缓慢，上新式学校的学生往往事先读了私塾，有些学生同时接受私塾和新式学堂教育，亦有从新式学堂毕业后返回私塾读书者。⑤

新式学堂的出现让城市的学校结构焕然一新，由于诸因素限制，未能对乡村教育起到较大的革新作用。乡村学校的变化需要财政、土地、制度等来支撑。晚清政府曾颁布寺庙产业兴学政策，保障学堂用地和补充学堂经费，乡村学校建设借此得以推进。注重培养农业各层次人才的新式农业学校也在这一时期逐步落入乡村。废除科举制的政策颁布以后，私塾、书院等改为新式学堂⑥，乡村教育的近代学校体系逐渐确立。

(三) 传统兼现代：民国时期的乡村学校

中华民国建立以后，私学从围绕实用主义理念的传统办学逐渐向新私学过渡。"新私学以社会化为导向，以产业化为基础，将教育与社会的

---

① 申国昌等：《生活的追忆：明清学校日常生活史》，海峡出版发行集团、福建教育出版社 2018 年版，第 324 页。
② 田晓伟：《找寻失落的"蜀庠楷模"——重庆聚奎学校变革的历史人类学研究》，人民出版社 2019 年版，第 69 页。
③ 田晓伟：《找寻失落的"蜀庠楷模"——重庆聚奎学校变革的历史人类学研究》，人民出版社 2019 年版，第 70 页。
④ 田晓伟：《找寻失落的"蜀庠楷模"——重庆聚奎学校变革的历史人类学研究》，人民出版社 2019 年版，第 51 页。
⑤ 容中逵：《传统与现代的交锋：百年中国乡村教育变迁的实践表达》，浙江大学出版社 2010 年版，第 64 页。
⑥ 蔡应妹、严米平：《农村学校布局调整对农村文化建设的影响》，中国社会科学出版社 2019 年版，第 55 页。

关系提高到理论的高度。"① 新文化运动时期教育平民化观念形成，针对平民的教育与其生产生活的时间和空间结合起来。与此同时，乡村正式学校与非正式学校不断形成、壮大。李大钊提出农民"耕读作人"的建议，要求有识青年到农民大众中学习、劳动，推动了乡村旧面貌改变和乡村新道德观念体系形成。②

中国共产党领导下的农民教育最早开展于广东海陆丰地区，农民学校在海陆丰农民总会的支持下成立，本无机会接受教育的农村儿童入学读书。③ 农民白日忙于农事，无暇到校学习。基于此，中国共产党在广东举办的农民学校有日校和夜校之分，也有成年学校和小学之分。学习内容包括识字、计算、生产、生活常用知识。农民补习学校、农民夜校是湖南农民教育的场所。这些从1926年广东省第二次农民代表大会通过的《农村教育决议案》和1926年湖南省第一次农民代表大会通过的《农村教育决议案》中可见一斑。④ 各地面向乡村民众开展的各种样式学校，助推乡村民众文化程度和生产技能提升。办好乡村学校的重要保障之一就是有适宜、足量的教师。这一时期乡村师范学校注重培养"准教师"的农村素养，毕业会考加试农村经济合作。⑤ 乡村学校发展反映了乡村教育发展状况，乡村教育思潮促进乡村学校发展。推动这一时期乡村学校发展的还有平民教育运动、乡村建设实验、生活教育运动等。

平民教育工作重点前期主要在城市，1925年以后逐渐转向农村，乡村平民教育促进会迅速发展起来，渐渐与20世纪30年代的乡村教育运动合流。⑥ 晏阳初认为，"中国大部分的文盲，不在都市而在农村……要想普及中国的平民教育，应该到农村里去"⑦，事实证明其确实将平民教育践行到了乡村。1929—1940年，晏阳初先后在河北、湖南、四川、广西、

---

① 李冬君：《中国私学小史》，学习出版社2011年版，第258页。
② 孙培青主编：《中国教育史》第三版，华东师范大学出版社2009年版，第389页。
③ 孙培青主编：《中国教育史》第三版，华东师范大学出版社2009年版，第411页。
④ 陆有铨：《躁动的百年——20世纪的教育历程》，山东教育出版社1997年版，第635页。
⑤ 孙培青主编：《中国教育史》第三版，华东师范大学出版社2009年版，第439页。
⑥ 孙培青主编：《中国教育史》第三版，华东师范大学出版社2009年版，第388页。
⑦ 宋恩荣主编：《晏阳初全集》第1卷，天津教育出版社2013年版，第212页。

第一章　乡村学校与乡村振兴的逻辑关联

重庆推行乡村平民教育。① "四大教育"② 为其主要教育内容，落实这些内容的方式有学校式教育、社会式教育和家庭式教育，这三种方式在实践中相结合。学校式教育以乡村青少年为主要对象。初级平民学校毕业升入高级平民学校，都以"四大教育"为主要内容，初级时侧重识字，高级时将公民教育作为重点。③ 生计巡回学校的意义在于帮助农民获得提升生活及生产水平需要的常识和技能。社会式教育和家庭式教育是学校教育向普通民众及学校学员家庭的延伸。

乡村建设实验区小学教师肩负多重责任，既要指导自治事业、指导农业森林建设与防护，又要负调查之责和平民夜校创办之事。④ 山东邹平和菏泽是乡村建设县政实验区，下分为不同的小实验区，各区开办乡农学校。乡农学校有乡学和村学两级，入读何种级别的学校由受教育者的文化程度决定。与以往学校不同的是，乡农学校不仅是教育机构，还是借助教育力量来实施管理的行政机构。⑤ 从构成上来看，与平民教育促进会在定县举办的平民学校不同，乡农学校是把乡村领袖和乡村民众联系到一起的组织，⑥ 以乡民周边环境为依据，识字、社会改进问题、棉林种植技术、蚕茧养殖技术、农产品销售、自卫训练等皆有涉及。⑦ 实行的是社会式教育与学校式教育相结合的模式。他对中国乡村的关切建立在为国寻找出路的理想抱负之上，尽管由于忽视客观既存的阶级问题、反对农村土地革命等最终失败⑧，但在乡村政治、农业生产、社会秩序方面进行了极其有益的、大胆的探索。

谈及乡村学校，不得不提及另一位先行者——陶行知。学校是改造乡村社会的主要抓手，在起草《中华教育改进社改造全国乡村教育宣言

---

① 孙培青主编：《中国教育史》第三版，华东师范大学出版社2009年版，第453页。
② "四大教育"指文艺教育、生计教育、卫生教育、公民教育。
③ 蔡应妹、严米平：《农村学校布局调整对农村文化建设的影响》，中国社会科学出版社，2019年版，第58页。
④ 章元善、许士廉：《民国业书：乡村建设实验》（第二集），中华书局1935年版，第234—237页。
⑤ 孙培青主编：《中国教育史》第三版，华东师范大学出版社2009年版，第460页。
⑥ 梁漱溟：《乡村建设理论》，上海人民出版社2011年版，第195—196页。
⑦ 萧克木编校：《邹平的村学乡学》，邹平乡书店1936年版，第313—325页。
⑧ 孙培青主编：《中国教育史》第三版，华东师范大学出版社2009年版，第461页。

书》时，陶行知先生提出了四个"一百万"，其中囊括"提倡一百万所学校"以及"改造一百万个乡村"①。改造学校，教师是主力。他认识到乡村师范学校是培养乡村教师的主要机构，在南京晓庄创办的晓庄试验乡村师范学校，以为改造乡村储备人才。陶行知先生关注儿童的自觉意识和完备人格，为学校教育改革提出过很多建议。他还在上海创办了山海工学团，在重庆创办育才学校等。他认为学校要促进学生德、智、体、美等方面的发展，要致力于培养创造真善美的活人。②

在国民政府统治时期，中国共产党领导下的苏维埃根据地区域大多为乡村地区，这些地区民众的受教育程度较低，学校发育程度极低。这些学校形式主要是夜校、列宁小学、劳动小学、专门学校以及干部学校，专门学校中设有师范学校和农业学校。③ 重视劳动教育和政治教育是苏区小学的典型特征。这些学校对于学生的评价不拘泥于成绩，而是与学生的实践表现结合起来。20 世纪 30 年代，日本对华侵略加深，全国上下同仇敌忾抗战，抗日民主根据地人们的办学热情较高，学校的数量迅速增加，办学质量亦有提升，尝试多样化办学。抗战初期，毛泽东曾指出改订学制要考虑战争所需，抗战需要教育运动的配合④，因而要重视政治教育和生产劳动教育。针对群众的教育有儿童教育和成人教育，儿童教育的形式为初等小学、高等小学及社会教育活动；成人教育的形式为初等小学和各种社会教育活动。社会教育活动开展的形式有识字组、扫盲组、冬学、夜校、剧团、救亡室等。⑤ 受战争影响、自然条件限制，许多学校的教学活动不能正常进行，教师和学生努力以"游击小学""两面小学""联合小学""流动小学""巡回小学"⑥ 等开展教育。这一时期初小的教育课程有国语、算术、美术、音乐、劳作、体育，高小还设置了政、史、地及自然课程。⑦ 课程设置落实受客观实际限制明显，条件差的地方只开

---

① 陶行知：《中国教育改造》，商务印书馆 2017 年版，第 80 页。
② 胡晓风等主编：《陶行知教育文集》，四川教育出版社 2007 年版，第 607 页。
③ 孙培青主编：《中国教育史》第三版，华东师范大学出版社 2009 年版，第 483 页。
④ 《毛泽东同志论教育工作》，人民教育出版社 1958 年版，第 33—34 页。
⑤ 孙培青主编：《中国教育史》第三版，华东师范大学出版社 2009 年版，第 488、496 页。
⑥ 孙培青主编：《中国教育史》第三版，华东师范大学出版社 2009 年版，第 498 页。
⑦ 孙培青主编：《中国教育史》第三版，华东师范大学出版社 2009 年版，第 498 页。

授国语和算术，有些国语课程融入了常识教育。总之，这些学校注重与人民群众生活实际相联系，寓教于生产劳动之中。

抗日战争胜利以后，国际政治局势逐渐稳定，中小学加强文化学校建设，小学学制规定为陕甘宁边区等普通地方为三年，基础较好的苏皖解放区、地方为"四二制"；苏皖解放区中学学制有的为"二二制"，有的为"三三制"①。随着解放区生产生活秩序恢复，教育逐渐正规化，学校办学水平逐渐提升，学生人数逐渐增加，比如从1947年到1948年8月，东北解放区小学数量和小学生数量增幅分别达到了72.4%和90.8%②。但我国当时的生产力水平着实有限，教育基底较弱，用于教育发展的财力非常有限，乡村学校依旧面临重重办学难题。

（四）繁荣与更迭：新中国成立至20世纪末的乡村学校

新中国成立前，乡村民生凋敝，乡村学校发展的各项基础薄弱。1949年12月，全国第一次教育工作会议后，学校发展逐渐复苏，并向苏联模式学习。1953年的教育事业发展计划中提到，集中力量办好完全小学和农村中心小学是当时的重要任务。③ 1953年5月，全国第二次教育工作会议指出，"在工矿区、城市、少数民族地区适当发展公立小学，在农村提倡民办小学（包括完全小学）"④。民办小学对扩大受教育者范围具有不可替代的作用，对启发民智、教化风俗也起到了作用。1957年3月，教育部召开的第三次全国教育行政会议提倡农村小学以集体形式举办；同年，《关于提倡群众办学的通知》《华侨捐资兴学办法》相继发布，落实"国家办学"和"群众办学"相结合的教育发展方针。⑤

国家建设总路线影响教育发展路线，1958—1960年的"大跃进"之风吹进了教育领域。这一时期创办的半农半读学校（耕读小学）、农村中

---

① 孙培青主编：《中国教育史》第三版，华东师范大学出版社2009年版，第505页。

② 辽宁省教育科学研究所：《东北解放区教育资料选编》，辽宁教育科学出版社1983年版，第119页。

③ 《中国教育年鉴》编辑部编：《中国教育年鉴（1949~1981）》，中国大百科全书出版社1984年版，第89—90页。

④ 李国钧、王炳照总主编，苏渭昌、雷克啸、章炳良主编：《中国教育制度通史》第八卷，山东教育出版社2000年版，第193页。

⑤ 李国钧、王炳照总主编，苏渭昌、雷克啸、章炳良主编：《中国教育制度通史》第八卷，山东教育出版社2000年版，第193—194页。

学（含农村职业中学）占比很高，办学方式非常灵活，耕读小学办在家门口，方便群众上学，这时巡回小学、送教上门以及游牧地区的"马背小学"应运而生。① 这些学校的教学形式和教学内容较好地满足了当地乡民生产生活需要，这些学校毕业的学生既能读书识字，又能参与劳动生产，加速了科学种田现象在乡村的扩散。1965年3—4月召开的第一次全国农村半农半读教育会议，提出了采用多种形式建立小学教育网，实现普及小学教育；以明确"就地取材、能者为师"的形式培养、选聘、多种途径保障乡村教师供应。② 到1965年全国半农半读小学生占所有小学生的21.7%，使我国适龄儿童入学率提升至84.7%。③ 随之而来的"文化大革命"对乡村教育造成冲击，教育与经济发展需求产生脱离。

"文化大革命"期间，乡村小学忙于"文化革命"，导致教学工作几乎停滞，先后经历"停课闹革命""复课闹革命"。乡村公办教师被停发工资，要求参加生产。"批林批孔"运动介入乡村学校，乡村学校正常的育人功能被限制。极"左"思想下的乡村中小学部分设施被破坏。一些小学被要求开设初中班，小学阶段的师资力量被分离出来，小学的校舍、设备被挤占。这一时期乡村学校布局也发生了调整，乡村小学的数量总体增加，较好地解决了贫下中农子女上学难的问题。复员转业军人、知识青年、工农兵都成为乡村教师的重要来源，民族地区也已经着力培养本民族教师。④ 从教师队伍质量来看，大多数教师没有接受过系统的教育教学培训，加之职后培训机会缺乏，教师素养提升困难，质量参差不齐。全国各地农村中小学也因时因地进行革新。例如，广东省农村高中普遍开设农技、农电、农化和畜牧兽医等课程，加强学生的农业科学知识，带领学生参与农业生产。⑤ 再如，江苏省灌云县某中学教育学生学习社会主义科学文化知识的同时，建立校内外教学基地，培养学生参与农业生产的技能。

"文化大革命"结束后，教育战线的拨乱反正相继启动。努力实现教

---

① 李水山主编：《农村教育史》，广西教育出版社2007年版，第33页。
② 李水山主编：《农村教育史》，广西教育出版社2007年版，第34—35页。
③ 李水山主编：《农村教育史》，广西教育出版社2007年版，第33页。
④ 李水山主编：《农村教育史》，广西教育出版社2007年版，第52页。
⑤ 李水山主编：《农村教育史》，广西教育出版社2007年版，第55页。

育事业同当时国民经济发展相适应是重要任务。1978年年初，全国各地乡村中小学进行了布局调整、办学模式及学制调整。同年，《全日制十年制中小学教学计划试行草案》指出继续实行农村地区的中小学九年制教育，还应使一部分有条件的学校逐步过渡为十年制学校，还可办成半工半读的五·七学校和农业中学。① 就硬件建设方面而言，乡村中小学受到优先关照，许多社队把建得较好的办公房屋换给学校，确保教学场所的稳定与安全。数据显示，1981年，我国农村小学有85.8万所，占小学总数的96%；农村小学生数为12467.4万人，占在校小学生数的87%。② 这一庞大的比例凸显了当时农村地区小学教育的普及程度有了极大提高，随之而来的还有学生流动性大。1983年，中共中央、国务院颁布的《关于加强和改革农村学校教育若干问题的通知》指出，农村学校的任务是提高新一代广大农村劳动者的科学文化水平，促进农村社会主义建设。③ 农村小学办学形式较为灵活，教学内容与农村生产生活相联系。农民对农业技术教育有迫切需求，所以农村扫盲教育和农业技术教育被提上日程。这一时期教学内容关注农村生产、经济建设，畜牧养殖、作物种植、农田测量、农药化肥使用等曾被囊括其中，确保农村小学教学内容与学生生活实际相结合。④

此后的乡村教育开启了大力改革，1985—1999年，中国颁布了多份教育政策文件，内容涉及乡村教育管理体制改革、经费筹措渠道、农村扫盲工作、乡村教师队伍建设及乡村教育结构调整。1986年，《中华人民共和国义务教育法》颁布，农村中小学开展九年制义务教育有了法律支撑。乡村学校教师学历合格率不断上升；乡村普通中学和职业中学普遍设立，起到了较好的职业教育、成人教育作用。然而，这些学校的房屋安全依旧成问题，因此对于学校的危房改造工程相继开展。1987年召开的农村教育办学方向研讨会指出，为本地培养建设人才既是农村社会发展所需，又是农村教育发展的根本途径，其最终目标在于为农村培养大

---

① 李水山主编：《农村教育史》，广西教育出版社2007年版，第67页。
② 李水山主编：《农村教育史》，广西教育出版社2007年版，第74页。
③ 《中共中央、国务院关于加强和改革农村学校教育若干问题的通知》，《中华人民共和国国务院公报》1983年第12期。
④ 李水山主编：《农村教育史》，广西教育出版社2007年版，第112—113页。

批建设人才,即培养大量有文化、有技术、会管理、善经营的各类劳动者。① 此次会议还提到,农村普通中学为当地经济建设和社会发展服务,要面向全体学生,全面贯彻教育方针,通过生动活泼的教育形式,提高教学质量,使学生在思想道德品质、科学文化知识、身体素质和劳动观念、劳动习惯、劳动技能等方面打好基础②。有些乡村学校还办农场、开学田,开展种植活动,在减轻学校经济负担的同时,也培养了学生热爱劳动、勤俭节约的品质。

自党的十一届三中全会召开以来,在支持乡村学校发展方面,党和国家注重乡村教师社会地位、薪酬待遇及民办教师生存问题,充分利用高等师范和中等师范力量保障乡村教师的职前职后培养,注重改善义务教育学校办学条件,关心适龄女童教育问题。20世纪末,普及初等教育开展得如火如荼,许多地方为保障乡村教育发展制定了合格学校标准。乡村学校标准化建设有了政策保障,乡村学校发展的基础设施逐渐完善。

(五)撤并与坚守:21世纪以来的乡村学校

2001年颁布的《国务院关于基础教育改革与发展的决定》提及,不断完善管理体制,加大农村基础教育投入,深化乡村教育教学改革,支持信息技术教育入乡村学校。该决定指引乡村教育的改革,乡村农业生产、产业发展等是当时乡村学校改革的参考要点。21世纪初,农村税费改革后,乡村学校发展经费极为有限,中央和地方政府不得不加大对农村教育经费的投入力度,通过实施"两免一补"等政策来支持乡村教育的发展。2003年9月颁布的《国务院关于进一步加强农村教育工作的决定》明确了农村学校地位,即"作为遍布乡村的基层公共服务机构,在培养学生的同时,还承担着面向广大农民传播先进文化和科学技术,提高农民劳动技能和创业能力的重要任务"③。

在启动第八次基础教育课程改革后,全国中小学课程相应调整,教材编写工作也在有序开展。值得一提的是,许多地方根据本地情况编制

---

① 李水山主编:《农村教育史》,广西教育出版社2007年版,第83—84页。
② 李水山主编:《农村教育史》,广西教育出版社2007年版,第84页。
③ 《国务院关于进一步加强农村教育工作的决定》国发〔2003〕9号,《中华人民共和国国务院公报》2003年第31号。

带有地方特色的教材,如河北省根据农村简易小学的需要,编制复式教学所需的课程及教材。① 一些乡村学校积极为学生补充乡土教材,加强与学生生活、农业生产的联系,注重教学实践环节,比如安徽省峨桥初中就依据当地实际设置了茶文化、茶叶营销、信息处理、税收常识、法律知识等方面的课程。② 自 2001 年起,教育部与农业部联合在农村普通初中推行"绿色证书"制度,以增强学员达到某项工作岗位所需的基本知识与技能。③ 这一时期农村教育中的"农科教结合""普教、职教、成教统筹"具有较强的时代性、现实性。

  中小学布局调整尤其乡村中小学布局调整是 20 世纪末 21 世纪初的重要事项。2001 年,教育部、财政部立文将学校布局调整确立为一项待大规模实施的具体性任务,正是这次颁布的《关于基础教育改革与发展的决定》拉开了我国大规模的撤点并校、布局调整和农村寄宿制学校建设的序幕。2004 年颁布的《关于进一步加强农村地区"两基"巩固提高工作的意见》再次强调了推进农村学校布局调整的重要意义。2005 年,"小学就近入学、初中相对集中"是基本的调整原则。在此事项影响下,各地学校布局调整情况不一,有些地方的中学撤并明显、分布密度降低,有些地方的小学布局调整明显。相应的片区联管、师资共享形式在现实中出现。乡村学校布局调整在 2006 年的《教育部关于实事求是地做好农村中小学布局调整工作的通知》之后继续进行。尽管政策已经强调要谨防因调整过度出现学生上学难的新问题,但是一些不合理的撤并不断上演。在推进义务教育均衡发展过程中,乡村学校撤并带来的新问题引起人们重视,撤并步伐放缓。2009 年,《教育部关于当前加强中小学管理规范办学行为的指导意见》指出"合理规划学校布局,避免简单撤点并校"④,防止"一刀切"式的盲目撤并。2006—2010 年,许多地方放缓乡村学校撤并步伐。对于已完成撤并的乡村学校而言,寄宿条件改善成为布局调整之后解决学生"上学远"的重要前提。

---

① 李水山主编:《农村教育史》,广西教育出版社 2007 年版,第 170 页。
② 李水山主编:《农村教育史》,广西教育出版社 2007 年版,第 172 页。
③ 李水山主编:《农村教育史》,广西教育出版社 2007 年版,第 173—174 页。
④ 《教育部关于当前加强中小学管理规范办学行为的指导意见》,http://www.moe.gov.cn/srcsite/A06/s3321/200904/t20090422_77687.html。

2012年，中国重新制定农村学校布局变动方案，要求严格规范管理学校布局调整，坚决制止盲目撤并。① 乡村学校规模日渐萎缩，小规模学校大量涌现。尽管我国从政策上调配资源以支持乡村教育发展，但是乡村学校始终处于弱势发展，小规模学校师资难题始终难获解决。乡村教师留不住，乡村学生则流失严重；乡村学生流失严重，乡村教师也随之流向城里。许多乡村学校建设了少年宫，依托乡村学校既有设施进行改造修缮，为乡村学生提供普及性课外活动，提高乡村学生整体素质。然而，成绩至上的教学理念、学校与社区的隔离等导致乡村学校少年宫成为虚设。同时，乡村学校逐渐成为乡村社会中的"孤岛"，教师与周边居民联系较少。乡镇中心校将村小、教学点统筹起来的同时，也加速了乡村学校的布局调整。2018年出台的《国务院办公厅关于全面加强乡村小规模学校和乡镇寄宿制学校建设的指导意见》要求妥善处理乡村学校撤并问题。② 乡村学校撤并及撤并后学生的安置更加科学合理。

然而，当前不可阻挡的现实是，随着城镇化步伐的加快，城乡人口单向流动明显，乡村生源日渐减少。这导致乡村学校的自然消亡与被迫撤并依旧大范围存在。随着管理体制变革及农村税费改革实行，乡村学校在经济和物质层面对周边乡村依赖程度降低。乡村学校布局调整让一些乡村学校办学条件转好。实现规模效益的同时，部分村小、教学点办学条件恶化，导致校际差距拉大，并加剧乡村学校与乡村社区逐渐疏离。相应地，乡村学校对于乡村社区的作用范围逐渐收缩。家校距离的远近影响学校对家庭作用的发挥，乡村学校布局决定了乡村学生的家校距离，撤点并校无疑使大部分学生的家校距离增加，乡村学生家长和乡村学校的交集变小。

二 乡村学校功能发挥历史的启示

处于乡村社会中的学校不是孤立封闭的发展系统，而是一个动态发展的系统。外界为乡村学校提供维持发展的资料时，乡村学校也对外发

---

① 《国务院办公厅关于规范农村义务教育学校布局调整的意见》，http://www.gov.cn/zwgk/2012-09/07/content_2218779.htm。

② 《国务院办公厅关于全面加强乡村小规模学校和乡镇寄宿制学校建设的指导意见》，http://www.gov.cn/zhengce/content/2018-05/02/content_5287465.htm。

挥作用。概观之，乡村学校功能发挥历史给予我们如下启示。

（一）乡村学校功能发挥具有阶段性差异

概观之，乡村学校的功能涉及乡村青少年成长、乡村政治建设、乡村经济发展、乡村文化传承、乡村治理改善等方面。乡村学校的功能发挥受乡村学校所处的环境影响，时代环境造就乡村学校功能发挥样态。不同时期乡村学校功能略有变化，新中国成立前后范围变化特征明显。

新中国成立以前，乡村学校功能发挥呈现如下特征：首先，清末及以前的乡村学校受政策支持不明显，甚至还曾遭到朝廷打压。乡村学校主要在礼俗传承、伦理教导、讲经解书、农业技术、化民成俗、阶级思想传播等方面发挥作用。其次，民国时期乡村学校承担的责任更重，作用范围明显突破学校围墙。当时我国正处于内外交困的革命战争中，乡村学校发挥革命精神传播、文化知识传授、生产技能培养等功能，以提供革命需要的各类劳动者。乡村学校已经以现代国家的组织机构的形式生存，逐渐从各方面嵌入民众生活，并集各种教育、宣传手段来启发民智、改善民生，成为国家政府与乡村民众联系的重要媒介。

新中国成立以后，乡村学校功能发挥呈现如下特征：乡村学校功能发挥较充分，最重要的表现就是功能对象范围增加，即为更多下层人士子女接受教育提供了机会，能够让人们在校外接受教育。同时，乡村学校的社会功能得到了国家政策文件的肯定。乡村学校通过教育提升乡村民众的素质，进而促进乡村基层治理、乡村组织建设、乡村经济发展、乡村文化传承朝着更好的方向发展。尤其是 21 世纪以来，随着新农村建设、脱贫攻坚、乡村振兴的推进，乡村各方面有很大改善。乡村学校作为乡村教育的主场，既获得了重视，也履行了职责。比如《国务院关于进一步加强农村教育工作的决定》指出，"农村学校作为遍布乡村的基层公共服务机构，在培养学生的同时，还承担着面向广大农民传播先进文化和科学技术，提高农民劳动技能和创业能力的重要任务"[①]。

另外，从各功能角度来看，就乡村学校的个体功能而言，自古至今乡村学校一直在对个体发挥作用。但在古代社会和近代社会，许多乡村

---

① 《国务院关于进一步加强农村教育工作的决定》国发〔2003〕9 号，《中华人民共和国国务院公报》2003 年第 31 号。

普通青少年无机会接受学校教育，不同阶层的青少年接受学校教育的机会有差异。到了现代社会，能够接受乡村学校教育的人越来越多。从促进个体发展的方面来看，乡村学校的功能逐渐综合化，并从古代社会偏向道德教化转向德、智、体、美、劳全面发展。就乡村学校的社会功能而言，政治功能一直较为明显，主要为传递国家意志、对学生进行思想政治教育；经济功能从最终的较弱状态转向逐渐提升，主要通过提高生产力和改变生产技术实现；文化功能一直持续存在，主要为传递文化知识、传承与保存文化，以及改造和创新文化。除了政治功能、经济功能和文化功能外，乡村学校还对乡村居民生活空间起到净化作用，促进乡村形成良好的社会风气。随着我国逐渐加强对生态文明建设的重视程度，乡村学校的生态保护功能比以往明显。总之，到了现代社会，乡村学校的个体发展功能逐渐丰富的同时，社会功能呈现样式也逐渐增多。[①]

（二）乡村学校功能发挥与政策关系密切

首先，政策为乡村学校发展提供背景支持与直接指导。一方面，国家关于乡村、乡村教育的政策引领乡村发展与教育变革，从而为乡村学校如何发展提供参考依据；另一方面，通过政策的形式让乡村学校地位更加稳固，为乡村学校的发展提供制度保障，对乡村学校如何发展给出直接建议。引领、规范、约束乡村学校发展的政策实施以后，乡村学校的发展更有方向、依据和保障。

其次，不同政策主导下的乡村学校功能发挥范围、发挥程度不一。倘若政策较关切乡村学校对社会的贡献，则乡村学校功能发挥需要的条件便受重视，乡村学校系统要素的配合度提升，进而促进乡村学校功能发挥；倘若没有政策强调乡村学校功能发挥，乡村学校功能发挥需要的条件得不到保障，乡村学校系统相互作用的外界支持力度较弱，久而久之，乡村学校功能发挥基础薄弱，最终导致乡村学校功能发挥程度降低。

最后，乡村学校功能的发挥推动政策调整。政策的调整往往由政策目标的变化、政策环境的变化，以及政策本身的局限性和负面作用暴露、政策主体认识深化等决定。就关系到乡村学校的政策而言，乡村学校功

---

① 左嘉琳：《从分离走向融合：教师专业发展与学校功能研究》，硕士学位论文，河北师范大学，2005年，第8—15页。

能发挥现实是政策调整环境依据。基于乡村学校功能现实状况，政策制定者对乡村学校的社会作用、乡村学校发展面临的问题、乡村教育对乡村学校的诉求等认识更加贴切、更具时代性，进而对政策做出的调整也更加科学、民主。

（三）乡村学校功能发挥主力是师生

乡村学校功能发挥需多种群体的力量协同。这些主体主要包括乡村学校管理者、乡村教师、乡村学生、乡村管理者、教育行政部门工作人员等。其中，乡村教师、乡村学生是乡村学校功能发挥的两大主要力量。

首先，乡村教师是乡村学校功能发挥中最重要、最直接的力量。乡村学校的基本功能是教书育人，乡村教师是乡村学校教书育人职责的主要承担者。作为乡村中为数不多的文化人，塾师的社会教化作用明显。他们经常"开展宣传上谕民俗、宣讲劝民行善、评判乡民品行、主持婚丧仪式、主持祭祀仪式、开展公益活动等"①，扮演弘扬正气、化民成俗、调解纠纷的教化者角色。民国时期的乡村教师具有明显的守家、乐教、爱国的时代特征。② 他们以实际行动表达对乡土的热爱，在艰难困苦中坚守教育初心，积极加入革命抗战队伍。即使在当下，乡村教师既属于乡村社会中的知识精英，又享有教育教学的权利和义务，其进行正当的教育教学活动受法律保护。在教育教学中，乡村教师可以开展教育教学改革和实验，在文化传承、知识技能传递方面具有得天独厚的优势。这种优势体现在可以将教学内容限定在学校空间实现，可以规模化开展教学活动，也可以充分利用学校搭建的平台实现家校社联通。

其次，乡村学生是乡村学校功能发挥中最广泛、最可塑的力量。乡村学生在乡村学校社会功能发挥方面起主导作用。在乡村学校功能发挥的主体力量中，乡村学生是一支来源广泛的队伍，将乡村学校和乡村社区联系起来。一方面，乡村教师通过培养乡村学生，为乡村发展提供人才支撑；另一方面，乡村教师向乡村学生传递基层管理、法律道德、环

---

① 申国昌等：《生活的追忆：明清学校日常生活史》，海峡出版发行集团、福建教育出版社2018年版，第327页。
② 徐继存、高盼望：《民国乡村教师的社会形象及其时代特征》，《教师教育研究》2015年第4期。

境卫生等方面常识，可间接带动乡村社会风气的改变。乡村学生又在乡村教师带领下发挥作用，使得乡村学校功能发挥情况与乡村教师的角色变化关系密切。

第二节　时代需求：乡村振兴呼唤乡村学校参与

中国自古以农立国，乡村在几千年的历史长河中扮演着基础角色，主要通过发展农业来维持全国人民的生存需要。进入21世纪，党和国家更加从政策上努力解决乡村发展问题，从聚焦"三农"问题到新农村建设，再到当下乡村振兴战略，每一步前进都取得了巨大成就。

一　中国已进入乡村振兴的新时代

乡村衰落在新时代依旧发生，城乡发展不平衡有了新表现样态。城市居民逐渐拓展活动空间，乡村经济社会发展迎来新机遇。这也要求乡村逐步提升对人们生活的支撑度，要从增强内力、争取外力的方面实现乡村振兴。站在解决新时代我国社会矛盾之端的乡村振兴战略，关系到全面小康社会的建成和社会主义现代化强国的建设进度。与以往的乡村发展政策相比，乡村振兴战略覆盖内容较广、实施的基础条件日益充分。

（一）乡村振兴战略的目标要求

党的十九大报告指出，我国要实施乡村振兴战略，以切实解决农业农村农民问题。2017年12月底召开的中央农村工作会议对乡村振兴战略进行了部署，会议指出"农业强不强、农村美不美、农民富不富，决定着亿万农民的获得感和幸福感，决定着我国全面小康社会的成色和社会主义现代化的质量"[①]，足以体现"两个一百年"奋斗目标的实现离不开乡村振兴。中国乡村与世界其他各国的乡村有很大不同，照抄照搬任何一个国家的经验都不可能取得成功，必须走出一条中国特色社会主义乡村振兴道路。2018年的"中央一号文件"全面地对今后全国乡村发展作

---

① 习近平：《在中央农村工作会议上的讲话》（2017年12月28日），载中共中央党史和文献研究院编《习近平关于"三农"工作论述摘编》，中央文献出版社2019年版，第11页。

出指示,农业农村农民问题治理有了更加明确的方向,乡村未来发展前景可观。2018年9月,《中共中央 国务院印发〈乡村振兴战略规划(2018—2022年)〉》,就乡村振兴的工作内容、组织实施、详细规划进行说明。实施乡村振兴这项重大战略的举措将乡村发展工作提到了前所未有的高度。乡村发展的政策支持不断完善,2019年、2020年、2021年、2022年的中央一号文件继续关注乡村。积极实现乡村振兴与脱贫攻坚的衔接,强力保障乡村建设的经济基础、加快乡村基础设施建设、推进乡村教育质量提升、完善乡村公共服务体系等是乡村振兴进程中的要事。

产业兴旺、生态宜居、乡风文明、治理有效、生活富裕是乡村振兴战略的总要求。① 乡村振兴战略的目标是"到2020年,乡村振兴的制度框架和政策体系基本形成……到2022年,乡村振兴的制度框架和政策体系初步健全;到2035年,乡村振兴取得决定性进展,农业农村现代化基本实现;到2050年,乡村全面振兴,农业强、农村美、农民富全面实现"②。乡村振兴战略把农业农村农民问题作为全党工作的重中之重,充分体现农业农村的优先发展地位。在贯彻落实"五大振兴"的过程中要逐步形成中国特色社会主义乡村振兴道路,在城乡关系融合、农村基本经营制度、农业供给侧结构性改革、人与自然和谐共生、农耕文明传承与发展、乡村治理体系创新、脱贫攻坚方面做出非同凡响的成效。这就要求我们必须从多方面全力保障乡村发展。

(二)乡村振兴战略的实施基础

从当前实际来看,我国具备实现乡村振兴的充分基础和巨大潜力。首先,农业发展水平与日俱增,农作物经济潜力较强。正所谓"科技兴农",农业在科技支持下实现了飞跃,品种改良带动粮食作物产量增加,吸收更多的科技元素的农具机械提高了生产率,日臻完善的水电设施保障灌溉供应。供给侧结构性改革促进农业综合生产能力提升。粮食作物

---

① 《中共中央 国务院印发〈乡村振兴战略规划(2018—2022年)〉》,《人民日报》2018年9月27日第1版。
② 《中共中央 国务院印发〈乡村振兴战略规划(2018—2022年)〉》,《人民日报》2018年9月27日第1版。

生产力提升为保障粮食安全奠定基础，进而推动以粮食作为基础的食品加工等第二产业发展。种植作物如棉花、竹子、大豆等是纺织、服装等行业的基础。其次，乡村产业增收渠道增多。越来越多的第二、第三产业在乡村立足发展，带动周边劳动力就业。电商作为一种新兴的行业，以较快的速度融入乡村，实现电商扶贫的同时也为乡村产业特别是农产品销售打开了新渠道。再次，以城带乡的能力逐步增强。我国城镇化率持续提升，城乡之间的人口流动依旧明显，农村人口进城就业的数量在持续增加的同时城市对于乡村的反哺力度也会增加。这主要缘于城镇化率提升为以城带乡提供基本的人力支撑，城镇经济繁荣为乡村居民提供更多经济增收渠道，乡村居民的收入相应地增加，经济上的带动能够促进乡村居民对教育、技术的投资，进而提升乡村发展潜力。最后，乡村公共事业体系迅速搭建。乡村医疗、教育、金融机构深入乡镇，社会保障制度实现城乡互联、跨地互联，农村最低生活保障与养老服务体系更加精准全面。此外，社会的机构对乡村的帮扶呈现来源多元化、形式多样性等特征。

(三) 乡村振兴的实施需要多方面协同推进

新时代提出的乡村振兴与以往的乡村建设有很大不同，不是简单意义上的发展乡村经济，而是一种全面振兴。无论振兴目标还是振兴力量，都远远超越以往任何时代的乡村建设。乡村振兴要靠产业、生态、文化、组织、人才等领域的共同力量，要充分调动产业、生态、文化、组织和人才方面的力量。这五大方面并非各自独立，而是相辅相成的，钩织乡村振兴力量网。

"乡村振兴，产业兴旺是重点"①，对于自身经济发展能力较弱的中西部乡村来说更是如此。实现产业结构优化升级，保持地域性特色产业，推动当地农业现代化是产业振兴的重要思路。② 随着市场化经济和产业化经济发展，乡村产业振兴要求农业产业融入市场，能够利用市场机制构

---

① 《中共中央 国务院印发〈乡村振兴战略规划（2018—2022 年）〉》，《人民日报》2018 年 9 月 27 日第 1 版。

② 陈锡文：《实施乡村振兴战略，推进农业农村现代化》，《中国农业大学学报》（社会科学版）2018 年第 1 期。

第一章　乡村学校与乡村振兴的逻辑关联 21

建城乡产业链、价值链,①促进资源、资本的合理流动以及发展成果的共享。具有生态优势的乡村不占少数,中西部地区乡村有丰富的自然资源、多样的传统文化村落,具有发展旅游业的潜力。有学者指出,发展乡村旅游业可以增加农民收入,实现产业结构的优化升级,增进乡村民众与外界的沟通交流,在交流中不断提升经济发展实力。②乡村发展面临转型升级,已经突破既有的单一农业支撑。如今的乡村生产生活的科技含量与日俱增,这要求乡村劳动者要具备更高的科技素养,体现了乡村振兴对教育的呼唤。人们受教育程度的提高有助于合理利用资源,保护生态环境,采用新技术等手段进行农村生产,合理调整产业结构,增加收入。③

　　生态资源不仅是产业发展的依靠,也是人们赖以生存的物质基础。乡村蕴藏着大量"三资合一"④的生态资源,是乡村发展的重要新动能和新增长极。⑤乡村生态振兴既要解决人们生活中的环境问题,鼓励人们的践行绿色生活方式;还要坚持乡村生态产业化和乡村产业生态化,⑥发展绿色农业和清洁低碳节能工业,走生态经济发展之路;⑦要克服工业化农业发展道路上的污染严重、自然资源被无节制掠取、食物安全等方面的问题。在乡村生态振兴被提至战略高度之时,围绕农业多种价值、农业组织形式、农业资源利用以及农业的耕作方式⑧构建一个可持续的乡村生态系统非常必要,相应的乡村生态学也应建立起来。

　　离开文化,乡村振兴是无根的振兴,是难以持续的振兴。文化的重

---

① 蔡丽君、潘京:《以乡村经济多元化发展推进乡村振兴战略实施》,《农业经济》2018年第4期。
② 杨瑜婷、何建佳、刘举胜:《"乡村振兴战略"背景下乡村旅游资源开发路径演化研究——基于演化博弈的视角》,《企业经济》2018年第1期。
③ 孙立群、孙福田:《农村教育与经济社会协调发展关系的研究》,中国农业出版社2007年版,第3页。
④ "三资"指资源、资产、资本。
⑤ 逯浩、温铁军:《生态资源价值助推乡村振兴》,《中国金融》2021年第4期。
⑥ 《关于以生态振兴巩固脱贫攻坚成果 进一步推进乡村振兴的指导意见(2020—2022年)》,https://www.mee.gov.cn/xxgk2018/xxgk/xxgk05/202006/t20200624_785875.html。
⑦ 张苏强:《乡村振兴,生态治理是关键》,《人民论坛》2019年第19期。
⑧ 王松良、施生旭、吴仁烨、戴永务:《乡村生态学:乡村可持续发展的新学科》,《中国生态农业学报(中英文)》2021年第12期。

要性决定了乡村文化振兴非常重要。至于如何实现乡村文化振兴，学者们从不同视角进行了研究，内容涉及以社会主义核心价值观为指引加强乡村思想道德文化建设，围绕中华优秀传统文化挖掘乡村文化宝库和发展特色文化产业，以及通过供给侧改革丰富乡村文化服务体系。① 乡村民众文化素质提升是乡村文化提升的基础，提升农村群体掌握新技术的能力，便于更多人利用网络了解农村。② 就乡村文化振兴人才而言，除了长期居于乡村、认识到乡村文化深远意义的人之外，还有那些具有乡村生长经历、强烈乡土情结或愿意服务乡村建设的人才。

乡村组织是乡村振兴的重要堡垒。基层党组织、基层自治组织和经济组织既是乡村振兴的重要内容，也是乡村振兴的重要保障。在对改革开放以来的乡村组织发展历程进行分析后，我们可以发现不同阶段的乡村组织发展方略也有所不同。为更好地实现乡村振兴，需要吸引精英人才加入乡村组织管理者中，夯实组织振兴的人才基础；③ 需要考虑如何协调国家层面有效治理与乡村的基层民主间的关系，④ 以及如何把乡村组织优势真正发挥出来以切实为乡村振兴增添力量。⑤ 还有研究基于乡村组织"动员失效"指出，要加强党组织建设和孵化乡村内部社会组织，唤醒农民的主体意识。⑥

人才是乡村振兴的关键，产业振兴、生态振兴、文化振兴、组织振兴都需要以人才振兴为重要依托。从已有研究来看，相关研究聚焦在农科艺、管理等方面的比较多。首先，农科艺人才培养方面。借助高等农科教育之力助推乡村人才振兴是现实所需，培育新农人可在一定程度上补充乡村人才队伍。⑦ 高校人才选拔和培养要逐步完善"新农科"人才选

---

① 张天浩：《十九大以来关于乡村文化振兴研究综述》，《山东农业大学学报》（社会科学版）2021 年第 4 期。
② 薛秀娟：《补齐乡村振兴的"精神短板"》，《人民论坛》2018 年第 5 期。
③ 王韬钦：《乡村组织振兴的基本逻辑及实现路径探讨》，《岭南学刊》2019 年第 2 期。
④ 王韬钦：《乡村组织振兴的基本逻辑及实现路径探讨》，《岭南学刊》2019 年第 2 期。
⑤ 陈宇：《以组织振兴推动乡村振兴》，《党建研究》2019 年第 10 期。
⑥ 吴理财、魏久朋、徐琴：《经济、组织与文化：乡村振兴战略的社会基础研究》，《农林经济管理学报》2018 年第 4 期。
⑦ 金绍荣、张应良：《农科教育变革与乡村人才振兴协同推进的逻辑与路径》，《国家教育行政学院学报》2018 年第 9 期。

拔机制，注重学生知农、爱农情怀培养，注重学生的实践性教学和同时性教育，为乡村培养创新性、年轻型人才队伍。[1] 湖北襄阳采用政校协同方式，从乡村中选拔乡土后备人才，充分利用高等职业院校的力量助力乡村工匠、文化能人、非遗传承人才培养。[2] 还有学者总结了职业院校对乡村复合型文创人才的培养。[3] 其次，乡村管理人才培养。基于脱贫攻坚经验，发动政府、事业单位、国企人员参与到乡村发展中，为乡村发展提供管理智慧。在许多地方从大学毕业生中选拔"村官"的同时，贵州某地另辟蹊径从中职生中选拔"村官"，并取到了较好的效果。[4] 同时，吸引、引导人才返乡回流也是补充乡村人才队伍的重要举措。最后，在全面推进乡村振兴时，乡村各方面人才需求都比较大，因而，扶持培养乡土人才、吸纳外界人才参与都应是乡村振兴的重要内容。

二　乡村振兴的动力要素需要创新

（一）乡村振兴存在薄弱环节

对比乡村振兴战略的规划蓝图与乡村振兴的实施条件不难发现，从我国整体现代化与全面建成小康社会需要来看，乡村振兴在以下方面依旧显得基础薄弱。

1. 人才匮乏是当前乡村发展的最棘手问题

乡村人才匮乏主要表现在懂技术、懂市场、懂网络、会教育、会管理的人才少。人才的缺少使得劳动力这一要素能量不足，进而影响生产力的提升。具体来说，农业生产力提升是乡村振兴的基本前提，技术是改变农业生产力的最有效途径。然而，低技术含量的农业生产在我国乡村还普遍存在。提升农民的农业生产技术素养、补充农业生产技术人员是非常必要且可能的。我国加入世界贸易组织以后，经济开放程度提高。

---

[1] 谭畅、刘峰：《新高考背景下"新农科"人才培养机制经验借鉴》，《继续教育研究》2022年第2期。

[2] 李菲：《"政校协同、选育用香"乡土人才培养的襄阳模式研究》，《襄阳职业技术学院学报》2021年第6期。

[3] 任民、陈亮：《乡村振兴战略背景下培育复合型文创人才的路径研究》，《教育观察》2021年第46期。

[4] 焦晶娴：《中职生"村官"小乡镇施展大才华》，《中国青年报》2021年12月24日第1版。

国外农业对国内农业的冲击、特色农业对非特色农业冲击明显。乡村农业生产与市场脱节现象依旧存在,农民对于市场价值规律、城市居民消费动向不明确,种植、养殖的种类选择方面表现出一定的盲目性、跟风性,最终导致在市场竞争中处于被动地位。与这一方面相关联的是乡村网络设施不健全、网络信息闭塞。网络已经成为当前乡村与外界联系的重要媒介,它能够跨越空间障碍,进而即时性地为乡村提供广阔信息。各行各业已经离不开网络,乡村要想振兴,则需要通过网络与各行各业紧密联系在一起。乡村目前懂网络的主要是青年群体,真正扎根乡村、热衷农业、情系乡邻的中老年人中掌握网络者少之又少。乡村教育搞得好,乡村各类人才充足,乡村振兴才会有充足的生命力;乡村各类人才充足,乡村振兴了,乡村教育办得好的希望就能实现。乡村教育与乡村各类人才是一种相互促进的关系,然而乡村懂教育的人比例较低,学校教育质量偏低、家庭教育效果不佳、社会教育未成气候是多数乡村的常态。传播农业生产技术的社会教育零星分布,巩固学校教育成果的家庭教育在乡村显得苍白无力。此外,乡村医疗卫生人才集中于乡镇卫生院内在岗工作人群,乡村社会工作人才专业素养和服务对象狭窄,乡村法律服务人才奇缺。乡村人才的环境支持不足是乡村人才缺乏的客观原因,这种不足既包括物质环境不足,也包括精神环境不足。

正如梁漱溟先生所说"乡村问题的解决,第一固然要靠乡村人为主力;第二亦必须靠有知识、有眼光、有新的方法、新的技术(这些都是乡村人所没有的)的人与他合起来,方能解决问题"[1]。乡村建设既要靠乡村中的人,也要靠乡村外的人。形成一支坚实的、来源多样化的乡村人才队伍毫无疑问地成为乡村振兴的关键。乡村人才匮乏难题的解决需要如《中华人民共和国乡村振兴促进法》中所述的那样,"鼓励和支持社会各方面提供教育培训、技术支撑、创业指导等服务,培养本土人才,引导城市人才下乡,推动专业人才服务乡村"[2]。其中,教育人才、医疗人才、农科人才的需求最为迫切,乡村公共文化服务人才缺口大。此外,还应通过政策引导实现人才返乡、人才下乡,通过培训提升乡村劳动力

---

[1] 梁漱溟:《乡村建设理论》,上海人民出版社2011年版,第199页。
[2] 《中华人民共和国乡村振兴促进法》,法律出版社2021年版,第9页。

素质，通过调配优化乡村人才结构来保障乡村振兴人才，如此等等。

2. 产业难兴是当前乡村振兴的最难推进项

产业兴旺难推进在第一、第二、第三产业皆有体现。第一产业包括农业、林业、畜牧业、渔业，① 是为国民提供基本生活物资资料的产业。全国第一产业的运作基本全部靠乡村，土地、水源、肥料、劳动力是不可或缺的要素，而保障这些关键要素支持充足则是一道难题。农产品供求关系难以掌控亦是乡村第一产业发展的难题，农产品经营上出现供求不稳定、供给质量不高、农民对农产品供求规律把握不准。此外，第一产业与第二、第三产业融合度不深抑制了第一产业的生产率与获益率。农业自古以来是我国乡村的最主要产业，在20世纪后半叶，作为对初级产品再加工的第二产业经营实体较大规模地在乡镇出现。但随着市场经济体制扩散开来、乡村人口逐渐向城市流动、乡镇企业科技竞争力下降等，乡镇第二产业企业中能够保留至今的较少。老一代乡镇企业沉寂过后，新世纪的新农村建设为乡村第二产业发展带来契机。制造业发展的同时也带来环境污染，如家具制造业、纺织服装业、造纸业、印刷业等对水、土壤的污染。此外，产品竞争力低、经营不善、销路不畅导致一些企业亏损，利益相关者的利益纠纷随之而来。个别地方在村庄附近挂出了"没有投资者的利益，就没有园区的发展"的宣传语，以劝导农民认识到投资者利益的合理性及乡村企业的重要意义。乡镇新办企业的利益分配成为乡村产业发展的羁绊之一，也导致乡村治理成效提升困难。然而，处于乡镇的新办企业的最大受益者往往是外地投资者的现象确实存在。农民的经济能力与生活需求决定了乡村第三产业的发育程度，还影响第一、第二产业的发展。如今农民的增收渠道不仅靠农业，而且扩大到进城务工、销售、金融投资、房屋租赁等服务业，乡村第三产业比过去繁荣许多。但是，由于民生欠账太多，依旧发展相对缓慢。可见，处于基础地位的农业生产效益欠佳，与农业结合紧密的第二、第三产业难以实现可持续发展。

依据乡村既有产业优势，加强乡村一二三产业融合，实现产业振兴

---

① 国家统计局：《关于修订〈三次产业划分规定（2012）〉的通知》，http://www.stats.gov.cn/xxgk/tjbz/gjtjbz/201804/t20180402_1758923.html。

的条件诉求涉及以下方面:完善基础设施建设,促进数字乡村形成;培育新型农业经营主体,提高农村参与的积极性;吸收农业科技力量,推动农科成果在乡村的转化,推进智慧农业生产,提高生产力;不断拓宽农民增收渠道,支持特色产业开发,确保部分增收渠道相对稳定;充分利用网络手段增强产业经营、产业服务能力,增强信息技术服务乡村产业的程度。

3. 文化迷失是当前乡村振兴需扭转的局势

文化是人类在社会历史过程中创造的物质财富和精神财富的总和,反映人们的风俗习惯及生产生活方式。① 乡村文化是乡村居民在长期生产生活中形成的行为规范、价值体系,乡村居民生活方式的变迁影响乡村文化。与过去相比,乡村居民数量日渐萎缩,乡村"空心化"现象严重。人们对城市生活的向往度居高不下,城市文化在乡村的渲染越来越浓,乡村文化的传承出现断裂,乡村文化的创新更是难以推进。文化振兴是乡村振兴的重要基石,党中央、国务院早已将乡村文化建设列为重要工作,也颁发专门性文件来指导这项工作,比如,2005 年颁布的《中共中央办公厅 国务院办公厅关于进一步加强农村文化建设的意见》(中办发〔2005〕27号)。随着人口的自然更替和我国普及九年义务教育的实施,当前乡村居民相比上一代的整体受教育水平有所提高,对社会规范和乡规民约的意义认识更加深刻,比较支持政府及基层自治组织的文化宣传活动,乡村精神文明建设工作更容易推进。现代城市文明与乡村文明融合的同时,农耕文化往往被视为传统的、落后的象征。一些文化记忆可能随着一代代农民老去而逐渐被历史湮没。综而观之,当前乡村文化振兴的薄弱之处体现在以下方面:乡村教育遭遇生源锐减、内容空洞,乡村文化建设遭遇农民主体地位弱化、市场主体进攻,乡村公共文化设施利用率不高,乡村社区群众性文化活动载体不够富足,部分优秀的乡村传统文化渐被遗忘,乡村文创活动常常虎头蛇尾,乡村旅游发展相对滞后,乡村文化发展过度产业化,等等。

扭转乡村文化迷失、促进乡村文化振兴的条件诉求涉及以下方面:转变乡村教育发展思路,提高乡村教育服务质量,发挥教育的文化功

---

① 顾明远主编:《教育大辞典》增订合编本(下),上海教育出版社 1998 年版,第 1619 页。

能；发挥乡村学校的文化引领作用，为周边社区提供文化服务；提高村级文化活动中心的覆盖面，利用既有文化资源、教育机构打造综合性乡村文化共享中心；政府牵头开展乡村文化体育活动、节日习俗传承活动，创新乡村文化传承与创新活动；加强对乡村历史遗迹、非物质文化遗产、特色村寨的保护；等等。另外，利用产业化引领、带动乡村文化发展。

4. 生态破坏是当前乡村建设易出现的陋习

每个公民都有保护生态的义务，然而农民长期居于乡村，对环境保护的自我性意义及社会性意义认识不足。一方面，着眼于生存需要、生活便利的考虑，他们会产生一些破坏生态的行为；另一方面，对于生态涵养能力退化的情况，他们即使意识到事态严重性，却依旧无能为力。生态被破坏以后乡村人居环境受到影响，这也是乡村留不住人才的原因之一。笔者到乡村调研后，不难发现许多乡村生态破坏严重：养殖业、工业污染物超标排放，危害居民饮用水安全、空气质量；生活垃圾处置不当、垃圾处理难困扰着乡村；农业生产中化肥、农药过度使用及农业生产滞留物破坏土壤结构；部分乡村居民焚烧秸秆、焚烧垃圾，置环境污染于不顾；山地林区乡村中毁林开荒、破坏植被以换取经济价值的行为破坏了生态原有秩序，引发气象灾害及地质灾害。由此可见，乡村建设中的许多生态破坏行为使乡村环境变差，牺牲环境换取经济价值的急功近利式行为极有可能再发生；引导农民树立根深蒂固的生态保护意识，践行生态保护理念是实现乡村振兴的基本保障。

生态振兴最基本的诉求是改善农村人居环境，遏制乡村第一、第二产业的污染物排放，珍惜爱护水、土地等资源，杜绝"污染下乡"现象；为乡村增添污水、垃圾处理设施，严格落实环境监测；提升乡村居民生态保护意识，改善生产生活不良习惯等；尊重自然规律，农业生产、工业生产要远离生态底线；农业生产实行轮耕轮种等休养制度，恢复山林河田生态涵养能力；实现绿色生活，及时对生活垃圾、废物进行无害化处理等。其中有些措施是通过改善设施设备能实现的，有些必须依靠人力的投入，还有些需要通过改变乡村人口素质才能实现。

5. 社会治理滞后是乡村振兴必须面对的现实问题

党的十八大以来，我国治理能力建设备受关注，国家治理体系和治理能力现代化紧张有序地推进，乡村治理体系和治理能力提升工作受到高度重视。乡村是治理体系中基础性的治理单元，乡村治理体系与能力建设是国家治理能力的组成部分。乡村治理的好坏反映了一个国家的发展程度，能够为乡村振兴提供秩序保障。乡村治理与一般的治理工作有所不同，做好乡村治理工作要充分考虑农业、农村、农民的特征。乡村治理的意义在于合理配置乡村公共资源、妥善安排公共服务，为乡村经济、政治、文化发展提供合理有序、平安稳定的社会空间。《乡村振兴战略规划（2018—2022年）》在第八篇就"健全现代乡村治理体系"进行了阐述，论及了乡村党组织建设以及自治、法治、德治相结合及基层政权的建设。从乡村治理目标来看，"到2035年，乡村公共服务、公共管理、公共安全保障水平显著提高，党组织领导的自治、法治、德治相结合的乡村治理体系更加完善，乡村社会治理有效、充满活力、和谐有序，乡村治理体系和治理能力基本实现现代化"[1]，然而难以否认的是，"乡村治理滞后于乡村发展"[2] 的现实已成为我国农村社会发展的瓶颈。一方面，目前，乡村基层党组织队伍建设不够规范，党组织带头人选拔、党员队伍建设中还存在教育、管理、监督不到位的情况，因此，需要在乡镇党委领导下，加强乡村党组织建设，完善乡镇、村的党组织体系；另一方面，我国基层组织工作事务处理方面还有所欠缺，缺少人才与处理经验。加之，乡村是典型的"熟人社会"，村民自治水平还有很大的提升空间，

乡村学校的性质和组织运作程序的严格性、乡村教师理论学习和党性修养提升的持续性决定了乡村学校基层党组织建设较为规范。这样的条件支撑乡村学校党组织在提升自身的同时协助乡村其他党组织建设。乡村基层民主治理要广泛听取群众意见，尤其是具有较广泛见识和管理经验的人的意见，乡村学校校长与教师自然在被征求意见者之列。通过激发村民自治意识，完善乡村民主管理体系也是健全乡村治理体系的重要内容。乡村学校在基层乡村治理方面的作用早已被学者们认识到，比

---

[1] 《中共中央办公厅 国务院办公厅印发〈关于加强和改进乡村治理的指导意见〉》，《中华人民共和国国务院公报》2019年第19号

[2] 乔金亮：《乡村治理要充分尊重农村特点》，《经济日报》2019年4月9日第9版。

如，乡村学校是传递国家意志的桥头堡，有助于将国家倡导的意识形态深入民心、扎根于广大乡村。[1] 乡村学校的社会功能的发挥有助于提升乡村整体治理水平。

此外，乡村情感淡化是当前乡村振兴的可能障碍。生于乡村的人对乡村有一种天然的亲近之情，但是在信息化程度极高、开放性极强、经济条件好转的今天，许多人在追求城市化。他们与乡村存在明显的空间疏离，乡村情感较以往有淡化迹象。乡村新经济利益争夺、经济为先的发展氛围限制对乡村居民之间的情感有所冲击。当下国家、地方政府及社会机构大力扶持乡村发展，乡村居民得到的社会福利增多，社会福利分配不公诱发内部争端，极大地影响村民之间情感认同。经济建设固然重要，但对经济给予过高重视、以经济为中心的乡村建设容易忽视人们的精神享受和情感需求。这种氛围渲染下的乡村青少年和民众放松对乡村情感的关注。"没有乡土认同的人能有对国家的认同吗"[2] 这样的发问警示我们要重视人们的乡村情感。这也是促进乡村人才振兴、产业发展、乡风文明、社群和谐的重要基础。此外，一些乡村中道德滑坡、邻里互助的亲情关系淡薄、耕读传家的家教失传、勤劳简朴的淳朴民风日渐式微等社会问题盛行；[3] 许多刚刚摆脱绝对贫困的乡村依旧面临现实生存问题。诸如此类的社会问题是实施乡村振兴战略过程中必须解决的。

(二) 乡村振兴模式需要创新

乡村振兴既是一种目标状态的表达，又是一种发展过程的表达。从目标状态来看，乡村振兴表达的是乡村发展的程度，亦要在政治、经济、文化、生态等领域达到的先进水平，实现"农村美、农业强、农民富"的目标，并以此推动我国实现共同富裕、全面建成小康社会；从过程来看，乡村振兴是我国乡村兴盛起来，实现农业农村现代化、农民生活水

---

[1] 萧放、王宇琛：《发挥乡村学校的基层治理体系塑造功能》，《社会治理》2018 年第 6 期。
[2] 万明钢：《"文字上移"——渐行渐远的乡村教育》，《教育科学研究》2010 年第 7 期。
[3] 张孝德：《以大教育观推进乡村教育及乡村全面振兴》，《中国教师报》2022 年 2 月 23 日第 14 版。

平提升的过程。①"空谈误国，实干兴邦"，乡村振兴的过程也可以说是一部万众实干史。实干中人们探索出了乡村振兴模式。依据理论层面的探讨，有学者将乡村振兴的基本模式列为"保底式发展、内生式发展和依附式发展"②。我国乡村众多且分布广泛，各乡村地区形势不一，因此，乡村振兴实施的模式也较为多样。选择何种模式，在很大程度上凭借当地的内生优势和可借助的外界条件。在乡村凭借内生力与借助外力的程度上，本研究将既有乡村振兴模式大体分为三类。

1. 内生力为主的乡村振兴模式

这类模式振兴的乡村往往具有较为丰厚的人文资源或自然资源，走向特色发展之路的比较多，又称为特色振兴模式，如产业振兴、文旅振兴。特色振兴模式的乡村振兴是一种区位潜力发挥上的自主振兴。这种振兴建立在对当地资源挖掘利用基础之上。从区域发展视角来看，我国不仅长期存在城乡二元经济结构，也存在不同发育程度的乡村。从宏观整体来看，我国中西部乡村与东部乡村之间存在较大差别，距离城市较近的乡村与距离城市较远的乡村之间存在较大差别，平原乡村和山区乡村存在较大差别。各类型乡村具有独到特征，能够实现自主振兴的乡村一般是较发达地区的乡村或具有特色产业的乡村。较发达地区的乡村多是东部地区，如上海市松江区泖港镇、江苏省张家港市永联村、浙江省宁波市滕头村、河南省洛阳市孟津区平乐村。

2. 外推力为主的乡村振兴模式

利用外推资源来助推乡村发展，采用这种模式振兴的乡村对外界力量有较强的依赖性，是一种沿袭脱贫攻坚中帮扶发展模式的路径，因此又可称为帮扶式振兴模式。脱贫攻坚基础上的帮扶振兴，是全面小康路上的帮扶延续。乡村振兴战略提出了比解决"三农"问题、新农村建设更高的要求，所以面临更多艰巨任务。为了防止扶贫成效的减退、有效阻止返贫，帮扶式脱贫地区应该暂时保留帮扶，帮助刚刚脱贫的乡村实

---

① 秦妍：《我国乡村振兴的目标评价体系构建研究》，博士学位论文，厦门大学，2018年，第36页。

② 叶敬忠、张明皓、豆书龙：《乡村振兴：谁在谈，谈什么？》，《中国农业大学学报》（社会科学版）2018年第3期。

现帮扶振兴。脱贫攻坚和乡村振兴都旨在解决新时代的"三农"问题，为了实现人民对美好生活的向往，体现了国家政策的民生取向。刚脱贫的乡村自身发展环境脆弱，内生力还不坚实，在短时间内难以全面建成小康社会。加之，乡村振兴与脱贫攻坚具有对象上的重叠性、实践上的协同耦合性，① 可以实现路径的协同和相互借鉴。帮扶是脱贫攻坚的重要路径，脱贫攻坚过程中帮扶式脱贫作用广泛、覆盖面广、效果明显。这种帮扶式振兴模式往往以产业振兴为主，农产品加工业、乡土文化技艺、电商销售是产业振兴主力，新业态化的产业较少。帮扶式振兴模式下发展起来的乡村，无论是经济发展还是人才支撑，抑或治理组织上，都容易呈现外实内空的状态。当前乡村基础设施有了很大改观，尤其是贫困地区。笔者在调研中发现，国家给予发展较为滞后的贫困地区极大的资金、产业、科技、教育方面的帮助，还适度进行水电费补贴，"安居工程"成效明显。但是，帮扶式振兴的力量主要来源于外部，帮扶式振兴短期效果明显，但可持续性有待实践检验。

总之，外推力为主的帮扶式振兴过程中"注入效应"明显，帮扶人员多来自其他省市，有些是县城机关单位的人员，他们之于帮扶地的归属感较弱，他们和帮扶村的联系可能随着驻村工作队的变更而变更。种种原因使得某些地方帮扶式振兴呈现悬置高阁现象。此外，"脱贫不脱帮扶"，驻村帮扶、对口支援在脱贫征程中具有重要意义，并将在乡村振兴中持续发挥作用，正所谓"扶上马送一程"。这种模式有利于持续改善脱贫地区的生活状况，给予人们足够的缓冲期适应新阶段的生活习惯，掌握新时期的生存技能，进而巩固拓展脱贫攻坚成果，但也存在"扶着走"难以走出自己特色的情况。

3. 内外力作用基本持平的乡村振兴模式

该模式又分为两类：一类是帮扶式振兴与特色振兴模式的集合体，称为既有帮扶又有特色振兴模式；另一类是内外力作用都不明显的振兴模式，这种振兴模式极度缺乏优势，难以实现可持续振兴，可称作无帮扶无特色式振兴。这两种振兴模式差异显著，前者是第一类振兴模式和

---

① 姜正君：《脱贫攻坚与乡村振兴的衔接贯通：逻辑、难题与路径》，《西南民族大学学报》（人文社会科学版）2020年第12期。

第二类振兴模式的综合体；后者则既不践行第一类振兴模式，也不具备第二类振兴模式的条件。执行前者模式的乡村往往具有丰富的振兴途径，这些乡村的经济发展处于较为平稳的状态，相对实现了人民安居乐业，距离全面建成小康社会较近；执行后者振兴模式的乡村常常一筹莫展，处于比较艰难的振兴阶段，经济发展水平偏低，民生状况难以有较大起色。

无论是何种模式的振兴，都难以避免"人才空"的窘境。在城镇化及进城务工持续升温背景下，许多乡村难以留住人才，青壮年人才外流明显，因此，相关部门需要寻求让乡村留住人才的办法，以此为突破口形成新型振兴模式。

三 乡村学校可持续助力乡村振兴

乡村振兴要实现的不是昙花一现式的突飞猛进，而是可持续的振兴。然而，大量的乡村人口流向城市，人才缺乏、智力资源不足导致乡村振兴困难重重。与之相伴的是乡村振兴缺乏知识与人才，这一问题的解决主要靠教育。这些说明亟待挖掘支撑乡村振兴可持续的要素，作为乡村最主要的教育主体的乡村学校必然可有所作为。

乡村学校助力乡村振兴的优势在于可持续性较强。这种较强的可持续性源于以下方面：一是乡村学校与乡村共发展，相比于助力乡村发展的外来力量，乡村学校教师对乡村资源的认识更加清楚，对于乡村怎样才能实现更好的发展具有较清晰的认识。二是乡村学校负责乡村未来人才的基本教育，乡村学校如何培养乡村青少年以及培养什么样的青少年决定了乡村未来由什么样的人来建设。三是乡村学校工作人员与乡村存在天然联系，他们组成一支长期服务乡村、驻扎乡村的队伍。这支队伍就学生发展情况与村民进行交流，在乡村中具有一定的群众基础。四是乡村学校的教师具有较高的文化程度，是集专业性与公共性于一身的知识精英团队。他们可以凭借自身智慧和能力为乡村培育产业人才、参与乡村公共事务、传播和践行生态文明、协调乡村社会治理、促进乡风文明等。[1] 五是乡村学校还是乡村社区的"局外者"，与乡村居民产生利益

---

[1] 肖正德：《论乡村振兴战略中乡村教师的新乡贤角色》，《教育研究》2020年第11期。

争夺概率小，能通过沟通交流与居民建立长期融洽的关系。而乡村干部、外来投资企业等与乡村居民之间常存在利益争夺，难以赢得居民的长期信任。正基于此，乡村学校应从自身实际出发，寻求乡村学校服务乡村建设的机遇，助力乡村振兴的实现。

乡村学校助力乡村振兴应注重改善乡村内部人力结构，以自身优势促进乡村人力资本开发。人力资本表现为蕴含于人身上的各种生产知识、劳动与管理技能以及健康素质的存量总和。舒尔茨人力资本理论的主要观点如下：第一，人力资本存在于人的身上，表现为知识、技能、体力（健康状况）价值的总和；[1] 一个国家的人力资本可以通过劳动者的数量、质量以及劳动时间来度量。第二，人力资本是投资形成的，投资渠道有五种，包括营养及医疗保健费用、学校教育费用、在职人员培训费用、择业过程中所发生的人事成本和迁徙费用。[2] 第三，人力资本投资是经济增长的主要源泉，人力投资的增长无疑已经明显地提高了投入经济起飞过程中的工作质量。[3] 第四，人力资本投资是效益最佳的投资，目的是获得收益。第五，人力资本投资的消费部分的实质是耐用性的，甚至比物质的耐用性消费品更加经久耐用。[4] 从第三点我们足以看出教育是提高人力资本的重要手段。短期来看，人力资本投资不是收益最高的一种投资，但是其产生的长期影响——未来收益是其他投资无法比拟的。[5] 乡村振兴需要通过乡村人力资本增值实现，乡村人力资本增值需要通过教育来实现。作为教育机构，乡村学校既要做好基础性教育工作，又可根据实情助力乡村社会教育和乡村家庭教育。另外，乡村学校作为乡村社会生活中鲜明的文化单元，是乡村文化传承与更新的载体，是村民进行文化活

---

[1] ［美］西奥多·W. 舒尔茨：《人力资本投资——教育和研究的作用》，蒋斌、张蘅译，商务印书馆1990年版，第22页。

[2] ［美］西奥多·W. 舒尔茨：《论人力资本投资》，吴珠华等译，北京经济学院出版社1990年版，第9—10页。

[3] 江涛：《舒尔茨人力资本理论的核心思想及其启示》，《扬州大学学报》（人文社会科学版）2008年第6期。

[4] 姚益龙：《有关教育与经济增长理论的文献综述》，《学术研究》2004年第3期。

[5] ［美］西奥多·W. 舒尔茨：《人力资本投资——教育和研究的作用》，蒋斌、张蘅译，商务印书馆1990年版，第96页。

动的场所,是乡村文化的象征、村民精神的寄托。① 梁漱溟认为中国是农村大国,要改造中国,必须针对其"伦理本位,职业分途"的特殊社会形态,从乡村着手,以教育为手段来改造社会。他的乡村建设方案是:把乡村组织起来,建立乡农学校作为政教合一的机关,对农民进行安分守法的伦理道德教育,达到社会安定的目的。② 当代乡村教育需要关注乡村文化与乡村学习的融合,这就对学校提出了挑战,学校需要思考乡村知识、乡村文化如何进入课程体系等问题。③ 不仅如此,乡村学校除了捍卫自身的文化地位外,还要应对脱贫攻坚带来的挑战,充分发挥乡村学校在扶智扶志方面的作用。④

我们也要认识到乡村学校是开展乡村教育的重要场所,乡村学校的乡村振兴功能是乡村教育在乡村振兴中的重要实现途径。由于乡村振兴是一种全面振兴,涉及的内容应较宽泛,但乡村学校发挥作用的范围有限,乡村学校并不能对乡村学校振兴产生全面性作用,只能在自身力所能及的范围内产生作用。

第三节 理论确证:乡村学校与乡村休戚与共

乡村学校与乡村的关系是分析乡村学校功能与乡村振兴之间关系的基本前提。作为乡村组成部分的乡村学校,关系到乡村规模的变化;作为社会组成部分的乡村学校,关系到乡村社会发展进程。需要指出的是,这里所指的"社会"是包含学校在内的社会,学校属于社会的一个分支。⑤ 从场域理论视角来看,乡村学校在乡村场域运行,也是一个独立的场域。乡村学校场域与乡村场域的行动者及行动规则之间有同有异,在这种异同之下学校与乡村维持共生关系。

---

① 赵贞、邬志辉:《撤点并校带来的乡村文化危机》,《现代中小学教育》2015 年第 1 期。
② 梁漱溟:《乡村建设理论》,上海人民出版社 2011 年版,第 194—195 页。
③ 刘铁芳:《重新确立乡村教育的根本目标》,《探索与争鸣》2008 年第 5 期。
④ 郭文良:《"后撤点并校时代"乡村学校的文化使命及其实现路径》,《现代中小学教育》2015 年第 4 期。
⑤ 吴康宁:《学校究竟是什么——重申学校的社会属性》,《教育研究》2021 年第 12 期。

一 地理意义上乡村学校是在乡村的学校

乡村是人类活动的重要空间，乡村的空间要素既包括物质空间要素，又包括非物质空间要素。乡村物质空间由乡村聚落空间、乡村生态安全空间、乡村基础设施服务空间、乡村公共服务设施空间构成；乡村非物质空间由乡村经济产业空间、乡村乡土文化空间、乡村社会关系空间构成。[①] 由于乡村学校既作为实体建筑存在，又作为一种公共文化机构存在，它占据物质空间的同时承载着非物质空间的部分功能。因此，从物质空间层面来说，乡村学校居于乡村地域内，占据一定的实体空间，是一种地理意义上的"在乡村"的学校，理所应当是乡村的组成部分。从非物质空间层面来说，乡村学校不只是基础设施建筑，还是文化空间的构成者，能"使乡村具有适合村民居住和生活的意义"[②]。乡村学校因"乡村"的存在而存在，乡村学校与普遍意义上、宏观意义上的乡村是同时消亡的，没有乡村便没有乡村学校。

乡村学校是乡村的组成部分，但并非与乡村共始终。学校是社会的产物、社会的分支、社会的工具，受社会制约。[③] 学校是社会发展到一定程度并根据社会发展需要而设立的，社会的发展情况、社会的需要程度决定学校的发展与存亡。学校常常晚于乡村产生，且有可能早于乡村消亡。其原因大致如下：一方面，乡村先于乡村学校产生，学校伴随人们开展教育活动的需求而产生；另一方面，从具体的乡村——单一的村落来讲，并非每一个村落中都有乡村学校，尤其是乡村撤并、乡村学校布局调整后，乡村学校在乡村的分布密度明显降低，也就意味着一些乡村失去学校。从更深意义来讲，乡村学校的变化与乡村人口有关，二者互为因果：人口的分布是乡村学校布局调整的重要依据；乡村学校办得怎样影响乡村的发展，最明显的标志就是乡村学校办得好坏影响乡村人口流动。正所谓"只有乡村学校办好了，教育稳住了，乡村才可能留住人，

[①] 熊英伟、刘弘涛、杨剑主编：《乡村规划与设计》，东南大学出版社2017年版，第37页。
[②] 周晔：《乡村学校涵养乡土文化生态》，《中国教育报》2020年7月3日第5版。
[③] 吴康宁：《学校究竟是什么——重申学校的社会属性》，《教育研究》2021年第12期。

乡村才有希望"①。有调查显示，"48.6%的家长因为农村教育质量差选择让子女去城镇就读；与此同时，54.6%的家长表示如果城乡教育质量一样好，会选择让孩子回到乡村就读"②。笔者调研中发现确实如此，乡村学校办得越好，乡村学生外流现象越少；乡村学校办得越差，乡村学生流失率就越高。久而久之，两种学校周边村庄人口变化趋势就呈现明显对比：学校办得好，乡村留得住人；学校办不好，乡村留不住人，"空心化"现象越来越明显。

乡村特殊的地理环境致使乡村学校面临特殊的发展环境：首先，乡村学校日常安排受自然条件影响。它们往往交通不便，零星分布，与外界交流非常不便。教学环境受天气影响明显，在少数偏远乡村，极端恶劣天气严重影响师生出行。考虑到学校路程较远，乡村学校作息时间具有特殊性。其次，传统的"一村一校"格局早已被打破。随着乡村人口流失加剧，乡村学校逐渐减少，保留下来的乡村学校的服务范围往往不止一个村庄。纵使一些地方正在实施"一村一幼"建设行动，但服务学生年龄段有限。正因如此，一所乡村小学服务周边几个乡村或全镇、全乡学生的情况比较普遍。

二 场域理论下乡村学校与乡村嵌合共生

场域是一个社会空间，是各种社会关系构成的网络，网络中具有行动者或机构、制度规则等要素；场域中的位置含有资本，行动者因占有位置而获得资本，不同位置上的行动者获得不同的社会资本；获得的资本又是行动者中占有位置的基础，因此，场域内又会存在争取资本的斗争；场域本身也在不断发生变化，场域的变化又影响行动者的行动。不同的社会关系构成的网络具有不同的属性，乡村社会关系联结起来的网络是乡村场域，乡村学校及其行动主体的社会关系联结起来的网络是乡村学校场域。乡村学校场域嵌在乡村场域；乡村学校场域与乡村场域共

---

① 王培莲：《秦和代表：要将办好乡村学校作为乡村振兴的首要任务》，http：//news.cyol.com/gb/articles/2021-03/10/content_lBeRXhWRL.html。

② 焦以璇：《10年间我国城镇人口增加2.36亿人——城镇化率提高 教育如何应对？》，《中国教育报》2021年5月18日第1版。

同生长、密切联系、相互依赖。

具体来讲，乡村场域是由乡村中各种社会位置及位置之间的关系构成的网络。乡村场域中的位置含有经济资本、文化资本、社会资本和象征性资本。居于乡村的农民、干部、教师、学生及各类团体、组织等行动者因占有不同的位置而获取不同的资本，位置不同决定了各行动者的立场和行动策略不尽相同。然而，这些乡村社会成员或团体正因为获得了某些优势资本、拥有了某些特定权力才能占有位置，并为维护既已获得的位置或争夺更有利的位置而与其他成员或团体展开"斗争"。不同位置之间的资本差异、不同行动者的资本差异是场域发展的动力。"惯习"是深刻地存在行动者性情倾向系统中的作为一种技艺存在的生成性能力，是一种社会化了的主观性。① 场域形塑惯习，惯习是场域运行的产物；惯习对场域的建构起作用。② 乡村惯习在文化传承、社区治理、生产方式、生活习惯等方面都有体现，这些方面都对乡村学校运作发展产生影响。场域内不同位置上的行动者的惯习既有共同点，又有不同点。"惯习"对行动个体具有重要影响，行动者之间的利益博弈等而可能导致资本重组和权力结构的变化，③ 因而，乡村场域还可以看作各种力量为争夺资源而进行互动和博弈的行动框架。④ 加之，各行动主体谋求的位置及争夺位置的基础不一样，因而，各主体在场域中的行动策略也会不同。

乡村学校场域是乡村学校中各种位置及位置之间的关系构成的网络，是"有形与无形的整体集合与各种力量的不断重组"⑤。工作在乡村学校的教师、求学于乡村学校的学生及由教师和学生组成的团体是乡村学校场域的行动者。这些行动者围绕促进学生发展这项任务建立各种联系。

---

① [法]皮埃尔·布迪厄、[美]华康德：《实践与反思——反思社会学导引》，李猛、李康译，中央编译出版社1998年版，第165页。

② [法]皮埃尔·布迪厄、[美]华康德：《实践与反思——反思社会学导引》，李猛、李康译，中央编译出版社1998年版，第171—172页。

③ 汪小红：《论农村场域的惯习和资本——兼论农村的内部权力结构》，《大连海事大学学报》（社会科学版）2012年第2期。

④ 杨发祥：《乡村场域、惯习与农民消费结构的转型——以河北定州为例》，《甘肃社会科学》2007年第3期。

⑤ 马维娜：《局外生存：相遇在学校场域》，博士学位论文，南京师范大学，2002年，第10页。

"有限的乡村文化场域及文化生产场域对教育系统存在严重依赖"[1]。学校场域是"各种与教育利益相关者的社会力量在这个特定的社会空间中相遇和较量之后形成的一种'关系构型'"[2]，学校外部和内部都充满了权力斗争。对于不同的行动者而言，学校场域的意义有所不同。就学生而言，学校场域是他们成长的主要空间，他们从学校获得可供自身生存与成长的资源；就教师而言，学校场域是他们实现自身社会价值的主要空间，他们也从学校获得促进自身发展的资源。我们还注意到，近些年补充的一些乡村教师对任教地的文化表现出不适应，在日常交流中存在"水土不服"的现象，[3] 同时乡村原有的惯习也被打破。校外场域对乡村教师的吸引力不够，教师拥有的资本难以在乡村发挥作用。久而久之，绝大多数教师只专注于校内教学任务，将自己的交往范围收缩于学校场域，成为脱嵌乡村生活的"异乡人"[4]。

乡村场域与乡村学校场域的共同点为：两个场域都具有复杂的内部关系，都充满行动者为获得资本展开的斗争，因而都是不断变化的；行动者中有重合部分，比如都包括乡村教师、乡村学生；制度规则方面都体现国家意志和道德伦理；等等。不同点为：两个场域中的行动者类型有差异，乡村场域的行动者比乡村学校场域的行动者丰富，乡村学校场域的行动者遵守规则的意识更强；两个场域中的资本不同，行动者对位置含有的资本认识不同，期待获得的位置意义有差异，引发斗争的矛盾焦点也有差异；两个场域惯习有差异，因而，两个场域中人们追逐资本的行动策略有所不同。两个场域中的联系为：乡村学校场域中的行动者常常也是乡村场域中的行动者；乡村学校以行动者身份在乡村场域中生存，并为维护乡村学校发展秩序而不断从乡村中获取资源；乡村学校中的个体以带有乡土特色的惯习融入乡村建设中；乡村学校也是乡村获取

---

[1] 孟祥林：《乡村公共文化空间建构的困境、向度与方向》，《华南理工大学学报》（社会科学版）2019年第6期。

[2] 杨颖东：《场域：解读学校变革的一种社会学视角》，《教育学术月刊》2013年第2期。

[3] 焦龙保、龙宝新：《从自我认同到他者承认：乡村教师身份认同危机的化解》，《当代教育科学》2020年第11期。

[4] 焦龙保、龙宝新：《从自我认同到他者承认：乡村教师身份认同危机的化解》，《当代教育科学》2020年第11期。

外界资本的通道。就乡村民众而言，进入学校场域也就意味着文化资本即将增加。在"扶贫先扶智"的呼唤下，我国加强了对乡村学校的扶持力度，乡村学校在乡村场域发挥重要作用：入学接受教育是乡村青少年提升文化资本的重要途径，影响乡村场域中的人的文化心理倾向和劳动惯习；[1] 学校成为外界人士关注乡村场域发展的重要突破口。另外，学者们提出的"在乡村""为乡村"的乡村学校发展理念揭示了学校在乡村场域中的重要意义。脱离乡村场域的教育教学活动难以形塑学生健全的生活方式。

具体到乡村学校助力乡村振兴来说，"人"是中介要素，乡村教师是最重要的行动者。乡村教师的工作场域、生活场域对乡村教师的实践行动产生很重要影响。在这两种场域中，教师占据一定的"位置"，这些位置需要靠教师自身拥有的资本来获取，教师拥有的资本又是维护他们位置的"利器"。乡村振兴战略的实施促进乡村教师的工作场域内部的关系网络发生变化，与其相连的生活场域也有所变化，这些都在影响乡村教师与乡村的联系。对场域中行动者产生影响的外在因素"只有先通过场域的特有形式和力量的特定中介环节，预先经历一次重新形塑的过程"[2]，才能对行动者产生影响。

三 场动力视角下乡村学校可助力乡村振兴

勒温的场动力理论对揭示人们行为产生的原因具有重要启示。它指出，人的行为由人格特质和环境场决定。[3] 人的心理场主要由个体需要和他的心理环境相互作用的关系构成，[4] 因个体需要、意志等具有重要的动

---

[1] 欧阳修俊、谭天美：《乡村学校劳动教育课程变革的挑战与方向》，《中国教育学刊》2019年第8期。

[2] ［法］皮埃尔·布迪厄、［美］华康德：《实践与反思——反思社会学导引》，李猛、李康译，中央编译出版社1998年版，第144页。

[3] Lewin K., "Field Theory and Experiment in Social Psychology: Concepts and Methods", American Journal of Sociology, Vol. 44, No. 6, 1939.

[4] 章志光、林秉贤、郑日昌主编：《中国心理咨询大典》（下），天津科学技术出版社2008年版，第971页。

力作用,所以这种心理场又被称为"心理动力场"①。该理论既包括对行为场的论述,也包括对行为发生的动力的论述。其中,场论主要解释生活空间对人的行为影响;动力论主要解释人的行为发生的心理机制。

"场"来源于物理学,这里要表达的是个体与环境发生作用的整体空间。任何一种行为都产生于各种相互依存事实的整体,② 行为的发生依托的是人的整体生活空间。人的行为发生在其生活空间中,场论解释的生活空间对人的行为影响机制可以用"$B=F(P,E)=F(LS)$"来表示,B代表的是个体(人)的行为,F代表一种函数关系,P代表的是个体(人),E代表的是环境,LS代表的是行为个体(人)的生活空间。③ 因此,对于个体行为的解释要从个体所具有的特征和个体所处的环境分析。影响个体行为的所有因素是行为发生动力,这些因素体现了个体与环境的作用关系。勒温指出,每一心理事件都取决于人的态度和环境,④ 包括人与环境在内的各种力相互作用的心理紧张系统是个体行为动力的本质。⑤ 紧张的释放可为人的心理活动和行为提供动力。⑥ 行为或心理活动的目标具有的力为"引拒值"⑦,个体需求、紧张系统决定场中每个部分的动力态势,并运用"引拒值""向量"来解释个体行为发生的不同情况,进而明确行为的产生是动力场中各方向的力相互作用的结果。⑧ 根据勒温的分析还可知,行为的产生源于动力,动力的产生在于稳定、平衡状态被打破后需要朝着新稳定状态、新平衡状态变化。⑨ 动力论强调人的

---

① 叶浩生主编:《西方心理学的历史与体系》(第二版),人民教育出版社2014年版,第460页。
② Lewin K., *Resolving Social Conflicts*, New York: Harpper and Brother Publishers, 1948, p. 11.
③ Lewin K., *Field Theory in Social Science*, New York: Harpper and Brother Publishers, 1951, pp. 239–240.
④ [德]库尔特·勒温:《拓扑心理学原理》,高觉敷译,商务印书馆2003年版,第2页。
⑤ 申荷永:《论勒温心理学中的动力》,《心理学报》1991年第3期。
⑥ 申荷永:《论勒温心理学中的动力》,《心理学报》1991年第3期。
⑦ 申荷永:《论勒温心理学中的动力》,《心理学报》1991年第3期。
⑧ 叶浩生主编:《西方心理学的历史与体系》(第二版),人民教育出版社2014年版,第462—465页。
⑨ Lewin K., *A Dynamic Theory of Personality*, New York: Mcgraw-Hill Book Company, 1935, p. 58.

行为受个体需求及个体所处的环境影响,个体的情感、意志、人格都可能对行为产生影响。正所谓需求和动机是人的行为基础,环境是激发人行为的条件。① 当人们的需求未被满足时,其内心会产生设法达到目标的驱动力,这种驱动力会激发人们向着这个目标前进。② 在这一过程中,人们会不断地丰富自身资本、调节行为策略,并与环境相互作用。从人力资源来讲,乡村学校作为一种组织,其本身具有众多成员。这些成员是乡村振兴中重要的人力资源,学校可通过组织成员开展教育活动或实践活动,逐渐改善乡村文化风貌、生态环境,提高治理能力等。

基于学校与社会处于紧密关联、学校会反作用于社会的观点,不难发现乡村学校影响乡村社会发展。乡村是一种"场",是乡村学校行动发生的客观环境,也是乡村师生行为发生的客观环境。乡村振兴战略的实施使乡村发生改变,也就意味着乡村学校的生存环境发生变化。在城镇化持续推进及乡村振兴战略实施的时代节点上,要寻找生存之道的内部发展需求及乡村要全面振兴的外部环境,驱使乡村学校展开助力乡村的行动。乡村学校是一个组织、一个教育机构,其对乡村振兴的助力作用要通过"人"来实现。结合乡村学校场域的行动者要素来看,乡村教师和乡村学生是主要的人力。他们是否愿意参与到助力乡村振兴的行动中,以及在多大程度上助力乡村振兴,决定着乡村学校助力乡村振兴的效果。在实施助力脱贫攻坚以来,乡村学校教师肩负了"控辍保学"、教育扶贫、农业指导等多项社会职能,③ 与乡村之间建立了紧密联系。从场动力理论来看,教师和学生助力乡村振兴的动力既来自个体心理场,也来自环境场。正如勒温所论证的,一个人位于一个情境之内还是之外,影响着这个人采取的与这个情境相关的行为。④ 所处环境的改变影响个体行为的发生,既可能导致一些曾发生过的行为不再发生,也可能招致一些新

---

① 杨建春、李黛:《基于勒温场论的高校教师激励机制探析》,《东北大学学报》(社会科学版)2012 年第 6 期。
② 申荷永:《论勒温心理学中的动力》,《心理学报》1991 年第 3 期。
③ 东北师范大学中国农村教育发展研究院与光明日报联合调研组:《如何让更多乡村"大先生"扎根泥土、助力振兴——中国乡村教师调查报告》,《光明日报》2021 年 7 月 22 日第 7 版。
④ [德]库尔特·勒温:《拓扑心理学原理》,高觉敷译,商务印书馆 2003 年版,第 5 页。

的行为产生。我们不仅要认识到乡村环境场对乡村学校及师生的驱使，还要看到乡村学校的行动、乡村师生的行为关涉乡村的发展，影响乡村振兴的实现进程。

乡村学校与乡村振兴的关系不仅体现了乡村学校与乡村的关系、乡村学校与乡村社会的关系，而且体现了乡村教育与乡村、乡村教育与乡村社会的关系。结合新时代发展趋势，乡村学校能够培育具有社会主义核心价值观的新人，能够通过政策宣讲、教育帮扶等活动带动村民不断进步，促进乡村政治建设；通过落实地方课程、开发与践行校本课程，让学生更加全面地了解自己生活的地方，传承乡土文化、良好道德习俗，促进乡村文化建设；将潜在劳动力转化为现实劳动力，能够将科学技术转化为实际生产力，能够为村民提供经济政策咨询和技术指导，挖掘更广的就业渠道和收入增长渠道，促进乡村经济建设。[①] 除了在政治、文化、经济方面的作用之外，乡村学校还可在社会建设、生态建设等方面发挥作用。正因为乡村学校有这样的功用，所以乡村振兴呼唤乡村学校发力。

总之，一方面，基于"乡村学校是在乡村的学校"和"乡村学校与乡村嵌合共生"的理解可知，乡村振兴必然包含乡村学校的振兴，乡村学校功能的实现能够推动乡村振兴。另一方面，基于场动力理论可知，乡村学校及师生助力乡村振兴既是行为主体的内部心理需求所致，也是它们的客观环境场——乡村的发展形势所致。乡村是乡村学校发展的直接环境支持，乡村发展概况影响乡村学校的发展，乡村学校振兴离不开乡村振兴战略宏观政策的引导。

---

① 刘敏：《乡村振兴背景下农村教师角色转型研究》，硕士学位论文，湖南师范大学，2020年，第42—45页。

第二章

乡村学校之乡村振兴功能的基本框架

乡村全面振兴美好愿景的实现离不开乡村学校功能发挥。对乡村学校助力乡村振兴的分析,既要充分利用已有经验成果,也需要确立新的研究框架。本章从对乡村学校的乡村振兴功能的内涵剖析开始,确立其功能范畴,并在交代乡村学校的乡村振兴功能内涵、范畴后,对现状分析技术进行阐释。

第一节 乡村学校之乡村振兴功能的内涵

学校主要履行教育责任,通过对学生的教育达到服务社会的目的,而不是"为学校而进行教育"①。学生群体范围不是固定的,而是会逐年变化,最终趋向于实现对乡村所有人口的基础性教育。乡村学校的乡村振兴功能是乡村学校在发挥教育功能的基础上服务乡村社会的时代性、概括性表达。一方面,回顾政策中提及的乡村学校功能可知,乡村学校应在政治、经济、文化、法治、科技等方面发挥作用,以利于促进乡村生产水平提升、生活条件改善。比如,国家希望通过发挥乡村学校的作用促进乡村发展,《全国农村教育综合改革实验区工作指导纲要》中曾提到"要努力发挥农村各类学校的社会功能。培养、培训人才是学校的基

---

① [日]安藤尧雄:《学校管理》,马晓塘、佟顶力译,文化教育出版社1981年版,第119—120页。

本任务。但农村学校在培养人的过程中，要结合当地的实际情况和学校的条件，开展社会服务活动，使学校成为传播文化、科技，移风易俗，建设社会主义精神文明的重要阵地。学校还要参与农村生活的变革。"① 1995 年发布的《国家教委关于深入推进农村教育综合改革的意见》提及"农村各级各类学校要成为传播文化知识、科学技术、致富信息，培养'四有'新人、移风易俗的重要阵地"②。另一方面，回顾文献可知，学者们在研究乡村学校的功能时，主要论述了其促进个体发展功能、促进社会发展功能，促进社会发展功能涉及促进乡村文化建设功能、促进乡村生产力提高、传递国家意志、支持乡村基层政权建设等。同时，人们也看到了乡村学校具有为乡村提供人力支持、优化乡村民众生活空间、增进人们乡村情感和家国认同感等功能。乡村学校还可有效连接学校与社区、提升乡村自主发展能力、增强村民生活满意度与幸福感。③

党的十八大报告将生态文明建设纳入中国特色社会主义事业建设体系，并提出要全面落实经济建设、政治建设、文化建设、社会建设、生态文明建设，④ 形成"五位一体"总体布局。党的十九大报告再次对这五个方面进行强调，指出"要统筹推进经济建设、政治建设、文化建设、社会建设、生态文明建设"⑤。乡村振兴依旧需要统筹推进"五位一体"总体布局，统筹推进农村经济建设、政治建设、文化建设、社会建设、生态文明建设，并将党的建设提至重要地位。⑥ 中国特色社会主义事业总布局的落实离不开新发展理念的指导，乡村振兴战略的实施中同样需要创新、协调、绿色、开放、共享的新发展理念作指导。在实施乡村振兴

---

① 《国家教委发布〈全国农村教育综合改革实验区工作指导纲要〉》，《人民教育》1990 年第 10 期。

② 《国家教委关于深入推进农村教育综合改革的意见》，《北京成人教育》1995 年第 9 期。

③ 姚华松：《乡村学校的未来 不能"听天由命"》，《中国青年报》2021 年 9 月 1 日第 2 版。

④ 胡锦涛：《坚定不移沿着中国特色社会主义道路前进 为全面建成小康社会而奋斗——在中国共产党第十八次全国代表大会上的报告》，《求是》2012 年第 22 期。

⑤ 习近平：《决胜全面建成小康社会 夺取新时代中国特色社会主义伟大胜利——在中国共产党第十九次全国代表大会上的报告》，《求是》2017 年第 21 期。

⑥ 《中共中央 国务院印发〈乡村振兴战略规划（2018—2022 年）〉》，《人民日报》2018 年 9 月 27 日第 1 版。

战略背景下，乡村的发展模式、驱动力需要创新，乡村生产科技、产业发展模式、农业经营制度、人民生活方式都需要创新，乡村各方面需要创新人才；乡村内部、乡村与乡村、乡村与城市以及物质文明和精神文明要协调发展，要不断优化产业结构和人才结构，补上乡村治理、乡村文化建设和社会事业建设中的短板；[1] 乡村发展要尊重自然、保护生态，发展生态产业，实现绿色发展，提高发展质量的同时建设好美丽乡村；乡村需要扩大开放程度，积极接收外界信息，寻求广阔的发展空间，以开放包容的姿态迎接市场经济带来的挑战；乡村发展成果要让广大人民共享，实现乡村振兴成果的增值，促进社会公平正义的实现和向优质均衡发展的迈进。这也是我国经济发展新常态对乡村发展提出的要求。

具体到乡村振兴背景下，一方面，乡村学校通过为乡村提供公共教育服务，完善乡村社会建设的同时也在增进乡村人口知识与技能、引导乡村人口树立正确的价值观，提升人口素质、帮助乡村劳动力更新知识与技能，督促乡村人口改变不良行为习惯，进而促进乡村文化繁荣、乡村治理有效、乡村经济发展及乡村生态文明建设。另一方面，乡村学校拥有一批具有较高文化程度的乡村教师和大量对乡村较为了解的学生，它可通过调动这些教师和学生的积极性、创造性来为乡村的文化建设、文化建设、生态建设补充人力，增强乡村文化建设、政治建设、社会建设的创造性。因而，从乡村学校的功能出发，乡村学校能够助力乡村振兴的实现；从我国总发展布局和乡村振兴目标来看，乡村学校对乡村发展产生的影响集中体现在文化、政治、经济、生态和社会方面。

总之，在乡村振兴时代，我国要办好乡村学校，并推动其融入乡村振兴。[2] 从中国特色社会主义事业总布局、乡村振兴要统筹推进的任务、乡村学校具有的功能来看，乡村学校的乡村振兴功能就是乡村学校对于乡村振兴的助力作用，是在乡村实现"产业兴旺、生态宜居、乡风文明、

---

[1] 张静:《新发展理念视域下乡村振兴研究》，硕士学位论文，中央民族大学，2021年，第60—67页。
[2] 《中共中央、国务院印发〈中国教育现代化2035〉》，《中华人民共和国教育部公报》2019年第1、2号。

治理有效、生活富裕"①的过程中，办在乡镇或村庄的教学点、幼儿园、完全小学、乡镇中心小学、初级中学、九年一贯制学校等对乡村文化、乡村经济、乡村生态、乡村政治及乡村社会等的发展所起的助力作用。因此，乡村学校的乡村振兴功能主要表现在五个方面，分别是促进乡村文化建设、推动乡村经济建设、助力乡村政治建设、支持乡村社会建设、参与乡村生态建设。

第二节 乡村学校之乡村振兴功能的范畴

学校与社会具有紧密联系，学校的发展也必会受到社会制约。与乡村发展相脱离的乡村学校不能满足乡村民众的教育诉求。同时，乡村学校作为教育机构，具有教育性，具有无可推卸的乡村教育责任，也必须服务于乡村发展。乡村学校的乡村振兴功能便是新时代乡村学校服务乡村发展的集中体现。如前所述，乡村学校之乡村振兴功能的范畴体现在五个方面。

一 促进乡村文化建设

作为人类创造物的文化，既是通过人类发挥创造力才能形成的，也是需要通过多种形式表现出来的，比如物质的、精神的以及社会组织和规则。②据此，文化可分为器物文化、符号文化、混合文化和组织文化四大类。③就价值意义而言，文化常被视为一个国家的灵魂和民族延续的精神支柱。从"没有乡村文化的高度自信，没有乡村文化的繁荣发展，就难以实现乡村振兴的伟大使命"④中足以见得，乡村文化之于乡村振兴的重要意义。中国文化具有强烈的乡土性，"中国文化的本质是乡土文

---

① 《中共中央 国务院印发〈乡村振兴战略规划（2018—2022年）〉》，《人民日报》2018年9月27日第1版。
② 韩东屏：《文化工具论纲》，《河北学刊》2008年第5期。
③ 韩东屏：《如何把握外延庞杂的文化》，《山西师大学报》（社会科学版）2019年第6期。
④ 《习近平要求乡村实现"五个振兴"》，http://politics.people.com.cn/n1/2018/0716/c1001-30149097.html。

化"①。在乡村振兴战略时代,乡土文化传承体现了乡村文化振兴的要义,是一种新的文化时尚。尽管乡土文化传承不只是乡村学校的事情,但无法否定的是,乡土文化传承离不开乡村学校这一力量主体,这是乡村文化建设的必然要求。一方面,乡村学校是农村最重要的、主要的甚或唯一的文化策源地,"对农村的整个智力生活、文化生活和精神生活有着很大的影响"②。学校是教育机构,也是文化传播机构,更是一个村庄共同记忆的承载者。学校具有乡土文化传承功能,乡村学校本身具有乡土性、近乡性,在乡土文化传承中具有得天独厚的优势。乡村学校以乡土文化为抓手助力乡村文化发展的贡献是非常值得肯定的,是他者不可替代的,需要"继往"和"开来"③。另一方面,乡土文化是乡村学校发展的外在支持,是乡村学生成长的沃土,是乡村学校教育教学的重要资源。从人是文化的创造者和人是文化的产物,以及"没有文化,人也就不是什么"④来看,文化之于师生居民具有重要作用,乡土文化参与乡村人文化生命的塑造。从乡村学校自身发展来说,乡村学校办学中必须结合乡村经验,谨防在向城市学校学习过程中完全偏离乡村,最终导致我国社会单面化的情况。⑤因此,必须重视乡村学校在乡土文化传承中的作用。就学校而言,乡村振兴背景中乡村学校促进乡村文化建设的表现大致归为增强学生乡土文化知识与传承能力、丰富居民文化生活形式与内容两类。

首先,增强乡村学生乡土文化知识与传承能力包含丰富学生的乡土文化知识、培养学生传承乡土文化的能力。第一,从学校的工作特性来看,教学是其与学生之间的基本沟通渠道,应充分利用教学手段丰富学生的乡土文化知识。一方面,为确保乡土文化知识传授的效果,应设置专门的乡土文化课程;另一方面,注重利用其他课程来增强学生的乡土文化意识,在教学中注重对乡土文化的援引、运用教学内容阐释乡土文

---

① 范建华:《乡村振兴战略的理论与实践》,《思想战线》2018年第3期。
② [苏]瓦·阿·苏霍姆林斯基:《给教师的建议》(修订本全一册),杜殿坤编译,教育科学出版社1984年版,第413页。
③ 刘敏:《乡村振兴背景下农村教师角色转型研究》,硕士学位论文,湖南师范大学,2020年,第44页。
④ [德]M·兰德曼:《哲学人类学》,阎嘉译,贵州人民出版社1988年版,第247页。
⑤ 孙熊春:《"文字上移"的社会学解释》,《教师博览》(上旬刊)2010年第6期。

化等。第二，学校还要注重培养学生传承乡土文化的能力。《中国传统工艺振兴计划》提及"支持大中小学校组织开展体现地域特色、民族特色的传统工艺体验和比赛，提高青少年的动手能力和创造能力，加深对传统文化的认知"[①]。生于乡村、长于乡村的学生，在学习乡土文化和传承乡土文化方面具有较强的潜力，开发他们这方面的潜力有助于实现乡村文化振兴。因此，学校要不断发现和挖掘学生这方面潜力，为学生展现这方面能力提供机会平台，并通过开展带有乡土特色的活动来促进学生养成良好的乡土文化传承能力。

其次，丰富居民文化生活形式与内容包含加强与居民的文化交流、助力丰富乡村文化资源。第一，受制于人力、经费等方面的影响，大部分乡村为居民提供的文化活动非常有限。这些活动的形式也比较单调、守旧，需要不断更新、丰富。随着全面发展教育的推行，乡村学校举办的文化活动越来越丰富，同时学校也会组织学生参与社会实践活动。参与的社会实践活动中与文化相关的较多，推动乡村文化活动向更加多样、更加丰富、更加健康的状态发展。同时，乡村学校举办的文化活动比乡村社区中举办的活动更加规范，文化性更加浓厚，并且还具有较强的教育性意义、正能量效果。一些乡村学校的实践做法也表明，邀请居民参与学校的文化活动既可以加强与居民的联系，提升居民的文化素养，也可以带动他们参与到改善乡村文化活动行动中。第二，乡村蕴藏着大量的文化资源，其中不乏极具历史意义的文化遗产。对这些遗产挖掘和利用不足影响乡村文化的发展，保护好文化遗产是乡村文化进行特色发展、传统与现代融合发展的基础。乡村学校作为文化机构，具有善于发现事物文化价值的能力，能够通过考察、解读等形式将文化遗产蕴含的价值挖掘出来，从而丰富当地的文化资源。从更深一步来讲，乡村学校挖掘和保护乡村文化遗产可以增强乡村民众对乡村文化遗产的重视，进而在乡村形成保护文化遗产的氛围。久而久之，更多的文化遗产显现在乡村中，成为居民文化生活的重要组成部分。

---

① 《国务院办公厅关于转发文化部等部门中国传统工艺振兴计划的通知》，http://www.gov.cn/zhengce/content/2017-03/24/content_5180388.htm。

二 推动乡村经济建设

整体来看，我国乡村经济体系还不发达，主要依靠农业生产经营和个别副业收入。"农业劳动是其他一切劳动得以独立存在的自然基础和前提。"[1] 从目前经济发育程度来看，乡村经济依旧以第一产业为主，第二产业发展很不健全，第三产业的辐射圈较小。与以往的乡村经济发展政策相比，乡村振兴战略将乡村经营提至更高的社会地位。从乡村振兴战略将新农村建设提出的"生产发展"转变为"产业兴旺"来看，乡村要不断完善现代农业生产经营体系，发展乡村电子商务，培育新型农业经营主体及鼓励乡村居民就业创业。[2] 乡村学校的教师具有较高的文化素质，在农业生产技术知识掌握方面较有优势；乡村学校的学生逐渐掌握农业生产知识、技能，并能接触较为先进、科学的经营理念，是乡村经济建设的后起力量。有些学校还可以通过推广周边乡村特色和生态价值，促进旅游业发展、吸引外界投资。[3] 在培育新型职业农民过程中，乡村学校也可以参与其中，[4] 比如，利用学校的教师和校舍为农民提供农业科技、职业技能培训，以及根据产业结构调整组织居民参与提升信息素养、新器械维修技能及经营管理等方面的知识。[5] 结合乡村学校实际可知，乡村学校推动乡村经济建设须以农业生产为基，可通过增强学生农业生产知识与能力、助力居民提升生产经营水平实现。

首先，增强学生农业生产知识与能力方面。乡村学校在促进学生发展方面既可丰富学生的农业生产知识，又可引导学生增强农业生产技能。这与新时代提倡的加强劳动教育具有高度一致性，并可提升学生的乡村适应与生存能力。教学是学校的基本工作，也是增强学生对农业生产认识的主要手段。开设农业生产相关课程、在教学中渗透农业生产知识是

---

[1] 《马克思恩格斯全集》第三十三卷，人民出版社 2004 年版，第 27 页。
[2] 范建华：《乡村振兴战略的理论与实践》，《思想战线》2018 年第 3 期。
[3] 高晓娜：《乡村小规模学校功能变迁研究——以寨里镇孤山学校为个案》，硕士学位论文，山东师范大学，2021 年，第 25 页。
[4] 郝德贤：《乡村学校社会教化功能的历史观照与乡村振兴战略实施的耦合》，《教育探索》2020 年第 9 期。
[5] 萧放、王宇琛：《发挥乡村学校的基层治理体系塑造功能》，《社会治理》2018 年第 6 期。

增强学生对农业生产认识的主要手段。将增强学生对农业生产认识列入教学工作中，既能够丰富教学内容，增强教学内容与学生成长背景的联系，提高学生学习的积极性，又可让学生科学地学习农业知识，为激发学生将理论与实践相结合奠定基础。在教学中传递农业生产知识的同时，学校要为增强学生的实际操作能力考虑。受家庭教育和家长示范作用的影响，乡村学生已对农业生产技能有所察觉，但真正独立进行农业生产者较少。与学生自家的农田不同，学校的劳动教育实践基地是一个容错平台，允许学生大胆地将所学的生产知识运用到实际操作中；是一个包容性极强的场所，容许教师带领学生或学生自己大胆创新劳动技术。如此一来，学生既能主动积极地参与到实践中，将自己的想法融入其中，又可体验到创新的意义与乐趣。

其次，助力居民提升生产经营水平方面。乡村居民的生产经营水平与乡村产业振兴、乡村经济收益增加直接相关。乡村学校助力居民提升生产经营水平体现在两个方面：一是利用教育优势、人力优势促进居民生产技术提升；二是以直接消费或促进销售量增加的方式带动乡村农副产品收益增加。第一，促进居民生产技术提升。面向乡村居民生产技术的培训工作体系还不够完善，培训指导者和培训场所还比较缺乏。乡村学校拥有文化知识水平较高、具有传授知识经验的教师，以及固定的、较为标准的授课场所和设施等。凭借这些条件，乡村学校能够参与到居民生产技术培训工作中，在农业技术专业人员指导下开展或独立开展农民生产技术培训工作。与长期工作在县城里或镇上的农业技术专业人员相比，乡村教师在乡村的时间较多，且中老年教师具有一定的农业生产经验，能够为农民提供咨询服务，做乡村农业生产参谋者。随着非农产业逐步深入乡村，部分乡村居民需要提升非农生产技术，以更好地参与就业市场上的竞争。同时，在国家政策引导下，面向农民的就业技能培训活动已经开展，但从供给侧与需求方的匹配来看还远远不够。因而，为居民提供非农生产技术培训和咨询也应是乡村学校服务乡村经济发展方面可考虑的事情。第二，带动乡村农副产品收益增加。作为社会主义市场经济中的消费主体，乡村学校通过消费为乡村增加收入。乡村学校正常运行离不开物质支撑，这些物质中有很多产自乡村或购自乡村。学校通过交易从乡村获取物质支撑的同时，也改善乡村一部分人的经济收入水平。作为乡村中的"智库""信息集散中心",乡村学校可以通过为乡村居民销售农副产品提供渠道或平台,来拓展销售范围、创新销售方式,进而带动经济收益增加。学校或教师利用自身资源参与农副产品经营,为农产品经营搭建平台,帮助乡村寻觅多样化的经营门路。此外,乡村学校还可助力乡村做好乡村经济产业,走产业化之路。乡村经济发展要与乡村文化建设相融合,做好乡土文化传承和乡村生产经营,有利于发展乡村文化产业。把生产经营做好了,乡村经济水平提升了,乡村居民生活水平就能得到改善,对教育及其他方面的投入会相应增加,乡村振兴的其他工作开展起来便会容易一些。

三 助力乡村政治建设

乡村学校是"村落中的国家",以作为培养现代人才的国家机器而存在,而且还以其鲜明有力的符号系统成为国家意志与形象的展现。[①] 村民在接受学校教育后,凭借了解到的个人权利与义务,通过多种渠道参与到基层政权建设活动。现代学校的政治功能促进民主、科学意识的传播,有利于基层组织建设。乡村政治包含两个层面的关系:一是乡村展开的国家政治;二是乡村社会内部展开的政治。[②] 乡村治理和乡村政治之间具有非常密切的关系,乡村政治的运作过程其实就是乡村治理的过程,乡村治理是乡村政治实践的具体表现。[③] "乡村治理,就是性质不同的各种组织,包括乡镇的党委政府、村党支部、村委会以及各种协会等,通过一定的制度机制(主要是村民自治)和'乡政村治'来共同管理乡村事务的治理模式。"[④] 乡村治理工作是乡村振兴路上的保障,基层党组织建设和乡村民主管理是乡村组织振兴的重要内容。《乡村振兴战略规划(2018—2022年)》第八篇就"健全现代乡村治理体系"进行了阐述,论

[①] 李书磊:《村落中的"国家"——文化变迁中的乡村学校》,浙江人民出版社1999年版,第9页。

[②] 郭苏建、王鹏翔:《中国乡村治理精英与乡村振兴》,《南开学报》(哲学社会科学版)2019年第4期。

[③] 郭苏建、王鹏翔:《中国乡村治理精英与乡村振兴》,《南开学报》(哲学社会科学版)2019年第4期。

[④] 秦妍:《我国乡村振兴的目标评价体系构建研究》,博士学位论文,厦门大学,2018年,第36页。

及了乡村党组织建设以及自治、法治、德治相结合及基层政权的建设。结合乡村振兴目标要求，乡村学校在助力乡村政治建设方面着重从乡村基层党组织建设和乡村基层民主治理两方面发力。

第一，支持乡村基层党组织建设。乡村基层党组织建设一直是全国党组织建设的弱项，其原因在于乡村居民对党政知识了解较少，对于如何将党组织建设好缺少把握，因而更需要"提升基层党组织在乡村振兴战略实践中的战斗力和凝聚力"①。从乡村学校视角出发，支持乡村基层党组织建设需要先做好学校自身党组织建设，然后才能更好地、更稳妥地协助乡村其他党组织加强建设，增强战斗力。乡村学校的党组织建设一般较为完善，党支部活动开展得比较及时，有许多值得乡村社区党支部学习的地方。简言之，在做好自身党组织建设方面，乡村学校要理顺党政关系，选配党委或党支部书记、委员，完善党员教育工作体系，积极响应上级党组织安排，坚持开展党支部日常活动，开展形式多样的支部活动；关心党支部成员发展，鼓励党员教师做好模范带头作用。切实严格执行各类规章制度，规范党员教师的言谈举止。在协助乡村其他党组织建设方面，乡村学校党组织可与乡村社区党组织实现双向互动：一方面，乡村学校党组织或教师党员可以发挥自身作用，参与到乡村党组织建设中；另一方面，社区党支部可以参与到乡村学校的党组织建设，学习乡村学校党建经验。这也是对新时代提升乡村教师政治素质的政策呼吁的响应，是对《教育部等六部门关于加强新时代乡村教师队伍建设的意见》中强调的"鼓励乡村学校党组织与乡镇党委、村党支部开展联学联建活动"②的切实践行。

第二，促进乡村基层民主治理。此方面可归纳为鼓励教师参与乡村治理、提升居民参与治理的能力。乡村教师作为乡村中文化素质较高者，在事务管理、决策、劝导方面具有良好的威信。加之，乡村治理工作很大程度上也关系到乡村学校利益，乡镇政府或村委会在乡村治理方面应该注重征求乡村学校的意见；乡村学校的领导或教师具有参与乡村治理

---

① 邓金钱：《习近平乡村振兴发展思想研究》，《上海经济研究》2019 年第 10 期。
② 《教育部等六部门关于加强新时代乡村教师队伍建设的意见》，http：//www.moe.gov.cn/srcsite/A10/s3735/202009/t20200903_484941.html。

的能力，至于参与意愿如何则因人而异。因此，学校要鼓励教师参与乡村治理，支持他们在保证基础教学工作之上参与乡镇或村的治理活动；积极履行建议权，向乡镇或村反馈个人意见，或代表普通居民反馈意见。乡村基层管理的难点在于乡村居民对管理工作不了解，绝大部分居民没有能力参与到乡村治理中，因而，提升居民参与乡村治理的能力较为迫切。因此，乡村学校可在以下三方面努力：一是引导居民增强自治能力。直接引导或通过学生间接引导居民学习社会知识，了解基层自治的意义及范畴；强化居民的社会主体意识、乡村主人翁意识，增强参与乡村议事、决策、选举等事务的能力，遵守村规民约；积极维护村务公开、民主评议等的公正性，善于运用自己的选举权利、发表意见的权利等。二是服务乡村法治工作。受文化程度影响，乡村存在大量"法盲"，依法治村难度较大。与城市相比，乡村人口较为分散，偏远山区更为分散，日常学法懂法用法宣传较少。乡村学校参与乡村法治工作可以采用参与法律宣传、提供法律咨询、协助运用法律手段等形式实现，通过法律知识进课堂，向学生宣传基本的法律常识；通过法律常识进村庄，向乡村居民宣传生活中常用的法律知识。三是促进乡村德治效果提升。乡村学校通过净化乡村风尚文明、引领乡村道德建设来促进治理效果提升。乡村具有特殊性，乡村的治理中法治要与自治、德治相结合。只有乡村自治水平、法治水平、德治水平大幅提升，自治、法治、德治才能有机结合，进而促进乡村政治建设更加完善。

四 支持乡村社会建设

"社会建设"理论渊源久远，但直至"五位一体"总体布局被明确提出以后，人们对社会建设才足够关注。作为"五位一体"总体布局内容的社会建设包括社会事业建设、社会制度和体制机制建设、社会结构建设和社会管理。[①] 查阅相关文件发现，党的十七大报告对"社会建设"进行过专门论述，提及了优先发展教育、扩大就业、改革收入分配制度、

---

① 青连斌：《社会建设的内涵与要义》，《学习时报》2007年7月16日第6版。

建立社会保障体系和医疗卫生制度、完善社会管理与服务等内容。① 此后的相关文件结合时势有所调整，但依旧不难从中发现，社会建设涉及的往往是一些突出的、具有一定普遍性的问题，涵盖了社会结构建设、社会制度和体制机制建设、社会关系建设、社会组织建设、社会事业建设。② 由于我国乡村的地理分布广且多数较为偏远，交通不便且经济发展缓慢，乡村自然资源丰富但社会资源贫乏等原因，我国大部分乡村的社会建设一直处于较为滞后的状态。加之，社会建设要解决的一般是综合性难题、受益对象广的难题，其目标既包括促进人的全面发展，又包括促进社会和谐。③ 因而，乡村社会建设需要动员社会力量，吸纳乡村内外各类资源来进行。从乡村学校本身的性质及社会建设的内容来看，乡村学校支持乡村社会建设的作用主要体现在促进乡村社会事业发展与维护乡村社会关系两方面。

第一，促进乡村社会事业发展方面。乡村社会事业一般指国家机关或其他组织举办的服务乡村社会成员生产生活的活动，包括科技事业、教育事业、文化事业、医疗事业、体育事业等等。④ 由于乡村学校主要以公共教育机构的形式存在于乡村，因而促进乡村教育事业发展必是其重要功能范围。考虑到乡村学校还是一个组织，是乡村大系统的组成部分，且具有一定的教育优势和精英资源，还可发现乡村学校也能在促进乡村其他事业发展方面起作用。所以，对乡村学校促进乡村社会事业发展的作用分为促进乡村教育事业发展、促进乡村其他事业发展两方面。依据服务对象不同，还可将促进乡村教育事业发展分为促进学校教育事业发展与促进社会教育事业发展。一方面，乡村学校通过做好日常的教育教学工作，积极承担面向学生的教书育人工作，来保证基本功能的实现。这也是乡村学校最主要的工作。另一方面，乡村学校通过显性或隐性的

---

① 《胡锦涛在党的十七大上的报告》，http://www.chinadaily.com.cn/hqzg/2007-10/25/content_6220107.html。
② 潘嘉：《中国共产党社会建设思想研究》，博士学位论文，中共中央党校，2009年，第97页。
③ 潘嘉：《中国共产党社会建设思想研究》，博士学位论文，中共中央党校，2009年，第105—108页。
④ 潘嘉：《中国共产党社会建设思想研究》，博士学位论文，中共中央党校，2009年，第105—108页。

手段，促进乡村社会教育的发展。这些手段的表现形式有学校邀请居民参与学校教育活动、学校成员参与到社区举办的宣传教育活动、学校对居民的潜移默化式影响。

第二，维护乡村社会关系方面。大体而言，乡村学校改善乡村社会关系主要体现在协调乡村居民内部关系和增进乡村民众情感认同两方面。一方面，协调乡村居民内部关系。良好的社会关系有助于人民团结、社会稳定，有利于政治、经济、文化等方面的发展。乡村教师通过向学生传授道德知识、培养学生的文明习惯塑造新时代文明新人，并为改变乡村恶风陋习培养后备力量。同时，从场域视角来看，乡村教师作为乡村场域的行动者，能够在获取资本和利用资本的过程中实现位置变化，并实施一定的外显行为。这些行为能够对乡村居民产生影响。乡村教师的公共权威看似弱化，但作为乡村中文化程度较高的知识分子，他们仍在公众心目中具有一定的地位，他们的榜样示范、劝诫提醒对乡村居民仍能产生影响。因而，乡村学校可通过发挥乡村教师引领良好道德风尚和调解民众之间纠纷的形式协调乡村居民间的关系。另一方面，增进乡村民众情感认同方面。乡村情感认同是指关切乡村发展的他人或集体的态度、思想、价值观念、行为方式等符合自身需要时产生的一种积极的、肯定的情绪体验，这种情绪体验能够驱使认同者热爱乡村、关心乡村发展，能够让被认同者实施热爱乡村、有利于乡村发展的行为。从对象来讲，主要包括增进学生乡村情感认同和增进居民乡村情感认同两方面。增进学生乡村情感认同可通过引导学生认识乡村的价值、强化学生乡村主人翁意识、举办或支持学生参与乡村情感表达活动等实现。乡村学校可通过举办展览活动、制作宣传材料让乡村居民发现家乡之美，引领乡村居民认识到他们对乡村的热爱和支持程度影响关系到家乡的发展。因此，乡村学校在组织师生开展乡情表达活动时，可邀请居民参与并给予他们表现机会，唤醒他们对家乡的热爱之情。

五 参与乡村生态建设

良好的生态环境是人类赖以生存的前提，也是乡村的宝贵财富。加强乡村生态保护是建设美丽中国的重要内容。《乡村振兴战略规划（2018—2022年）》第六篇部署了生态宜居的美丽乡村建设办法，主要涉及推进绿色农业、持续改善人居环境、加强生态保护和修复。我国自古以农立国，农业有悠久的发展历史，传统的粗放式农业生产习惯在全国范围内根深蒂固，绿色农业技术、先进的农业科技难以成为乡村居民生产的必需品。尽管我国已经提倡科技兴农、生态农业很多年，但在各地真正实现农业绿色发展的少之又少，乡村自然资本不断遭到破坏，农作物废料生态循环、农业节水灌溉技术、无公害生产等并未在乡村普及。乡村垃圾处理、生活废水污水处理、厕所改造等还未完全奏效，乡村人居环境改善任重而道远。可见，当下乡村民众的生活方式距离"人与自然和谐共生局面"的实现还有很远的路要走，需要加快推进生态绿色发展步伐，以早日实现乡村振兴。乡村学校是乡村的重要组成部分，参与乡村环境保护、建设良好乡村生态文明氛围是乡村学校义不容辞的责任。作为肩负教育重任的组织机构，学校必须承担起乡村青少年学生生态教育的重任，并力所能及地辅助乡村社区开展全民生态文明教育及实践活动。同时，要为周边乡村做出生态示范榜样。根据作用范围，乡村学校对乡村生态振兴的贡献大致包括增强学生生态保护知识与能力、助力校外生态保护宣传与实践两大方面。

第一，增强学生生态保护知识与能力。引领学生认识环境生态对于人们生存的意义，向学生宣传生态宜居理念和爱护环境常识，培养学生的生态保护习惯是乡村学校在生态保护方面的基本贡献。为达到上述目的，乡村学校主要从以下两方面努力：一方面，可通过设置生态保护相关课程、在教学中渗透生态保护知识来引导学生更加全面、深入地了解生态保护。教师注重在课堂上发挥生态爱护引导作用，讲好生态环境课程，传播生态环保知识，并在其他课程中渗透环境保护理念，注重对学生进行生态环境的教育引导。另一方面，通过多样化的教育教学活动给予学生表达观点、表现能力的机会，教师在此过程中发现学生生态保护潜能，并鼓励学生将其运用到学习和生活中。以校园为基本空间依托，教师组织学生参与生态环境保护活动，及时纠正学生不良的生活习惯，督促学生养成爱护生态环境、健康生活的习惯。总之，教师既要在课堂向学生传递生态保护知识，又要注重对学生生态保护潜能的发掘。

第二，助力校外生态保护宣传与实践。乡村学校通过开展生态文明教育和发掘学生潜能能够为师生参与校外生态保护奠定基础。大体而言，其涉及生态教育宣传和生态保护实践两类。在生态宣传教育方面，学校师生可有组织地或零散化地参与乡村生态宣传活动，丰富乡村生态宣传教育的人力；还可通过邀请村民参与学校的生态课堂，闲暇时到校观摩师生生态环保活动等形式进一步提升居民生态教育效果。同时，在接触居民较关心的农业生产时，向居民介绍何为绿色农业，增强其对绿色农业的认识。在生态保护实践方面，将功能延伸至社区，以学校整体名义或班集体名义组织师生参与乡村生态环境治理活动，整治村容村貌，提升乡村绿化质量，减轻垃圾处理负担，助力村庄打造生态示范村。学校在参与乡村生态建设实践中，积极以身示范，号召师生维护好学校周边生态环境，通过潜移默化影响启发乡村居民的生态自觉；通过口头表扬、物质奖励等形式激励学生在家庭和乡村中扮演环境"小卫士"角色。此外，学校可联合社区开展活动、举办社区培训活动为契机，向农户宣传绿色农业技术，提高农产品的安全质量；还可助力特色村庄打造生态旅游，以为当地乡村文化振兴和经济振兴提供契机。

在乡村学校的功能范畴方面，我们还应认识到，乡村学校并非无所不能。受制于人员构成的特殊性、作为组织的特性以及对外接资源的依赖性等，乡村学校的发展也受到社会的制约。超越乡村学校功能限度的要求是不合理的，是难以达到的。一味追寻乡村学校功能的大、全、深，只会事倍功半，甚至物极必反。同时，社会左右学校的发展，社会对乡村学校的某些行为的认可度影响乡村师生的日常实践，文化传统、现实取向、家长态度、环境支持等可能制约学校助力乡村振兴的实践。[1] 乡村学校作为一种知识、技能传递机构，也在不断遭遇包含网络在内的大众传媒的冲击。[2] 学校助力乡村振兴的效果具有长期性、滞后性，助力乡村振兴的范围虽涉及中国特色社会主义事业"五位一体"总体布局的各个方面，但在各个方面的作用范围还比较有限。尽管如此，我们不能因此放弃对乡村学校功能的探讨，而应结合学校发展实际与乡村振兴的诉求，在乡村学校功能的"最近发展区"做出尝试，拓展乡村学校的乡村振兴功能。

---

[1] 吴康宁：《学校究竟是什么——重申学校的社会属性》，《教育研究》2021年第12期。
[2] 胡一杰：《信息化时代的学校教育功能限度与转型》，《中国现代教育装备》2006年第2期。

第三节 乡村学校之乡村振兴功能现状的分析技术

科学研究要从实际出发,在聚焦问题以后,对问题现状的剖析是开展后续工作的重要基础,因而实地调研比较重要。本研究提出的问题具有较强的时代性,也是当下社会发展中一个重要议题。乡村靠什么振兴、乡村学校如何发展、乡村学校如何助力乡村振兴、乡村教师队伍建设策略如何调整等一系列问题都需要从实际出发来寻找出路。本研究的主要调研工具为调查问卷和访谈提纲。在实际调研中,收集资料的方式不拘泥于这两种工具,而是拓展多种方式记录实时资料,如图片搜集、文字摘录、场景描绘等。在开展调查之前,笔者设计了调查问卷和访谈提纲。在利用问卷进行预测后,对问卷质量展开分析,着重对量表部分进行缜密的检验与完善。

一 调查问卷设计与检验

(一)问卷结构布局

1. 被调查者基本信息收集

依据研究需要,结合乡村教师的特殊性,在问卷的第一部分设置了基本信息调查,包括性别、年龄、民族、婚姻状况、学历、出生地与任教地关系、居住地、教龄、工作身份、聘任类型、职称、工资、任教学校类型、任教学校学生规模、任教学校教师规模、承担课程、教学之余安排。

2. 乡村学校的乡村振兴功能现状调查

基于第二章对乡村学校乡村振兴功能的阐释,本研究从促进乡村文化建设、推动乡村经济建设、助力乡村政治建设、支持乡村社会建设、参与乡村生态建设五方面进行调查。依据乡村学校之乡村功能的内涵与范畴,本部分量表设计了5个一级维度、10个二级维度和20个三级维度(见表2-1)。

3. 乡村学校的乡村振兴功能发挥背景、影响因素及所需保障调查

这部分主要包括调查者对乡村振兴的了解程度、乡村教师自身的特质、乡村学校是否参与周边乡村社区活动的影响因素、影响乡村学校助

力乡村振兴的主要因素、妨碍乡村学校助力乡村振兴的主要因素，以及为了更好地实现乡村学校的乡村振兴功能，政府及教育管理部门、乡村学校及乡村教师、社区居民及家长可以做哪些工作。最后设置了两道开放性题目，以了解乡村教师对乡村学校功能的理解、对乡村学校与社区关系的认知。

表 2-1　　乡村学校的乡村振兴功能量表初步结构

一级维度	二级维度	三级维度	题号
A. 促进乡村文化建设	A1. 增强学生乡土文化知识与传承能力	A1-1. 丰富学生乡土文化知识	1、3
		A1-2. 培养学生传承乡土文化能力	4、2
	A2. 丰富农民文化生活形式与内容	A2-1. 加强与村民的文化交流	6、5
		A2-2. 助力丰富乡村文化资源	8
B. 推动乡村经济建设	B1. 增强学生农业生产知识与能力	B1-1. 丰富学生农业生产知识	9、10
		B1-2. 引导学生增强农业生产技能	7、11
	B2. 助力农民提升生产经营水平	B2-1. 促进农民生产技术提升	13、12
		B2-2. 带动农副产品收益增加	14、15
C. 助力乡村政治建设	C1. 支持乡村基层党组织建设	C1-1. 做好学校党组织建设	33
		C1-2. 协助其他党组织建设	31
	C2. 促进乡村基层民主治理	C2-1. 鼓励教师参与乡村治理	23、25
		C2-2. 提升村民参与治理能力	24、26、27
D. 支持乡村社会建设	D1. 促进乡村社会事业发展	D1-1. 促进乡村教育事业发展	28、30
		D1-2. 促进乡村其他事业发展	32
	D2. 维护乡村社会关系	D2-1. 协调乡村居民间的关系	34、37
		D2-2. 增进人们乡村情感认同	35、36
E. 参与乡村生态建设	E1. 增强学生生态保护知识与能力	E1-1. 丰富学生生态保护知识	16、21
		E1-2. 发掘学生保护生态的潜力	18
	E2. 助力校外生态保护宣传与实践	E2-1. 助力校外生态宣传教育	17、20
		E2-2. 参与乡村生态保护实践	19、22、29

注：后文在内容呈现上采用字母 B（B 代指该内容属于问卷的第二部分）加题号的形式代指 37 个题目。经过预测分析，为保证问卷质量，第 29 题被删除，第 29 题及以后题目序号相应地向前递补一位。

（二）预测量表分析

本研究所用调查问卷中第二部分为量表形式，所采用的量表为自编量表，包括37个题目。预测分析包括项目分析、因素分析和信度分析。预测阶段，通过线上发放问卷500份，回收问卷487份，其中有效问卷446份，问卷有效率为91.58%。分析工具为SPSS 25.0，分析结果如下。

1. 项目分析

首先，依据量表题目得分的总和求出进行高低分组的临界分数，依据临界分数进行分组。数据分组结果为：被划在高分组的为125个，占总数的28.03%；被划分在中间组的为201个，占总数的45.07%；被划在低分组的为120个，占总数的26.90%。

其次，求决断值及确立临界比，目的在于删除差异不显著项。临界比的求法原理与独立样本t检验分析相同，即求高分组与低分组在量表的每一个题项上的平均数的差异性，差异是否显著、t值大小都是重要的判断标准。结果显示：37个题目的高分组与低分组的平均数差异检验结果都达到显著性差异（显著性值皆为0.000）；从决断值的临界比来看，37个题目中高分组与低分组的临界比（t值）都大于3.000，所有题目的鉴别度都较好。综合来看，未发现需删除项。

再次，求量表题项与总分的相关。如果相关系数大，则说明同质性高；如果相关系数小，则说明同质性低。如果某一题目与总分的相关系数小于0.4，则表明该题目与总量表的同质性较低，最好将此题目删除。相关系数分析结果显示，各题目得分与量表总分均为显著相关。相关系数的绝对值为0.482—0.806，都大于0.400。从这一视角来看，所有题目都可保留。

最后，对量表进行同质性检验：同质性检验之信度检验方面。此量表的克隆巴赫α系数为0.968，足以说明量表部分37个题目的内部一致性较高。37个项修正后题项与总分的相关系数都大于0.400，表示样本回答中该题目与其余题目的同质性较好。从删除题项后量表的克隆巴赫α系数来看，与原克隆巴赫α系数0.968相比，变化较小，居于0.966—0.968范围内，没有发现需要删除项。以上分析结果表明，该量表的内部一致性较好、信度较高。同质性检验之共同性与因素负荷量分析方面。

分析结果显示，共同性值最小为 0.218，最大为 0.668，皆优于参照标准 0.20。因素负荷量的值越大，说明该题目与共同因素关系越紧密。37 个题目因素负荷量在 0.467—0.817 这一区间，都未低于参考值 0.45，因而没有发现需要删除项。

总之，项目分析数据摘要见表 2-2，37 个题目的判别结果皆为可保留，没有发现需要删除项。

表 2-2 "乡村学校的乡村振兴功能发挥现状量表"项目分析摘要

题项	极端值比较 决断值	题项与总分相关系数	修正后题项与总分相关系数	删除题项后的α值	共同性	因素负荷量	未达标指标数	备注
B01	12.303**	0.595**	0.567	0.967	0.341	0.584	0	保留
B02	12.626**	0.619**	0.593	0.967	0.365	0.605	0	保留
B03	10.655**	0.482**	0.454	0.968	0.218	0.467	0	保留
B04	14.558**	0.596**	0.571	0.967	0.340	0.583	0	保留
B05	16.118**	0.677**	0.652	0.967	0.439	0.663	0	保留
B06	13.300**	0.639**	0.613	0.967	0.393	0.627	0	保留
B07	12.292**	0.544**	0.509	0.968	0.268	0.518	0	保留
B08	17.651**	0.692**	0.669	0.967	0.462	0.680	0	保留
B09	16.594**	0.664**	0.637	0.967	0.411	0.641	0	保留
B10	15.714**	0.694**	0.671	0.967	0.466	0.682	0	保留
B11	14.995**	0.647**	0.622	0.967	0.403	0.634	0	保留
B12	18.380**	0.722**	0.700	0.967	0.497	0.705	0	保留
B13	15.364**	0.676**	0.652	0.967	0.434	0.659	0	保留
B14	12.076**	0.585**	0.554	0.968	0.319	0.565	0	保留
B15	18.134**	0.709**	0.687	0.967	0.498	0.706	0	保留
B16	13.788**	0.623**	0.597	0.967	0.372	0.610	0	保留
B17	18.062**	0.717**	0.696	0.967	0.513	0.716	0	保留
B18	17.082**	0.728**	0.709	0.967	0.532	0.730	0	保留
B19	14.890**	0.690**	0.668	0.967	0.483	0.695	0	保留

续表

题项	极端值比较 决断值	题项与总分相关系数 题项与总分相关系数	题项与总分相关系数 修正后题项与总分相关系数	同质性检验 删除题项后的α值	同质性检验 共同性	同质性检验 因素负荷量	未达标指标数	备注
B20	16.491**	0.739**	0.721	0.967	0.559	0.748	0	保留
B21	11.877**	0.594**	0.571	0.967	0.363	0.603	0	保留
B22	18.215**	0.760**	0.744	0.967	0.595	0.771	0	保留
B23	18.438**	0.762**	0.745	0.967	0.588	0.767	0	保留
B24	20.139**	0.772**	0.754	0.967	0.599	0.774	0	保留
B25	17.822**	0.765**	0.748	0.967	0.591	0.769	0	保留
B26	18.331**	0.774**	0.758	0.967	0.614	0.784	0	保留
B27	21.660**	0.806**	0.792	0.966	0.668	0.817	0	保留
B28	15.224**	0.699**	0.679	0.967	0.511	0.715	0	保留
B29	11.653**	0.646**	0.624	0.967	0.439	0.663	0	保留
B30	8.839**	0.517**	0.492	0.968	0.284	0.533	0	保留
B31	18.836**	0.785**	0.770	0.967	0.637	0.798	0	保留
B32	11.620**	0.626**	0.603	0.967	0.411	0.641	0	保留
B33	18.906**	0.782**	0.767	0.967	0.634	0.796	0	保留
B34	15.029**	0.719**	0.701	0.967	0.544	0.738	0	保留
B35	16.212**	0.729**	0.712	0.967	0.559	0.748	0	保留
B36	16.432**	0.759**	0.743	0.967	0.606	0.778	0	保留
B37	16.454**	0.761**	0.744	0.967	0.605	0.778	0	保留
判断标准	≥3.000	≥0.400	≥0.400	≤0.968	≥0.200	≥0.450		

注：1. 因题目描述占据空间较大，后文在复杂表格呈现上采用字母 B（B 代指该内容属于问卷的第二部分）加题号的形式代指 37 个题目。2. ** 表示，在 0.01 水平上显著。

2. 因素分析

利用初测数据进行的因素分析结果如下：37 个题目变量间的相关性程度有高有低，表明可以抽取多个共同因素。初次因素分析所得 KMO 值为 0.962，达到极佳水平；巴特利特球形度检验的近似卡方值为 13209.150，自由度为 666，显著性值为 0.000，认可 37 个变量的相关矩阵是单元矩阵且其间有共同因素存在，非常适合进行因素分析。进行初次因素分析时，还输出了反映像矩阵。反映像相关性矩阵的对角线数值都较接近1（最小值为0.912，最大值为0.981），比较适合进行因素分析。37个变量的初始共同性都为1，利用主成分分析法提取公因子后的共同性皆大于0.20，没有发现需要删除项。

因子提取方法设置为主成分分析法，提取时基于特征值大于1进行。特征值大于1的因子有五个，这五个因子共可解释67.129%的变异量。因量表维度划分中各因子之间不存在相关，比较适合选用正交转轴法。利用正交转轴法之一的等量最大法进行旋转之后，因子载荷平方和发生改变，这五个被抽取的因子的特征值差异缩小，各自总方差解释量差异也减小（分别为16.219%、14.072%、12.844%、12.679%、11.298%），总方差解释量未发生变化。仅依据特征值大于1来决定共同因素的个数并非十分严谨，还需要依据因素陡坡图和旋转后的因素结构综合考虑。[①] 从图2-1来看，前三个因素对应的坡线变化幅度较大，第三个至第六个依旧有一些可观察的、稍明显的变化幅度，从第六个因素起坡线基本趋于平坦。根据成分矩阵结果，最终确定为5个因素。

初次因素分析旋转后的成分矩阵显示37个变量归属到不同成分上：B37、B29、B36、B34、B28、B35、B32、B30归到成分1；B12、B13、B14、B09、B10、B07、B11、B15归到成分2；B21、B19、B22、B17、B18、B16、B20归到成分3；B25、B26、B23、B27、B31、B33、B24归到成分4；B03、B02、B04、B01、B05、B08、B06归到成分5。成分3可命名为"推动乡村经济建设"，成分4可命名为"助力乡村政治建设"，成分5可命名为"促进乡村文化建设"。将成分归属情况与表2-1的维度划分进行对比发现，B29出现特殊性，从内容上看，B29代表的显然属于参与乡村生态建设维度，不应与B28、B30、B32、B34、B35、B36、B37组成共同因素，考虑将其删除。

将29题删除后，进行二次因素分析。二次因素分析的KMO值为0.962，近似卡方为12660.091，自由度为630，显著性为0.000。反映像

[①] 吴明隆：《问卷统计分析实务——SPSS操作与应用》，重庆大学出版社2010年版，第222页。

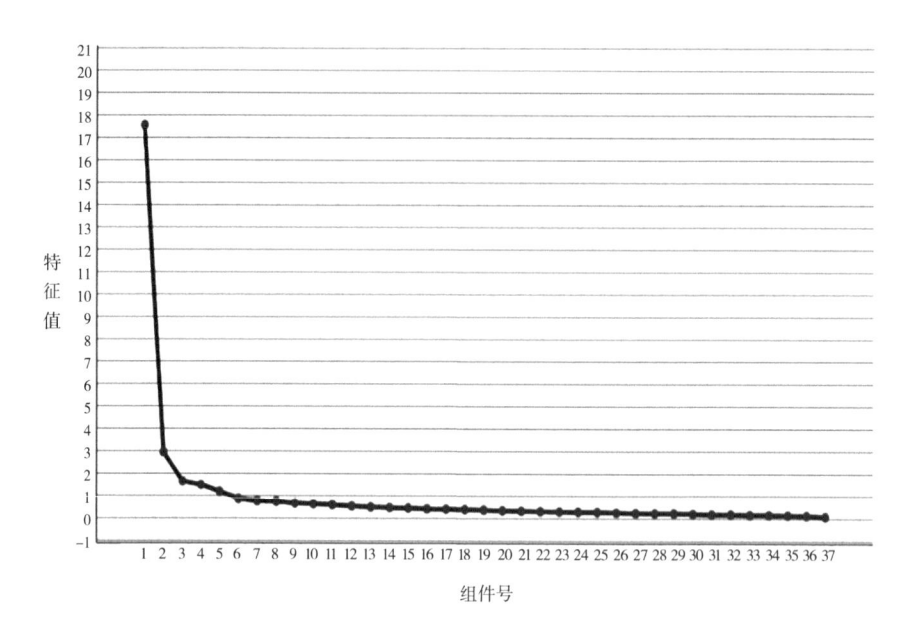

图 2 - 1　初次因素分析的因素陡坡图

相关性矩阵对角线 MSA 值较接近 1（最小值为 0.911，最大值为 0.9），公因子提取共同性都大于 0.20（见表 2 - 3）。

表 2 - 3　　　　　　　　　二次因素分析公因子方差

题项	初始	提取	题项	初始	提取	题项	初始	提取	题项	初始	提取
B01	1.000	0.702	B10	1.000	0.636	B19	1.000	0.678	B28	1.000	0.748
B02	1.000	0.752	B11	1.000	0.622	B20	1.000	0.649	B30	1.000	0.616
B03	1.000	0.677	B12	1.000	0.760	B21	1.000	0.662	B31	1.000	0.709
B04	1.000	0.595	B13	1.000	0.691	B22	1.000	0.686	B32	1.000	0.625
B05	1.000	0.604	B14	1.000	0.648	B23	1.000	0.662	B33	1.000	0.701
B06	1.000	0.522	B15	1.000	0.557	B24	1.000	0.664	B34	1.000	0.790
B07	1.000	0.499	B16	1.000	0.622	B25	1.000	0.715	B35	1.000	0.796
B08	1.000	0.577	B17	1.000	0.615	B26	1.000	0.716	B36	1.000	0.849
B09	1.000	0.665	B18	1.000	0.590	B27	1.000	0.724	B37	1.000	0.844

删除第 29 题以后，利用主成分分析法共抽取 5 个共同因素，采用等量最大法旋转以后，5 个因素的特征值分别为 5.650、5.140、4.641、

4.614、4.123，它们的累积总方差解释量为67.137%，见表2-4。

表2-4　　　　　　　二次因素分析的总方差解释量

成分	初始特征值 总计	方差百分比（%）	累积百分比（%）	提取载荷平方和 总计	方差百分比（%）	累积百分比（%）	旋转载荷平方和 总计	方差百分比（%）	累积百分比（%）
1	17.140	47.611	47.611	17.140	47.611	47.611	5.650	15.695	15.695
2	2.784	7.734	55.345	2.784	7.734	55.345	5.140	14.278	29.974
3	1.626	4.516	59.861	1.626	4.516	59.861	4.641	12.892	42.865
4	1.438	3.994	63.855	1.438	3.994	63.855	4.614	12.818	55.683
5	1.182	3.283	67.137	1.182	3.283	67.137	4.123	11.454	67.137
6	0.839	2.331	69.468						
7	0.762	2.117	71.585						
8	0.746	2.072	73.657						
9	0.663	1.842	75.500						
10	0.633	1.760	77.259						
11	0.598	1.661	78.920						
12	0.543	1.507	80.427						
13	0.507	1.408	81.836						
14	0.474	1.316	83.152						
15	0.461	1.279	84.432						
16	0.428	1.188	85.619						
17	0.415	1.153	86.773						
18	0.401	1.113	87.885						
19	0.375	1.041	88.926						
20	0.355	0.986	89.911						
21	0.331	0.919	90.830						
22	0.319	0.886	91.716						
23	0.310	0.862	92.578						
24	0.295	0.821	93.399						
25	0.289	0.802	94.201						

续表

成分	初始特征值			提取载荷平方和			旋转载荷平方和		
	总计	方差百分比（%）	累积百分比（%）	总计	方差百分比（%）	累积百分比（%）	总计	方差百分比（%）	累积百分比（%）
26	0.254	0.707	94.908						
27	0.243	0.676	95.584						
28	0.237	0.657	96.241						
29	0.230	0.639	96.879						
30	0.203	0.565	97.444						
31	0.191	0.532	97.976						
32	0.176	0.489	98.465						
33	0.164	0.457	98.921						
34	0.157	0.436	99.357						
35	0.141	0.393	99.750						
36	0.090	0.250	100.000						

二次因素分析旋转后的成分矩阵提取5个成分，结果见表2-5。

表2-5　　　　　二次因素分析旋转后的成分矩阵[a]

	成分				
	1	2	3	4	5
B36	0.811	0.197	0.248	0.225	0.199
B37	0.806	0.210	0.188	0.241	0.236
B34	0.794	0.161	0.202	0.243	0.185
B35	0.787	0.155	0.223	0.228	0.227
B28	0.770	0.193	0.148	0.278	0.135
B32	0.711	0.108	0.263	0.160	0.115
B30	0.558	-0.199	0.457	0.129	0.198
B12	0.131	0.754	0.255	0.235	0.232
B13	0.128	0.734	0.259	0.202	0.169

续表

	成分				
	1	2	3	4	5
B14	0.137	0.730	0.032	0.300	0.071
B09	0.083	0.682	0.129	0.246	0.341
B10	0.169	0.640	0.317	0.294	0.109
B07	0.108	0.552	-0.059	0.279	0.319
B11	0.199	0.545	0.372	-0.033	0.382
B15	0.246	0.472	0.410	0.261	0.197
B21	0.234	0.020	0.741	0.182	0.156
B19	0.214	0.176	0.692	0.316	0.147
B22	0.357	0.179	0.592	0.349	0.233
B17	0.148	0.295	0.555	0.382	0.229
B18	0.277	0.383	0.506	0.274	0.190
B20	0.271	0.144	0.497	0.491	0.259
B16	0.112	0.434	0.494	-0.041	0.418
B25	0.244	0.370	0.285	0.642	0.161
B26	0.307	0.233	0.407	0.610	0.171
B23	0.316	0.347	0.277	0.578	0.176
B27	0.419	0.289	0.355	0.551	0.190
B31	0.416	0.168	0.396	0.543	0.236
B33	0.449	0.181	0.380	0.527	0.212
B24	0.244	0.329	0.444	0.512	0.194
B03	0.100	0.024	0.256	-0.023	0.775
B02	0.103	0.077	0.071	0.445	0.729
B04	0.222	0.295	0.177	0.027	0.653
B01	0.082	0.018	0.097	0.533	0.633
B05	0.223	0.374	0.026	0.379	0.520
B08	0.218	0.435	0.311	0.121	0.478
B06	0.183	0.296	0.064	0.423	0.467

注：提取方法为主成分分析法；旋转方法为凯撒正态化等量最大法；a 表示旋转在 70 次迭代后已收敛。

结合初始维度划分，为各成分命名结果见表2-6：成分1——支持乡村社会建设；成分2——推动乡村经济建设；成分3——参与乡村生态建设；成分4——助力乡村政治建设；成分5——促进乡村文化建设。

表2-6　　　　　　　　　二次因素分量表结构呈现

成分命名	二次因素分析后共同因素所含题目
成分1（支持乡村社会建设）	B28、B30、B32、B34、B35、B36、B37
成分2（推动乡村经济建设）	B07、B09、B10、B11、B12、B13、B14、B15
成分3（参与乡村生态建设）	B16、B17、B18、B19、B20、B21、B22
成分4（助力乡村政治建设）	B23、B24、B25、B26、B27、B31、B33
成分5（促进乡村文化建设）	B01、B02、B03、B04、B05、B06、B08

3. 信度分析

常用的指标为内部一致性α系数。不同用途的内部一致性α系数的判断标准不一样，本研究根据表2-7对总量表及分量表分别进行信度判断。[1]

表2-7　　　　　　不同用途的内部一致性α系数判断标准

内部一致性α系数	量表整体信度	分量表信度
小于0.500	非常不理想	欠佳
大于等于0.500且小于0.600	不理想	可
大于等于0.600且小于0.700	勉强接受	尚佳
大于等于0.700且小于0.800	可以接受	佳（信度可认定为高）
大于等于0.800且小于0.900	佳（信度可认定为高）	理想
大于等于0.900	非常理想	非常理想

首先，总量表信度分析。对包含36个题目的总量表进行信度分析的结果如下：进行有效分析的个案为446个，得出的克隆巴赫α系数为

---

[1] 吴明隆：《问卷统计分析实务——SPSS操作与应用》，重庆大学出版社2010年版，第244页。

0.967，信度非常理想。删除 B29 后的总量表的项总计统计结果显示（见表 2-8），删除 36 个题目中的任何一项后的克隆巴赫 α 系数均小于或等于 0.967，从这一角度来看，没有出现需要删除项。

表 2-8　　　　　　　　　总量表的项总计统计

	删除项后的标度平均值	删除项后的标度方差	修正后的项与总计相关性	平方多重相关性	删除项后的克隆巴赫 Alpha
B01	121.73	686.794	0.571	0.617	0.967
B02	121.86	686.000	0.598	0.672	0.967
B03	121.63	697.439	0.457	0.499	0.967
B04	122.01	688.883	0.574	0.510	0.967
B05	122.29	680.028	0.654	0.541	0.966
B06	122.09	683.053	0.614	0.501	0.967
B07	122.71	684.611	0.513	0.445	0.967
B08	122.18	680.240	0.671	0.568	0.966
B09	122.58	679.008	0.642	0.633	0.966
B10	122.37	678.334	0.672	0.607	0.966
B11	122.17	682.372	0.625	0.572	0.966
B12	122.54	677.058	0.705	0.737	0.966
B13	122.54	680.428	0.654	0.675	0.966
B14	122.74	685.045	0.557	0.564	0.967
B15	122.17	679.775	0.690	0.557	0.966
B16	122.07	685.597	0.602	0.558	0.967
B17	121.87	679.050	0.698	0.654	0.966
B18	121.94	680.296	0.711	0.650	0.966
B19	121.78	682.732	0.670	0.635	0.966
B20	121.82	681.067	0.720	0.634	0.966
B21	121.54	691.858	0.570	0.563	0.967
B22	121.77	681.272	0.744	0.663	0.966
B23	122.01	678.213	0.744	0.662	0.966
B24	121.99	674.110	0.755	0.667	0.966
B25	122.06	678.846	0.747	0.726	0.966
B26	121.91	679.036	0.757	0.719	0.966

续表

	删除项后的标度平均值	删除项后的标度方差	修正后的项与总计相关性	平方多重相关性	删除项后的克隆巴赫 Alpha
B27	121.90	676.038	0.792	0.746	0.966
B28	121.71	684.783	0.667	0.708	0.966
B30	121.28	698.067	0.484	0.561	0.967
B31	121.70	679.450	0.768	0.735	0.966
B32	121.56	690.103	0.589	0.623	0.967
B33	121.77	679.389	0.765	0.744	0.966
B34	121.63	685.820	0.692	0.748	0.966
B35	121.59	683.811	0.705	0.786	0.966
B36	121.63	682.441	0.735	0.864	0.966
B37	121.61	681.797	0.736	0.845	0.966

表2-9显示，F检验结果值为85.766，相应的p值为0.000，说明446份样本对题目回答的差异很大，可知总量表信度好。综合可知，删除题目B29后的总量表信度非常理想。

表2-9　　　　　　　　总量表的方差分析

		平方和	自由度	均方	F	显著性
人员间		8921.734	445	20.049		
人员内	项间	1974.057	35	56.402	85.766	0.000
	残差	10242.470	15575	0.658		
	总计	12216.528	15610	0.783		
总计		21138.262	16055	1.317		

注：总平均值 = 3.48。

其次，分量表信度分析。本研究调查问卷中量表由5个维度对应的分量表组成，对每个分量表信度的分析如下：对"促进乡村文化建设"量表的信度分析。此部分包括7个题目，用于信度检验的有效个案为446个，相应的克隆巴赫α系数为0.864，从这一角度来看，信度达到理想状态。删除任何一个题目后的克隆巴赫α系数都低于原来的0.864，没有必要删除任何题项。F 的检验值为 40.539，p 值为 0.000，达到显著，说明 446 份样本对题项的回答差异大，也反映出量表的信度较高。对"推动乡村经济建设"量表的信度分析。这一分量表包括 8 个题目，有效个案为 446 个，克隆巴赫 α 系数为 0.901，信度非常理想。删除任何一个题目后的克隆巴赫 α 系数均低于原初的 0.901，可不考虑删除任何题项。F 检验的值为 32.401，p 值为 0.000，446 份样本对题项的回答差异很大，这一指标显示该分量表信度好。对"助力乡村政治建设"量表的信度分析。此部分包括 7 个题目，有效个案为 446 个，克隆巴赫 α 系数为 0.932，达到非常理想水平。删除任何一个题目后的克隆巴赫 α 系数均低于原初的 0.932，因此从这一视角可不考虑删除任何题项。F 检验的值为 18.965，p 值为 0.000，说明 446 份样本对题目回答的差异很大。这一指标显示该分量表信度好。对"支持乡村社会建设"量表的信度分析。该部分共包括 7 个题目，参与信度检验的有效个案为 446 个，克隆巴赫 α 系数为 0.937，信度非常理想。删除题目 B32 后，克隆巴赫 α 系数上升到 0.943；删除其他题目中任何一个题目后，克隆巴赫 α 系数均下降。因而，是否保留 B32 题目值得讨论。回看删除题目 B32 之前量表的信度情况可知，已经达到了非常理想的水平，且 0.943 与原来的 0.937 相差不大，据此还是决定保留该题目。F 检验的值为 26.606，p 值为 0.000，说明 446 份样本对题目回答的差异很大，这一指标显示该分量表信度好。对"参与乡村生态建设"量表的信度分析。此部分包括 7 个题目，有效个案为 446 个，从克隆巴赫 α 系数看，信度理想，值为 0.888，达到理想水平。删除任何一个题目后的克隆巴赫 α 系数都小于或等于原来的 0.888，没有必要删除任何题项。经过检验得出 F 值为 23.103，p 值为 0.000，达到显著，说明 446 份样本在回答上差异很大，也反映出量表的信度较高。

预测分析总结：经过项目分析未发现未达标的题项，所有题目均保留。经过因素分析，B29 没有和初构问卷中的同一维度因子归属到同一成分，经过具体内容分析，发现并不具有合理性，遂将其删除，删除后再进行因素分析，结果较理想。信度分析结果显示，经过因素分析，剔除 B29 以后，总量表及各分量表的信度都在 0.800 以上，比较符合量表常规要求。据此对量表的题号进行重新编定，删除第 29 题，将 30、31、32、33、34、35、36、37 的题号依次更改为 29、30、31、32、33、34、35、

36，得出正式量表。

二　其他调查工具

前述调查问卷是定量研究的主要工具。其他调查工具则是定性研究的主要资料来源。在进入调查现场之前，笔者准备了针对不同群体的访谈提纲，访谈主要围绕对乡村学校发展现状的了解，乡村教师的工作状态，乡村学校与乡镇、村庄的联系，乡村学校与周边乡村的相互支持等进行。访谈对象的初步确立：在乡村学校访谈个别乡村教师和乡村校长，在村庄里访谈村干部、驻村扶贫干部和村民。笔者采用半结构式访谈，在访谈研究直接相关的问题之际，适当对活动开展或无法开展的背景信息进行追问。

此外，围绕调研主题预测可能遇到的相关文本资料与现象，笔者在调研之前准备拍照及录音工具，客观记录它们，以备研究所用。这些资料可能是学校的课程表、标语，也可能是师生课间休息的场景；可能是与乡村干部在村民家的走访，也可能是和学生一起去学校的路途；可能是学校周边地理环境的拍摄，也可能是学校内部的空间利用。对于一些交谈中发现的现象，以短文的形式记录下来。

第三章

乡村学校之乡村振兴功能发挥的现实样态

近些年，我国从政策层面增加了对"三农"领域的关注，乡村各方面都发生了较大变化。尤其在脱贫攻坚、乡村振兴的影响下，乡村面貌更是日新月异。仅靠已有文献分析乡村学校的乡村振兴功能状况具有一定的滞后性，并易受他者研究倾向影响。基于以上考虑，笔者结合研究主题进行了调查。

第一节 调查实施情况

围绕乡村学校与乡村振兴这一研究主题，笔者分别于2018年10月、2020年11月进行调研。在两次调研之间，抓住与乡村接触的机会、与乡村教师接触的机会，增进对乡村学校的了解。笔者于2018年10月到S省X市、Y州进行其他研究项目的调查时，发现本研究主题的重要性，并及时捕捉研究信息，确立研究主题及后续调查安排。首次调研的学校共11所，包括X市4所、Y州L县7所。笔者于2020年11月又赴Y州L县，选取了J镇、H镇、M乡、W镇的10所学校进行考察。L县已被确定为国家乡村振兴重点帮扶县。2020年11月调研获取的资料是本研究的重要支撑，另外，受客观因素影响，有些地方无法实现实地到访，只能通过网络实施调查。同时，笔者还通过乡村学校公众号、新闻媒体平台及其他网络资源来获取研究资料。

一 调查的总体概况

正式问卷来源包含两种：实地发放问卷400份，回收378份，有效问卷338份；线上发放问卷，共收回1402份，其中有效问卷1121份。因此，共收回问卷1780份，有效问卷共计1459份，回收有效率为81.97%。通过对回收的有效问卷进行统计可知有效样本的基本信息，具体情况见表3-1、表3-2、表3-3。

表3-1　　　　　　　　样本基本信息统计（1）

项目	类别	个案数（个）	占比（%）
1. 您的性别	A. 男	576	39.48
	B. 女	883	60.52
	总计	1459	100.00
2. 您的年龄所在阶段	A. 25岁及以下	387	26.53
	B. 26—35岁	451	30.91
	C. 36—45岁	367	25.15
	D. 46—55岁	217	14.87
	E. 56岁及以上	37	2.54
	总计	1459	100.00
3. 您的民族	A. 汉族	1223	83.82
	B. 少数民族	236	16.18
	总计	1459	100.00
4. 您的婚姻状况	A. 未婚	517	35.44
	B. 已婚	899	61.62
	C. 其他	43	2.95
	总计	1459	100.00
5. 您的学历是	A. 初中	20	1.37
	B. 中专（中师或职高、技校）	352	24.13
	C. 普通高中	118	8.09
	D. 大专	409	28.03
	E. 本科	522	35.78
	F. 研究生及以上	36	2.47
	G. 其他_____	2	0.14
	总计	1459	100.00

续表

项目	类别	个案数（个）	占比（%）
6. 您学校所在地与您出生地是否一致	A. 是	899	61.62
	B. 否	560	38.38
	总计	1459	100.00
7. 您目前居住在	A. 校内	308	21.11
	B. 村庄或乡镇上	485	33.24
	C. 县城	452	30.98
	D. 平日住校，周末离校	214	14.67
	总计	1459	100.00
8. 您的教龄为	A. 5 年及以下	540	37.01
	B. 6—10 年	257	17.61
	C. 11—15 年	195	13.37
	D. 16—20 年	136	9.32
	E. 21 年及以上	331	22.69
	总计	1459	100.00
9. 您的工作身份	A. 普通教师	995	68.20
	B. 学校中层干部	257	17.61
	C. 学校领导	139	9.53
	D. 其他_____	68	4.66
	总计	1459	100.00
10. 您的聘任类型	A. 民办转公办教师	88	6.03
	B. 一直是公办教师	925	63.40
	C. 代课教师	217	14.87
	D. 特岗教师	128	8.77
	E. 其他_____	101	6.92
	总计	1459	100.00
11. 您目前的职称	A. 无职称	349	23.92
	B. 三级教师	146	10.01
	C. 二级教师	421	28.86
	D. 一级教师	372	25.50
	E. 高级教师	166	11.38
	F. 正高级教师	5	0.34
	总计	1459	100.00

续表

项目	类别	个案数（个）	占比（%）
12. 您的月平均工资（包括五险一金福利及奖励工资）为	A. 3000 元及以下	342	23.44
	B. 3001—4000 元	341	23.37
	C. 4001—5000 元	349	23.92
	D. 5001—6000 元	220	15.08
	E. 6001—7000 元	114	7.81
	F. 7001 元及以上	93	6.37
	总计	1459	100.00
13. 你所在学校是	A. 九年一贯制学校	207	14.19
	B. 中心校	444	30.43
	C. 村小	316	21.66
	D. 教学点	127	8.70
	E. 初中	322	22.07
	F. 其他	43	2.95
	总计	1459	100.00
14. 你所在学校的学生规模是	A. 10 人以下	17	1.17
	B. 11—50 人	103	7.06
	C. 51—100 人	190	13.02
	D. 101—300 人	582	39.89
	E. 301—1000 人	376	25.77
	F. 1001 人以上	191	13.09
	总计	1459	100.00
15. 你所在学校的教师规模	A. 5 人以下	34	2.33
	B. 6—20 人	346	23.71
	C. 21—50 人	435	29.81
	D. 51 人以上	644	44.14
	总计	1459	100.00

注：本表采用四舍五入计算，下同。

依据复选题结果（见表 3-2、表 3-3）来看，近些年承担的课程中，选择数学、语文的最多，随后依次是品德、英语、音乐、体育等。

从课程数目来看,绝大多数教师在近几年教过两门以上的课程。从教师教学之余的时间安排来看,教师们的课外时间以学习进修与家务劳动为主。

表3-2　　　　　　　　　样本基本信息统计(2)

项目	类别	响应 个案数(个)	响应 占比(%)	个案 占比(%)
16. 您近几年承担哪些课程的教学工作(可多选)[a]	16(A. 语文)	573	15.9	39.3
	16(B. 数学)	618	17.1	42.4
	16(C. 英语)	395	10.9	27.1
	16(D. 品德)	423	11.7	29.0
	16(E. 音乐)	337	9.3	23.1
	16(F. 体育)	318	8.8	21.8
	16(G. 综合实践)	165	4.6	11.3
	16(H. 美术)	251	7.0	17.2
	16(I. 科学)	239	6.6	16.4
	16(J. 信息技术)	133	3.7	9.1
	16(K. 其他)	156	4.3	10.7
	总计	3608	100.0	247.4
17. 上课、备课等教学工作之余,您的时间主要用于哪些方面(可多选)[a]	17(A. 学习进修)	988	38.5	67.7
	17(B. 家务劳动)	824	32.1	56.5
	17(C. 干农活)	260	10.1	17.8
	17(D. 社会兼职)	253	9.9	17.3
	17(E. 与村民聊天)	133	5.2	9.1
	17(F. 其他)	107	4.2	7.3
	总计	2565	100.0	175.7

注:a 表示使用了值1对二分组进行制表。

表3-3　　　　基于乡村教师近几年承担课程的数目统计

	课程数目	频率	占比（%）	有效占比（%）	累计占比（%）
有效	1	502	34.4	34.4	34.4
	2	385	26.4	26.4	60.8
	3	270	18.5	18.5	79.3
	4	153	10.5	10.5	89.8
	5	59	4.0	4.0	93.8
	6	45	3.1	3.1	96.9
	7	21	1.4	1.4	98.4
	8	15	1.0	1.0	99.4
	9	8	0.5	0.5	99.9
	10	1	0.1	0.1	100.0
	总计	1459	100.0	100.0	—

在访谈方面，共在六所学校和一座村庄（本研究中将其匿名为A村）访谈，访谈对象基本情况见表3-4。

表3-4　　　　　　　访谈对象的基本情况

编号	性别	身份	编号	性别	身份
001	女	校长	009	女	普通教师
002	女	普通教师	010	男	校长
003	男	校长	011	女	教导主任
004	男	普通教师	012	男	村民委员会主任
005	女	普通教师	013	女	村民
006	女	普通教师	014	男	村民
007	女	年级学科组长	015	女	乡长
008	男	校长	016	男	驻村扶贫干部

二　实地调研点介绍

首先，调研的学校。2020年11月调研的学校共10所，如图3-2所示，本研究将其匿名处理为S1（镇中心小学）、S2（镇初级中学）、S3（乡中心小学）、S4（村小）、S5（镇初级中学）、S6（镇中心小学）、S7

（村小学）、S8（村小学）、S9（村小，非完全小学）、S10（镇中心小学）。虽然处于我国西南部，但这些学校的发展水平不一，能够较好地、较全面地体现乡村学校的乡村振兴功能发挥现状及问题。

S1 和 S2 在同一个镇上，该镇虽距县城较远，约 54 千米，但具有厚重的历史底蕴，教育事业发展稳定，生源也比较有保障。S1 是一所镇中心小学，其历史悠久，正如其校内简介说"百年名校，源远流长。万历兴学，废于饥荒，一九零四，再度办学，初设书院，正逢西风东渐，后曰学堂，却是新学初张"。该校以书香校园为发展特色。S2 是一所初中，其校赋上"一九七四年，七贤聚义开先河，首拜孔夫子，镇上开坛设绛帐；终教学龄儿，不再负笈走他乡"揭示了办学历史。这两所学校所在地教育事业发展稳定，生源也比较有保障，是全县知名度较高的学校。S3 为一所乡中心小学，大门旁的"办人民满意教育，创一流农村学校"浑厚有力，毗邻当地乡政府。S4 所在乡具有风景秀丽的旅游区，经济发展相对较好，该校所属片区生源较稳定。该校还是一所寄宿制小学，校本部内还设置幼教点，三年级及以上部分学生住校。S5 和 S6 在同一个镇上，该镇是全县的教育强镇，S5 是所在县 2006 年"两基"攻坚中完全新建的，是一所服务两乡一镇的初级中学。S6 是清咸丰元年创办的，现为镇中心校，下辖多个村小及教学点，生源复杂，含有来自脱贫搬迁村庄的学生。S7 是一所村小，生源规模为两百五十多人，典型的山区乡村学校，因不符合建设寄宿制学校的标准，学生不能住校。该校学生每天都要走山路上下学，近则需要十多分钟，远则仅单程就需要一个半小时，师资缺乏是该校面临的最大问题。S8 是全县办学水平较高的村小，该校以汉族学生为主，校园较小，校门口就是村民家。学生上下学也比较方便。S9 所在村庄旁有一家工业企业。该校以少数民族学生为主，有时与周边村庄联合举办活动。村庄旁的这家企业会给予学校经费支持。S10 是距离县城较近的一所镇中心校，该校位于村庄里。校门口道路虽有些崎岖，但步行半小时左右即可到达城区繁华地段。学校有新建教学楼，许多想把孩子送到县城上学又无法实现的家长非常倾向于将孩子送到此校。正因为如此，该校在 2020 年秋季开学时增加了六个班，生源范围广泛。

其次，调研的村庄。乡村振兴的工作难点在于搬迁撤并类村庄的振兴，本研究选取的考察点之一 A 村就属于此类村庄，也是 L 县三大易地搬迁安置点之一。乡村是一个地理与人文交织的空间，对于村庄的调研要注重村庄的地理环境和人文风俗。A 村居民原分属于两个村庄——H 村和 X 村，这两个村又归属不同的乡管辖。易地搬迁动员工作、安抚工作、脱贫工作繁重而复杂。两村于 2019 年 6 月 19 日搬至新址，合并为 A 村。X 村居住地对比如图 3-1、图 3-2 所示，A 村中的下半部分为 X 村居民新家。A 村居民共 122 户（截至 2020 年 11 月），全为少数民族，有 4 人为藏族，其余全为彝族。他们原来居住在地形较为复杂、房屋条件简陋、生活较为困难的高寒地区，自然灾害发生率高。搬迁后，村民们居住条件大幅改善。依据气候和地形，A 村因地制宜发展中草药种植，以"公司＋合作社＋农户"模式运营。由于农户的生产经营技能水平不足，当前主要采取集体入股的形式，每年依据实际收益情况进行分红，实际生产经营主要采用"飞地经济模式"①。村里规模化发展中草药项目，种植白及、黄精、党参、金银花、芍药、天麻等。从收入水平来看，A 村已经较以往有大幅改善，不过生活条件依旧较为艰苦。

图 3-1　X 村旧貌　　　　　图 3-2　A 村新貌

在教育设施方面，搬迁之前的 X 村里有一所村小，学校设施简陋，学生有 20 名左右，只有一名初中学历的代课教师。易地搬迁以后 A 村未

---

①　飞地经济是指两个互相独立、经济发展存在落差的行政地区打破原有行政区划限制，通过跨空间的行政管理和经济开发，实现两地资源互补、经济协调发展的一种区域经济合作模式。引自刘本旺主编《参政议政用语集》（修订本），群言出版社 2015 年版，第 86 页。

建小学，只建了一所幼儿园。适龄幼儿基本就在村中幼儿园就读。大多数小学生在镇中心小学就读，个别条件好的学生到其他地方就读。初中生在镇中或县中就读。在镇中心小学就读的学生早上七点半左右下山去学校，下午放学后开始返程上山。学生告诉笔者，抄近道的话，下山需要三四十分钟，上山时需要1小时。如果沿着蜿蜒曲折公路走，则更费时。

在其他公共设施方面，A 村建有村委会办公楼与文化广场、体育设施、五彩滑道、农产品展示厅、农产品交易市场、村史馆、两个公厕、简易的垃圾处置站。村委会办公楼侧面写着醒目的"一人就业，全家脱贫。扶贫先扶志，扶贫必扶智"。村庄路灯灯柱上挂着"精准扶贫不落一人"的标语。村民家中的家具家电基本都是外界捐赠的，可供儿童玩耍的设施有限。笔者在文化广场看到几位小朋友在争抢一个玩物，走近一看，是残缺的已经没有轮子的自行车架，一位小朋友正在尝试骑它前行。村庄少有这类物品，即使废弃多日依旧吸引小朋友们的眼球。村委会中设有图书室、会议室和办公区，该村居民整体文化程度偏低，几乎没有村民去阅览图书，偶有年轻村民进去拿篮球。作为全县脱贫攻坚的三大重点村之一，该村的脱贫在较大程度上借助了外力。外力来自广东佛山、中旅集团、所属省的教育厅、L 县供电局及本省其他地市等各行各业的支援。作为全县脱贫兜底重点村，该村扶贫干部队伍较为庞大，较为困难的农户得到了"一对一"或"一对多"的帮扶。

第二节　问卷结果呈现

一　总体及各维度发挥水平均为中等略好

从量表调查结果统计（见表 3-5）来看，乡村学校的乡村振兴功能量表总分平均值为 129.6690，量表单题均值为 3.6019。按照五点量表 1、2、3、4、5 对应的"完全不同意、较不同意、不确定、比较同意、完全同意"来评判，量表总体结果处于"不确定"与"比较同意"之间，略微偏向比较同意，与"完全同意"还有较大差距。从一级维度数据处理结果来看：5 个维度的均值都处于 3—4 的范围内，介于"不确定"和"比较同意"之间。5 个维度均值的排序情况为：支持乡村社会建设 > 参

与乡村生态建设 > 助力乡村政治建设 > 促进乡村文化建设 > 推动乡村经济建设。由此可知，乡村学校推动乡村经济建设的功能较弱。

表 3-5　乡村学校的乡村振兴功能发挥水平的整体描述统计

		N	最小值	最大值	均值	标准差
所有题目加总平均	A. 促进乡村文化建设	1459	7	35	25.2159	6.05898
	B. 推动乡村经济建设	1459	8	40	25.8944	8.11769
	C. 助力乡村政治建设	1459	7	35	25.4839	6.23249
	D. 支持乡村社会建设	1459	7	35	27.1775	5.68015
	E. 参与乡村生态建设	1459	7	35	25.8972	5.91727
	总量表	1459	38	179	129.6690	28.71239
单题平均	A. 促进乡村文化建设	1459	1	5	3.6023	0.86557
	B. 推动乡村经济建设	1459	1	5	3.2368	1.01471
	C. 助力乡村政治建设	1459	1	5	3.6406	0.89036
	D. 支持乡村社会建设	1459	1	5	3.8825	0.81145
	E. 参与乡村生态建设	1459	1	5	3.6996	0.84532
	总量表平均	1459	1.06	4.97	3.6019	0.79757

推动乡村经济建设维度的平均值只有 3.2368，这表明样本对象对该项的评价偏向"不确定"，与"比较同意"的差距最大。谈及乡村学校在推动乡村经济建设方面的作用时，教师们闪烁其词，不像谈及促进乡村文化建设时那么从容自如。他们一方面说着自己不可能在这方面起作用，另一方面又只言片语讲到曾经参与的相关活动。比如，"要说在生产经营、经济带动上能起的作用，我感觉好像起不到什么作用。一方面，我们能力很有限，真不知道能给村民帮什么忙。另一方面，我们和村民联系很少，主要和学生家长联系，很多家长在外打工，他们一般还是能保证孩子上学花销，好像也不需要我们给他提供帮助"（受访者009）。"现在很少种田了，以前种田的时候，和村里的人儿交流比较多，相互打听用啥子农药、买啥子种子啊。一些不太了解这些的人呢，他看我用哪种，他们就用哪种。他们觉得你识字，能看说明书，比较相信你嚜"（受访者010）。他们的反应已经告诉笔者，推动乡村经济建设确实不是乡村教师

们擅长的，教师们理解的推动乡村经济建设的范围很窄，并且教师们不知如何才能在这方面起到作用。促进乡村文化建设、参与乡村生态建设、助力乡村政治建设三项的得分差距较小，这说明乡村学校在这三个方面发挥的总体作用程度大致相当，参与乡村生态建设略微好于另外两个。这或许与参与乡村生态建设比较容易做到有关。正如教师们所述，"这方面还是比较容易做到的，都想让生活环境变好，对不对？娃儿（学生们）也比较喜欢参与环境保护活动，能学到知识，能较容易看到自己的劳动成果。他们觉得有成就感，还很有乐趣"（受访者007），"我们学校很积极地配合村里的环境整治活动，会把校园里和校园门口都搞得比较好。有时我们几个老师轮流在校门口监督学生，不让他们乱扔垃圾"（受访者010）。"像你们刚才从公路上下来，到那个口口（村头拐弯处），那一截路，我们每学期都组织学生去打扫"（受访者008）。但由于样本总体对于此三者的评价皆未达到"比较同意"水平，只能判定为中等略微偏好水平。因此，从总体上看，乡村学校的乡村振兴功能现状评估结果处于中等略微偏好水平。

二 各类群体对总体功能的评价存在差异

问卷调查分析中区分群体差异较常用的、注重各项之间差异的方法有用独立样本t检验、单因素方差分析、回归分析。前者适用于两组群体的差异比较，后者适用于三组及以上群体的差异比较。运用单因素方差分析时，整体表现出显著性差异，需要进行事后比较，[1] 以鉴别出究竟是哪些组别之间存在显著性差异。[2] 本研究运用独立样本t检验对不同性别、不同民族及出生地与学校所在地是否一致的二分变量进行了差异分析；运用单因素方差分析对不同年龄、不同婚姻状况、不同学历、不同居住

---

[1] 至于事后比较的方法选择需根据方差同质性检验结果决定：若群体样本方差同质，常用的有 LSD 法、Scheffe 法、Tukey HSD 法、S－N－K 法、DunCan 检验等；若群体样本方差不同质，常用的方法有 Tamhane's T2 检验法、Dunnett's T3 检验法、Games-Howell 检验法、Dunnett's C 检验法。具体到本研究，当群体样本方差同质时采用 LSD 法，当群体样本方差不同质时采用 Tamhane's T2 检验法。

[2] 吴明隆：《问卷统计分析实务——SPSS 操作与应用》，重庆大学出版社2010年版，第339页。

地、不同教龄、不同工作身份、不同聘任类型、不同职称、不同工资水平、不同学校类型、不同学生规模、不同教师规模、不同任教科目数的教师反馈的乡村学校乡村振兴功能发挥的现状进行差异分析；运用虚拟变量回归就教师对扶贫政策的了解程度、参与扶贫工作的情况、对乡村振兴战略的了解程度三者与乡村学校的乡村振兴功能有何关系进行分析。结果大致如下。

首先，独立样本t检验结果显示，不同性别教师对乡村学校的乡村振兴功能总体评判之间存在显著性差异（t=5.944，p值为0.000），男教师显著高于女教师；不同民族教师在乡村学校的乡村振兴功能总体评判上不存在显著性差异（t=-1.645，p值为0.101）；出生地是否与学校所在地一致这项因素下两组群体的平均数之间存在显著性差异（t=4.738，p值为0.000），出生地与学校所在地一致的教师对乡村学校的乡村振兴功能发挥现状评价较高。

其次，单因素方差分析结果。由于人口学变量中，非二分变量较多，因此相应的分析及结果呈现也较多，具体见表3-6。

从年龄、婚姻状况、学历、居住类型来分析，结果如下：不同年龄段教师之间存在显著性差异（p值为0.000），25岁及以下组的均值显著小于其他四组，且26—35岁组显著小于36—45岁组。综合来看，25岁及以下教师对于乡村学校乡村振兴功能现状评价最低，36—45岁组的教师认为乡村学校的乡村振兴功能现状较好。不同婚姻状况的教师之间存在显著性差异（p值为0.000），未婚组显著小于已婚组，婚姻状况为其他的组与另外两组间不存在显著性差异。不同学历的教师之间存在显著性差异（p值为0.000），本科学历的教师显著小于初中毕业、中专毕业、普通高中、大专学历、研究生及以上学历的教师，并且普通高中毕业的教师显著高于中专毕业的教师和大专毕业的教师。由此观之，除去选择了"其他"的群体，学历为本科的教师对乡村学校乡村振兴功能总体评价最低。

第三章 乡村学校之乡村振兴功能发挥的现实样态

表 3-6 乡村学校的乡村振兴功能现状反馈的单因素方差分析

分组依据	组别	平均值	标准差	F检验	事后比较（LSD法）	事后比较（Tamhane's T2 检验法）
年龄	25 岁及以下 (a1)	118.8579	29.21393	23.011***		a2 > a1，a3 > a1
	26—35 岁 (a2)	130.6718	29.81280			a3 > a2，a4 > a1
	36—45 岁 (a3)	137.5368	26.12001			a5 > a1
	46—55 岁 (a4)	132.5069	24.92974			
	56 岁及以上 (a5)	135.8378	21.77857			
婚姻状况	未婚 (b1)	123.2456	30.11090	20.987***	b2 > b1	
	已婚 (b2)	133.3749	27.34846			
	其他 (b3)	129.4186	26.18999			
学历	初中 (c1)	140.6500	20.44576	16.408***		c1 > c5，c2 > c5
	中专 (c2)	133.8722	24.67886			c3 > c2，c3 > c4
	普通高中 (c3)	142.2542	23.14325			c3 > c5，c4 > c5
	大专 (c4)	132.1100	28.35170			c6 > c5
	本科 (c5)	121.0613	30.86731			
	研究生及以上 (c6)	140.6389	21.42649			
	其他 (c7)	87.5000	28.99138			

续表

分组依据	组别	平均值	标准差	F 检验	事后比较（LSD 法）	事后比较（Tamhane's T2 检验法）
居住类型	校内（d1）	125.3734	28.86913	17.126***		d2 > d1, d2 > d3 d2 > d4, d3 > d4
	村庄或乡镇（d2）	135.6742	27.09428			
	县城（d3）	130.4403	27.57973			
	平日住校，周末离校（d4）	120.6121	31.15649			
教龄	5 年及以下（e1）	122.3778	30.35666	19.708***		e2 > e1, e3 > e1 e3 > e2, e3 > e4 e3 > e5, e5 > e1
	6—10 年（e2）	132.9377	30.03533			
	11—15 年（e3）	141.7179	23.75774			
	16—20 年（e4）	133.3824	25.64084			
	21 年及以上（e5）	130.4018	25.4808			
工作身份	普通教师（f1）	126.0151	29.28117	26.819***		f2 > f1, f2 > f4 f3 > f1, f3 > f4
	学校中层干部（f2）	140.1984	23.85838			
	学校领导（f3）	140.5036	22.94113			
	其他（f4）	121.1912	31.95204			
聘任类型	民办转公办教师（g1）	147.5568	19.92449	18.670***		g1 > g2, g1 > g3 g1 > g4, g1 > g5 g2 > g4, g3 > g2 g3 > g4, g3 > g5
	一直是公办教师（g2）	128.8281	28.27569			
	代课教师（g3）	136.0829	26.86441			
	特岗教师（g4）	119.6172	31.11577			
	其他（g5）	120.7426	30.18631			

续表

分组依据	组别		平均值	标准差	F 检验	事后比较（LSD 法）	事后比较（Tamhane's T2 检验法）
职称级别	无职称 (h1)		119.2493	29.90835	16.337***		h2 > h1, h2 > h3
	三级职称 (h2)		141.5479	26.50519			h2 > h4, h3 > h1
	二级职称 (h3)		130.9311	29.01449			h4 > h1, h5 > h1
	一级职称 (h4)		131.2070	27.01028			
	高级职称 (h5)		134.1506	24.42816			
	正高级职称 (h6)		140.6000	23.16894			
月均工资收入	3000 元及以下 (i1)		118.6725	30.53556	14.832***		i2 > i1, i3 > i1
	3001—4000 元 (i2)		130.1290	29.19037			i4 > i1, i5 > i1
	4001—5000 元 (i3)		133.8166	25.62855			i6 > i1
	5001—6000 元 (i4)		134.5136	28.27918			
	6001—7000 元 (i5)		135.2719	24.15777			
	7001 元及以上 (i6)		134.5269	26.84278			
学校类型	九年一贯制学校 (j1)		126.8116	30.56901	8.523***		j1 > j6, j2 > j5
	乡镇中心校 (j2)		133.8784	25.49321			j2 > j6, j3 > j6
	村小 (j3)		130.9842	27.81041			j4 > j5, j4 > j6
	教学点 (j4)		134.6614	29.77727			
	初中 (j5)		124.7919	30.63589			
	其他 (j6)		112.0698	27.03472			

续表

分组依据	组别	平均值	标准差	F 检验	事后比较（LSD 法）	事后比较（Tamhane's T2 检验法）
学生规模	10 人及以下（k1）	135.6471	26.41245	8.391***	k1 > k6，k2 > k6 k3 > k2，k3 > k4 k3 > k5，k3 > k6 k4 > k6，k5 > k6	
	11—50 人（k2）	130.9903	30.24913			
	51—100 人（k3）	139.2000	26.74378			
	101—300 人（k4）	130.3213	26.89845			
	301—1000 人（k5）	127.5106	30.17884			
	1001 人及以上（k6）	121.2042	29.61765			
教师规模	5 人及以下（l1）	133.2647	29.45187	10.118***		l2 > l4 l3 > l4
	6—20 人（l2）	131.9075	29.28822			
	21—50 人（l3）	134.2874	25.73899			
	51 人及以上（l4）	125.1568	29.65130			
曾教课程门数	1 门课程（m1）	126.8745	28.49264	5.424***	m2 > m1，m3 > m1 m3 > m4	
	2 门课程（m2）	131.1714	28.72393			
	3 门课程（m3）	134.8926	26.58744			
	4 门及以上课程（m4）	127.7285	30.22494			

注：中专包含中师、职高、技校。* 表示在 0.05 水平上有显著差异，** 表示在 0.01 水平上有显著差异，*** 表示在 0.001 水平上有显著差异。后文同此。

从教龄、工作身份、聘任类型、职称级别、任教课程数来看,群体差异情况如下:不同教龄的教师之间存在显著性差异(p 值为 0.000),教龄为 11—15 年的教师显著高于教龄为 5 年及以下、6—10 年、16—20 年、21 年及以上的教师。另外,教龄为 5 年及以下的显著低于教龄为 6—10 年、21 年及以上的。这与年龄差异结果大体一致,教龄短的教师对乡村学校的乡村振兴功能现状评价最低。不同工作身份的教师之间存在显著性差异(p 值为 0.000),且事后比较结果显示,学校中层干部、学校领导对乡村学校的乡村振兴功能现状评价显著高于普通教师和其他身份的教职工,学校中层干部和学校领导之间没有显著性差异。不同聘任类型的教师之间存在显著性差异(p 值为 0.000),民办转公办教师对乡村学校的乡村振兴功能现状评价显著高于一直是公办教师、代课教师、特岗教师和其他类型的教师;一直是公办教师的显著高于特岗教师;代课教师显著高于一直是公办教师、特岗教师和其他类型的教师。总体来看,民办转公办教师和代课教师对乡村学校的乡村振兴功能现状评价较好。不同职称级别的教师之间存在显著性差异(p 值为 0.000),无职称的教师显著低于三级职称、二级职称、一级职称和高级职称的教师;三级职称的教师显著高于二级职称和一级职称的教师。综合比较,三级职称的教师对乡村学校的乡村振兴功能现状评价最高,无职称教师的评价最低。曾任教课程门数不同的教师之间存在显著性差异(p 值为 0.001),依据均值大小和事后比较分析可知,曾教课程门数为两门和三门的教师对学校乡村振兴功能现状评价显著高于只教过一门课程的教师;曾教过的课程门数为三门的教师显著高于任教课程门数为四门及以上的教师。

从工资待遇、学校类型、学生规模、教师规模来看,不同工资待遇类型的教师之间存在显著性差异(p 值为 0.000),3000 元及以下的教师对乡村学校的乡村振兴功能现状评价低于其他工资水平的教师,并且是显著低于其他五类教师。可见,教师工资水平待遇与教师对乡村学校的乡村振兴功能现状评价有显著相关。不同学校类型的教师之间存在显著性差异(p 值为 0.000),教学点、乡镇中心校、村小的均值较高,从差异显著性检验结果来看,乡镇中心校显著高于初中,教学点显著高于初中。不同学生规模学校的教师之间存在显著性差异(p 值为 0.000),学生规模在 51—100 人的学校的教师对其学校之乡村振兴功能现状评价最高，显著高于学生规模为 11—50 人、101—300 人、301—1000 人、1001 人及以上学校的教师；学生规模为 1001 人及以上的学校的教师对学校的乡村振兴功能现状的评价值显著低于学生规模为 10 人以下、11—50 人、51—100 人、101—300 人、301—1000 人的学校。不同教师规模学校的教师之间存在显著性差异（p 值为 0.000），教师规模为 51 人及以上的学校的教师对其学校的乡村振兴功能现状评价显著低于教师规模为 6—20 人和 21—50 人的学校的教师。教师规模为 50 人以下的三组学校之间不存在显著性差异。

最后，回归分析结果。在进行回归分析前，先进行单因素方差分析，具体结果见表 3-7。三组预测变量在乡村学校的乡村振兴功能上的显著性检验 p 值均小于 0.05，因此均可建立虚拟变量以进行虚拟变量回归分析。

表 3-7　基于了解扶贫政策、参与扶贫工作、了解乡村振兴战略的
程度进行的乡村振兴功能的差异分析结果

	平方和	自由度	均方	F	显著性
基于了解扶贫政策程度	127190.521	2	63595.261	86.152	0.000
	1074786.582	1456	738.178		
	1201977.103	1458			
基于参与扶贫的情况	110436.849	2	55218.424	73.656	0.000
	1091540.255	1456	749.684		
	1201977.103	1458			
基于了解乡村振兴战略程度	158949.194	2	79474.597	110.941	0.000
	1043027.910	1456	716.365		
	1201977.103	1458			

采用强迫进入变量法得出了解扶贫政策程度、参与扶贫工作情况、了解乡村振兴战略程度对乡村学校的乡村振兴功能及其各维度的虚拟回归分析结果。回归模型解释变异量也达到了显著水平（F = 52.218，p 为 0.000），亦即至少有一个虚拟变量能够达到显著水平，但究竟是哪些达到了显著水平，则需进一步分析具体的回归系数、相应 t 值及显著性值。

根据回归分析模型（见表3-8）可知，就"有一些了解＆比较了解（扶贫政策）""不怎么了解＆比较了解（扶贫政策）"虚拟变量而言，它们在模型1的标准化回归系数均为负，这表示与对扶贫政策比较了解的教师相比，对扶贫政策有一些了解和不怎么了解的教师对乡村学校乡村振兴功能发挥水平的评价较低。在参与扶贫工作方面，"从来没有专门参与＆单位组织参加"虚拟变量在模型1的标准化回归系数均为负数，这表明与"单位组织参加"的教师相比，从没有专门参加的教师对乡村学校乡村振兴功能发挥水平的评价较低。就"有一些了解＆比较了解（乡村振兴战略）""不怎么了解＆比较了解（乡村振兴战略）"虚拟变量而言，它们在模型1中的标准化回归系数均为负，这表示与比较了解乡村振兴的教师相比，对乡村振兴有一些了解、不怎么了解的教师对乡村学校乡村振兴功能发挥水平的评价较低。

表3-8　　　　　　　回归模型的回归系数及其显著性检验[a]

模型		未标准化系数 B	标准错误	标准化系数 Beta	t	显著性
1	（常量）	143.651	1.238		115.988	0.000
	有一些了解＆比较了解（扶贫政策）	-7.196	1.686	-0.125	-4.268	0.000
	不怎么了解＆比较了解（扶贫政策）	-12.497	3.470	-0.105	-3.602	0.000
	凭借个人兴趣参与＆单位组织参加	1.955	1.817	0.027	1.076	0.282
	从来没有专门参与＆单位组织参加	-12.718	2.063	-0.168	-6.164	0.000
	有一些了解＆比较了解（乡村振兴战略）	-10.247	1.765	-0.177	-5.806	0.000
	不怎么了解＆比较了解（乡村振兴战略）	-19.501	2.915	-0.220	-6.689	0.000

注：a 因变量：乡村学校的乡村振兴功能发挥水平。

根据回归分析结果可知，对扶贫政策和乡村振兴战略比较了解的教师对乡村学校乡村振兴功能发挥水平的评价较好；从没有专门参加的教师对乡村学校乡村振兴功能发挥水平的评价较低。因单位组织而参加扶贫工作的教师对乡村学校乡村振兴功能发挥水平的评价显著高于从来没有专门参与者；因单位组织而参加扶贫工作的教师和凭借个人兴趣参与的教师之间无显著性差异。由此可以看出，乡村教师对乡村政策的认知水平、是否参与过扶贫工作及参与形式影响其对乡村学校振兴功能现状的判断。

三 同类群体对不同维度的反馈存在差异

（一）各类生活状况教师对不同维度的反馈

生活背景影响教师们的认知，笔者对生活情况类似教师的问卷作答情况进行统计整理后，反馈结果见表3-9。对此表格各行数据进行分析总结可得知各类生活状况教师反馈结果的维度间差异。

表3-9　　　　各类生活状况教师反馈结果的均值比较

项目		促进乡村文化建设	推动乡村经济建设	助力乡村政治建设	支持乡村社会建设	参与乡村生态建设
性别	男	3.7649	3.4379	3.7813	3.9638	3.8527
	女	3.4962	3.1056	3.5488	3.8295	3.5997
年龄	25岁及以下	3.2632	2.9719	3.3485	3.6150	3.3566
	26—35岁	3.6360	3.3065	3.6709	3.8692	3.7124
	36—45岁	3.8213	3.4796	3.8435	4.0666	3.9401
	46—55岁	3.7354	3.1411	3.7288	4.0316	3.8440
	56岁及以上	3.7838	3.3108	3.7954	4.1429	3.8996
民族	汉族	3.5877	3.2234	3.6238	3.8748	3.6829
	少数民族	3.6780	3.3061	3.7276	3.9225	3.7863
婚姻状况	未婚	3.3921	3.1132	3.4714	3.7049	3.4802
	已婚	3.7225	3.3045	3.7394	3.9894	3.8257
	其他	3.6146	3.3081	3.6080	3.7841	3.7010
出生地与学校所在地	是（一致）	3.6755	3.3509	3.7149	3.9385	3.7642
	否（不一致）	3.4847	3.0536	3.5212	3.7926	3.5959
居住类型	校内	3.4657	3.1392	3.4986	3.7880	3.5705
	村庄或乡镇	3.7758	3.4497	3.8118	4.0035	3.8483
	县城	3.6350	3.2378	3.6773	3.8976	3.7241
	平日住校，周末离校	3.3364	2.8925	3.3792	3.7123	3.4967

对表3-9中各行数据进行横向比较可知,同类教师对不同维度的反馈呈现如下特征:男教师和女教师在五个维度上的评价从高到低依次是支持乡村社会建设、参与乡村生态建设、助力乡村政治建设、促进乡村文化建设、推动乡村经济建设。25岁及以下、26—35岁、46—55岁的教师在五个维度上的评价从高到低依次是支持乡村社会建设、参与乡村生态建设、助力乡村政治建设、促进乡村文化建设、推动乡村经济建设;56岁及以上的教师在五个维度上的评价从高到低依次是支持乡村社会建设、参与乡村生态建设、助力乡村政治建设、促进乡村文化建设、推动乡村经济建设。汉族教师和少数民族教师对五个维度的评价从高到低依次是支持乡村社会建设、参与乡村生态建设、助力乡村政治建设、促进乡村文化建设、推动乡村经济建设。未婚教师、已婚教师对五个维度的评价从高到低依次是支持乡村社会建设、参与乡村生态建设、助力乡村政治建设、促进乡村文化建设、推动乡村经济建设;其他婚姻状况的教师对五个维度的评价从高到低依次是支持乡村社会建设、参与乡村生态建设、促进乡村文化建设、助力乡村政治建设、推动乡村经济建设。出生地与学校所在地一致、出生地与学校所在地不一致的教师对五个维度的评价从高到低依次是支持乡村社会建设、参与乡村生态建设、助力乡村政治建设、促进乡村文化建设、推动乡村经济建设。不同居住类型的教师对五个维度的评价从高到低依次是支持乡村社会建设、参与乡村生态建设、助力乡村政治建设、促进乡村文化建设、推动乡村经济建设。

(二)各类工作状况教师对不同维度的反馈

工作基础、工作身份、工作类别、待遇水平及学校类型、规模等情况影响乡村教师的判断,本研究对各类工作状况教师反馈结果的均值比较见表3-10、表3-11、表3-12。

表 3–10　　各类工作状况教师反馈结果的均值比较（1）

项目		促进乡村文化建设	推动乡村经济建设	助力乡村政治建设	支持乡村社会建设	参与乡村生态建设
学历	初中	3.9214	3.7313	3.9357	4.0000	3.9714
	中专	3.7317	3.2788	3.7589	4.0256	3.8612
	普通高中	3.9625	3.8400	3.9673	4.0581	3.9455
	大专	3.6996	3.2586	3.7108	3.9584	3.7800
	本科	3.3300	3.0029	3.4048	3.6784	3.4494
	研究生及以上	3.8611	3.7778	3.9405	4.0119	3.9603
	其他	2.8571	2.1875	2.3571	2.5714	2.2143
工作身份	普通教师	3.4843	3.0516	3.5437	3.8650	3.6215
	学校中层干部	3.9155	3.7043	3.9377	3.9978	3.9439
	学校领导	3.9486	3.7671	3.9106	3.9589	3.9486
	其他	3.4370	3.0956	3.3824	3.5462	3.4097
聘任类型	民办转公办教师	4.0925	3.9389	4.1250	4.2240	4.1364
	一直是公办教师	3.5742	3.1527	3.6222	3.8934	3.7110
	代课教师	3.7492	3.6256	3.8242	3.9388	3.7847
	特岗教师	3.3761	2.8906	3.3516	3.6551	3.4018
	其他	3.4031	2.9988	3.3579	3.6521	3.4088

对表 3–10 中各行数据进行横向比较后可获如下结果：学历为初中、中专、大专、本科、研究生及以上的教师对五个维度的评价从高到低依次是支持乡村社会建设、参与乡村生态建设、助力乡村政治建设、促进乡村文化建设、推动乡村经济建设；学历为普通高中的教师对五个维度的评价从高到低依次是支持乡村社会建设、助力乡村政治建设、促进乡村文化建设、参与乡村生态建设、推动乡村经济建设；学历为其他的教师对五个维度的评价从高到低依次是促进乡村文化建设、支持乡村社会建设、助力乡村政治建设、参与乡村生态建设、推动乡村经济建设。普通教师、学校中层干部在五个维度上的评价从高到低依次是支持乡村社会建设、参与乡村生态建设、助力乡村政治建设、促进乡村文化建设、推动乡村经济建设。学校领导在五个维度上的评价从高到低依次是支持乡村社会建设、参与乡村生态建设、促进乡村文化建设、助力乡村政治

建设、推动乡村经济建设。其他工作身份的教师在五个维度上的评价从高到低依次是支持乡村社会建设、促进乡村文化建设、参与乡村生态建设、助力乡村政治建设、推动乡村经济建设。民办转公办教师、一直是公办教师在五个维度上的评价从高到低依次是支持乡村社会建设、参与乡村生态建设、助力乡村政治建设、促进乡村文化建设、推动乡村经济建设。代课教师在五个维度上的评价从高到低依次是支持乡村社会建设、助力乡村政治建设、参与乡村生态建设、促进乡村文化建设、推动乡村经济建设。特岗教师、其他类型在五个维度上的评价从高到低依次是支持乡村社会建设、参与乡村生态建设、促进乡村文化建设、助力乡村政治建设、推动乡村经济建设。

表 3-11　　各类工作状况教师反馈结果的均值比较（2）

项目		促进乡村文化建设	推动乡村经济建设	助力乡村政治建设	支持乡村社会建设	参与乡村生态建设
教龄	5 年及以下	3.3857	3.0523	3.4331	3.7077	3.4677
	6—10 年	3.6965	3.4261	3.7304	3.8838	3.7649
	11—15 年	3.8923	3.7609	3.9875	4.0916	3.9758
	16—20 年	3.6765	3.2767	3.7479	4.0011	3.8845
	21 年及以上	3.6811	3.0657	3.6608	3.9948	3.7885
职称	无职称	3.2861	2.9585	3.3664	3.6234	3.3786
	三级职称	3.9364	3.8022	3.9804	4.0274	3.9315
	二级职称	3.6457	3.3159	3.6627	3.8829	3.7234
	一级职称	3.6329	3.1885	3.6839	3.9877	3.7953
	高级职称	3.7788	3.2086	3.7599	4.0620	3.8967
	正高级职称	4.1143	4.0250	3.8000	3.9143	3.6571
月均工资	3000 元及以下	3.2464	2.9247	3.3622	3.6508	3.3513
	3001—4000 元	3.6188	3.2793	3.6460	3.8701	3.7072
	4001—5000 元	3.7102	3.3868	3.7679	3.9632	3.8047
	5001—6000 元	3.7786	3.3602	3.7506	3.9545	3.8922
	6001—7000 元	3.7807	3.3849	3.7444	4.0326	3.8985
	7001 元及以上	3.8095	3.1922	3.7788	4.1229	3.8587

续表

项目		促进乡村文化建设	推动乡村经济建设	助力乡村政治建设	支持乡村社会建设	参与乡村生态建设
曾教课程门数	1 门课程	3.5447	3.1243	3.5723	3.8190	3.6184
	2 门课程	3.6571	3.3581	3.6553	3.8716	3.7169
	3 门课程	3.7333	3.4694	3.7688	3.9566	3.8466
	4 门及以上课程	3.5109	3.0613	3.6206	3.9357	3.6812

对表 3-11 中各项数据进行横向比较后可获如下结果：教龄在 5 年及以下、6—10 年、16—20 年的教师在 5 个维度上的评价由高到低依次是支持乡村社会建设、参与乡村生态建设、助力乡村政治建设、促进乡村文化建设、推动乡村经济建设。教龄在 11—15 年的教师在 5 个维度上的评价由高到低依次是支持乡村社会建设、助力乡村政治建设、参与乡村生态建设、促进乡村文化建设、推动乡村经济建设。教龄在 21 年及以上的教师在五个维度上的评价由高到低依次是支持乡村社会建设、参与乡村生态建设、促进乡村文化建设、助力乡村政治建设、推动乡村经济建设。无职称、一级职称教师在五个维度上的评价从高到低依次是支持乡村社会建设、参与乡村生态建设、助力乡村政治建设、促进乡村文化建设、推动乡村经济建设。三级职称教师在五个维度上的评价由高到低依次是支持乡村社会建设、助力乡村政治建设、促进乡村文化建设、参与乡村生态建设、推动乡村经济建设。二级职称教师在五个维度上的评价从高到低依次是支持乡村社会建设、参与乡村生态建设、助力乡村政治建设、促进乡村文化建设、推动乡村经济建设。高级职称教师在五个维度上的评价从高到低依次是支持乡村社会建设、参与乡村生态建设、促进乡村文化建设、助力乡村政治建设、推动乡村经济建设。正高级职称教师在五个维度上的评价从高到低依次是促进乡村文化建设、推动乡村经济建设、支持乡村社会建设、助力乡村政治建设、参与乡村生态建设。工资在 3000 元及以下的教师在五个维度上的评价从高到低依次是支持乡村社会建设、助力乡村政治建设、参与乡村生态建设、促进乡村文化建设、推动乡村经济建设。工资在 3001—4000 元、4001—5000 元的教师在五个维度上的评价从高到低依次是支持乡村社会建设、参与乡村生态建设、助力乡村政治建设、促进乡村文化建设、推动乡

村经济建设。工资在5001—6000元、6001—7000元、7001元及以上的教师在五个维度上的评价从高到低依次是支持乡村社会建设、参与乡村生态建设、促进乡村文化建设、助力乡村政治建设、推动乡村经济建设。曾教1门、3门、4门及以上课程的教师对五个维度的评价从高到低依次是支持乡村社会建设、参与乡村生态建设、助力乡村政治建设、促进乡村文化建设、推动乡村经济建设。教过2门课程的教师对五个维度的评价从高到低依次是支持乡村社会建设、参与乡村生态建设、促进乡村文化建设、助力乡村政治建设、推动乡村经济建设。差别主要在于前者认为助力乡村政治建设效果好于促进乡村文化建设，后者认为促进乡村文化建设效果更好。

表3-12　　各类工作情况教师反馈结果的均值比较（3）

项目		促进乡村文化建设	推动乡村经济建设	助力乡村政治建设	支持乡村社会建设	参与乡村生态建设
学校类型	九年一贯制学校	3.5404	3.2035	3.5411	3.7598	3.6135
	乡镇中心校	3.7117	3.3139	3.7835	4.0138	3.8292
	村小	3.6130	3.3845	3.6609	3.8666	3.7034
	教学点	3.7233	3.5699	3.7930	3.8729	3.7683
	初中	3.4965	2.9503	3.4956	3.8514	3.6122
	其他	3.1262	2.6773	3.1296	3.4950	3.1993
学生规模	10人及以下	3.7647	3.8235	3.8319	3.6807	3.7311
	11—50人	3.5728	3.4842	3.6755	3.7795	3.7032
	51—100人	3.8391	3.7691	3.9008	3.9511	3.8872
	101—300人	3.6026	3.1896	3.6824	3.9330	3.7541
	301—1000人	3.5954	3.0878	3.5524	3.8799	3.6592
	1001人及以上	3.3807	2.9588	3.3919	3.7390	3.4218
教师规模	5人及以下	3.7059	3.6324	3.6429	3.7647	3.7731
	6—20人	3.6363	3.4108	3.6924	3.8737	3.7436
	21—50人	3.7445	3.4075	3.7681	3.9524	3.8246
	51人及以上	3.4825	3.0072	3.5264	3.8463	3.5876

对表3-12中各行数据进行横向比较后可获如下结果：九年一贯制学校、乡镇中心校、村小、其他类型学校在五个维度上的发挥程度从高到低

依次是支持乡村社会建设、参与乡村生态建设、助力乡村政治建设、促进乡村文化建设、推动乡村经济建设；教学点在五个维度上的发挥程度从高到低依次是支持乡村社会建设、助力乡村政治建设、参与乡村生态建设、促进乡村文化建设、推动乡村经济建设；初中在五个维度上的发挥程度从高到低依次是支持乡村社会建设、参与乡村生态建设、促进乡村文化建设、助力乡村政治建设、推动乡村经济建设。同一学生规模层次学校在不同维度上发挥程度。学生规模在10人及以下的学校在五个维度上的发挥程度从高到低依次是助力乡村政治建设、推动乡村经济建设、促进乡村文化建设、参与乡村生态建设、支持乡村社会建设；学生规模在11—50人、101—300人、1001人及以上的学校在五个维度上的发挥程度从高到低依次是支持乡村社会建设、参与乡村生态建设、助力乡村政治建设、促进乡村文化建设、推动乡村经济建设；学生规模在51—100人的学校在五个维度上的发挥程度从高到低依次是支持乡村社会建设、助力乡村政治建设、参与乡村生态建设、促进乡村文化建设、推动乡村经济建设；学生规模在301—1000人的学校在五个维度上的发挥程度从高到低依次是支持乡村社会建设、参与乡村生态建设、促进乡村文化建设、助力乡村政治建设、推动乡村经济建设。同一教师规模层次学校在不同维度上发挥的程度。教师数在5人及以下的学校在五个维度上的发挥程度从高到低依次是参与乡村生态建设、支持乡村社会建设、促进乡村文化建设、助力乡村政治建设、推动乡村经济建设；教师数在6—20人、21—50人、51人及以上的学校在五个维度上的发挥程度从高到低依次是支持乡村社会建设、参与乡村生态建设、助力乡村政治建设、促进乡村文化建设、推动乡村经济建设。

四 同一维度上的不同群体之间存在差异

（一）促进乡村文化建设的群体差异性分析

首先，独立样本t检验结果显示，不同性别教师之间存在显著性差异（t=5.998，p值为0.000），男教师显著高于女教师；不同民族的教师之间不存在显著性差异（t=-1.468，p值为0.142）；出生地是否与学校所在地一致这项因素下两类群体之间存在显著性差异（t=4.007，p值为0.000），出生地与学校所在地一致的教师对其校促进乡村文化建设的评价显著高于不一致的教师。其次，单因素方差分析结果见表3-13。

表 3-13　乡村学校促进乡村文化建设现状反馈的单因素方差分析

分组依据	组别	平均值	标准差	F 检验	事后比较（LSD 法）	事后比较（Tamhane's T2 检验法）
年龄	25 岁及以下（a1）	22.8424	6.29404	24.010***		a2 > a1, a3 > a1
	26—35 岁（a2）	25.4523	6.24281			a3 > a2, a4 > a1
	36—45 岁（a3）	26.7493	5.44795			a5 > a1
	46—55 岁（a4）	26.1475	5.11501			
	56 岁及以上（a5）	26.4865	4.90250			
婚姻状况	未婚（b1）	23.7447	6.37466	24.703***		b2 > b1
	已婚（b2）	26.0578	5.73068			
	其他（b3）	25.3023	5.58286			
学历	初中（c1）	27.4500	3.89973	16.400***		c1 > c5, c2 > c5
	中专（c2）	26.1222	5.28497			c3 > c2, c3 > c4
	普通高中（c3）	27.7373	4.77964			c3 > c5, c4 > c5
	大专（c4）	25.8973	5.85689			c6 > c5
	本科（c5）	23.3103	6.58646			
	研究生及以上（c6）	27.0278	4.61975			
	其他（c7）	20.0000	4.24264			

续表

分组依据	组别	平均值	标准差	F 检验	事后比较（LSD 法）	事后比较（Tamhane's T2 检验法）
居住类型	校内（d1）	24.2597	6.08443	16.511***		d2>d1，d2>d3
	村庄或乡镇（d2）	26.4309	5.65849			d2>d4，d3>d4
	县城（d3）	25.4447	5.89667			
	平日住校，周末离校（d4）	23.3551	6.57889			
教龄	5年及以下（e1）	23.7000	6.51549	16.275***		e2>e1，e3>e1
	6—10年（e2）	25.8755	6.19539			e3>e5，e4>e1
	11—15年（e3）	27.2462	5.21802			e5>e1
	16—20年（e4）	25.7353	5.52735			
	21年及以上（e5）	25.7674	5.25619			
工作身份	普通教师（f1）	24.3899	6.28728	26.998***		f2>f1，f2>f4
	学校中层干部（f2）	27.4086	4.84369			f3>f1，f3>f4
	学校领导（f3）	27.6403	4.41999			
	其他（f4）	24.0588	6.35723			
聘任类型	民办转公办教师（g1）	28.6477	4.44129	12.785***		g1>g2，g1>g3
	一直是公办教师（g2）	25.0195	6.01204			g1>g4，g1>g5
	代课教师（g3）	26.2442	5.79434			g3>g4，g3>g5
	特岗教师（g4）	23.6328	6.49272			
	其他（g5）	23.8218	6.31410			

续表

分组依据	组别	平均值	标准差	F 检验	事后比较（LSD 法）	事后比较（Tamhane's T2 检验法）
职称级别	无职称 (h1)	23.0029	6.48052	16.536***		h2 > h1，h2 > h3 h2 > h4，h3 > h1 h4 > h1，h5 > h1
	三级职称 (h2)	27.5548	5.42285			
	二级职称 (h3)	25.5202	6.06926			
	一级职称 (h4)	25.4301	5.55035			
	高级职称 (h5)	26.4518	5.39310			
	正高级职称 (h6)	28.8000	4.02492			
月均工资收入	3000 元及以下 (i1)	22.7251	6.66152	17.463***		i2 > i1，i3 > i1 i4 > i1，i5 > i1 i6 > i1
	3001—4000 元 (i2)	25.3314	6.01262			
	4001—5000 元 (i3)	25.9713	5.53871			
	5001—6000 元 (i4)	26.4500	5.61897			
	6001—7000 元 (i5)	26.4649	4.94067			
	7001 元及以上 (i6)	26.6667	5.43606			
学校类型	九年一贯制学校 (j1)	24.7826	6.24703	5.795***	j1 > j6，j2 > j1 j2 > j5，j2 > j6 j3 > j6，j4 > j5 j4 > j6，j5 > j6	
	乡镇中心校 (j2)	25.9820	5.48996			
	村小 (j3)	25.2911	5.96530			
	教学点 (j4)	26.0630	6.03528			
	初中 (j5)	24.4752	6.58240			
	其他 (j6)	21.8837	5.73298			

续表

分组依据	组别	平均值	标准差	F检验	事后比较（LSD法）	事后比较（Tamhane's T2检验法）
学生规模	10人及以下（k1）	26.3529	5.92601	5.583***	k3 > k2, k3 > k4 k3 > k5, k3 > k6 k4 > k6, k5 > k6	
	11—50人（k2）	25.0097	6.58205			
	51—100人（k3）	26.8737	5.55824			
	101—300人（k4）	25.2182	5.75747			
	301—1000人（k5）	25.1676	6.26832			
	1001人及以上（k6）	23.6649	6.36708			
教师规模	5人及以下（l1）	25.9412	6.69663	8.496***		l2 > l4 l3 > l4
	6—20人（l2）	25.4538	5.95874			
	21—50人（l3）	26.2115	5.54798			
	51人及以上（l4）	24.3773	6.29934			
曾教课程门数	1门课程（m1）	24.8127	5.91260	4.474**	m2 > m1, m3 > m1 m3 > m4	
	2门课程（m2）	25.6000	6.26673			
	3门课程（m3）	26.1333	5.60841			
	4门及以上课程（m4）	24.5762	6.30871			

从年龄、婚姻状况、学历、居住类型来看，大致情况如下：不同年龄的教师对乡村学校促进乡村文化建设现状的反馈存在显著性差异（p值为0.000），25岁及以下组的均值显著小于其他四组，26—35岁组显著小于36—45岁组。不难发现，25岁及以下教师对于乡村学校促进乡村文化建设的现状评价最低，36—45岁组的教师认为乡村学校在促进乡村文化建设上做得较好。不同婚姻状况的教师之间存在显著性差异（p值为0.000），未婚组显著小于已婚组，这说明已婚乡村教师对乡村学校促进乡村文化建设功能评价较高。不同学历的教师对乡村学校促进乡村文化建设现状评价之间存在显著性差异（p值为0.000），拥有本科学历的乡村教师显著低于拥有初中、中专、普通高中、大专、研究生及以上学历的教师，并且普通高中毕业的教师显著高于中专毕业、大专毕业和本科毕业的教师。不同居住类型的教师之间存在显著性差异（p值为0.000），居住在村庄或乡镇的教师均值最高，显著高于居住在校内、县城以及平日住校、周末离校的教师。居住在县城的教师显著高于平日住校、周末离校的教师，这些教师对于乡土文化充满好奇，新奇感、求知欲驱使他们了解乡土文化。

从教龄、工作身份、聘任类型、职称级别、任教课程数来看，相应情况如下：不同教龄的教师之间存在显著性差异（p值为0.000），教龄为11—15年的教师显著高于教龄为5年及以下、21年及以上的教师。另外，教龄为5年及以下的教师对乡村学校促进乡村文化建设现状的评判显著低于教龄为6—10年、11—15年、16—20年、21年及以上的教师。不同工作身份的教师之间存在显著性差异（p值为0.000），学校中层干部、学校领导对乡村学校促进乡村文化建设的评价显著高于普通教师和其他身份的教职工，学校中层干部和学校领导之间没有显著性差异。不同聘任类型的教师之间存在显著性差异（p值为0.000），民办转公办教师对乡村学校促进乡村文化建设现状的评价最高，并且显著高于一直是公办教师、代课教师、特岗教师和其他类型的教师；一直是公办教师的显著高于特岗教师和其他类型教师；代课教师显著高于一直是公办教师、特岗教师和其他类型的教师。总的来看，民办转公办教师和代课教师对乡村学校促进乡村文化建设评价较好。不同职称级别的教师之间存在显著性差异（p值为0.000），无职称的教师显著低于三级职称、二级职称、一级职称和高级职称的教师；三级职称的教师显著高于二级职称和一级职称的教师。综合比较，三级职称的教师对乡村学校促进乡村文化建设的评价最高，无职称教师的评价最低。无职称教师多为年轻教师，与前述分析青年教师的情况大体一致。曾任教课程门数不同的教师之间存在显著性差异（p值为0.004），曾教课程门数为2门和3门的教师对学校促进乡村文化建设的评价显著高于只教过1门课程的教师；曾教课程门数为3门的教师显著高于任教课程门数为4门及以上的教师。

从工资待遇、学校类型、学生规模、教师规模来看，该维度的群体差异情况如下：不同聘任类型的教师之间存在显著性差异（p值为0.000），3000元及以下的教师对乡村学校促进乡村文化建设的评价低于其他工资水平的教师，并且是显著低于其他五类教师。不同学校类型的教师之间存在显著性差异（p值为0.000）。事后比较结果显示，乡镇中心校显著大于村小、初中和其他，教学点显著大于初中，九年一贯制学校、乡镇中心校、村小、教学点、初中都显著大于其他。不同学生规模学校的教师之间存在显著性差异（p值为0.000），学生规模在51—100人的学校的教师对其学校促进乡村文化建设的评价最高，显著高于学生规模为11—50人、101—300人、301—1000人、1001人及以上学校的教师；学生规模为1001人及以上的学校教师的评价显著低于学生规模为51—100人、101—300人、301—1000人的学校。不同教师规模学校的教师之间存在显著性差异（p值为0.000），教师规模为51人及以上的学校的教师对其校促进乡村文化建设现状的评价显著低于教师规模为6—20人和21—50人的学校的教师。教师规模为5人及以下、6—20人、51人及以上的三组学校的教师对其学校在促进乡村文化建设方面的评价不存在显著性差异。

（二）推动乡村经济建设的群体差异性分析

首先，独立样本t检验结果显示，不同性别的教师之间存在显著性差异（t=6.193，p值为0.000），男教师显著高于女教师；不同民族的教师之间不存在显著性差异（t=-1.147，p值为0.252）；出生地是否与学校所在地一致这项因素下两个群体之间存在显著性差异（t=5.558，p值为0.000），出生地与学校所在地一致的教师对其校推动乡村经济建设的评价显著高于不一致的教师。其次，单因素方差分析结果见表3-14。

第三章 乡村学校之乡村振兴功能发挥的现实样态

表3-14 乡村学校推动乡村经济建设现状反馈的单因素方差分析

分组依据	组别	平均值	标准差	F检验	事后比较（LSD法）	事后比较（Tamhane's T2 检验法）
年龄	25岁及以下（a1）	23.7752	7.73081	13.347***		a2 > a1，a3 > a1 a3 > a4
	26—35岁（a2）	26.4523	8.66740			
	36—45岁（a3）	27.8365	7.87231			
	46—55岁（a4）	25.1290	7.44000			
	56岁及以上（a5）	26.4865	5.67950			
婚姻状况	未婚（b1）	24.9052	8.13695	5.986**	b2 > b1	
	已婚（b2）	26.4360	8.10146			
	其他（b3）	26.4651	7.22215			
学历	初中（c1）	29.8500	5.78815	15.424***		c1 > c5，c2 > c5 c3 > c2，c3 > c4 c3 > c5，c4 > c5 c6 > c2，c6 > c4 c6 > c5
	中专（c2）	26.2301	7.46585			
	普通高中（c3）	30.7203	6.08049			
	大专（c4）	26.0685	8.20152			
	本科（c5）	24.0230	8.39314			
	研究生及以上（c6）	30.2222	6.47682			
	其他（c7）	17.5000	13.43503			

续表

分组依据	组别	平均值	标准差	F 检验	事后比较（LSD 法）	事后比较（Tamhane's T2 检验法）
居住类型	校内 (d1)	25.1136	7.9941	16.811***	d1 > d4, d2 > d1 d2 > d3, d2 > d4 d3 > d4	
	村庄或乡镇 (d2)	27.5979	8.02766			
	县城 (d3)	25.9027	7.77792			
	平日住校，周末离校 (d4)	23.1402	8.32604			
教龄	5 年及以下 (e1)	24.4185	8.16384	23.471***		e2 > e1, e2 > e5 e3 > e1, e3 > e2 e3 > e4, e3 > e5
	6—10 年 (e2)	27.4086	8.64131			
	11—15 年 (e3)	30.0872	7.17079			
	16—20 年 (e4)	26.2132	7.71186			
	21 年及以上 (e5)	24.5257	7.22087			
工作身份	普通教师 (f1)	24.4131	8.03396	46.261***		f2 > f1, f2 > f4 f3 > f1, f3 > f4
	学校中层干部 (f2)	29.6342	7.16317			
	学校领导 (f3)	30.1367	6.76543			
	其他 (f4)	24.7647	7.82479			
聘任类型	民办转公办教师 (g1)	31.5114	5.77548	26.996***		g1 > g2, g1 > g3 g1 > g4, g1 > g5 g3 > g2, g3 > g4 g3 > g5
	一直是公办教师 (g2)	25.2216	7.97816			
	代课教师 (g3)	29.0046	7.29631			
	特岗教师 (g4)	23.1250	8.74125			
	其他 (g5)	23.9901	8.07279			

续表

分组依据	组别		平均值	标准差	F 检验	事后比较（LSD 法）	事后比较（Tamhane's T2 检验法）
职称级别	无职称 (h1)		23.6676	7.65256	16.457***		h2 > h1, h2 > h3 h2 > h4, h2 > h5 h3 > h1, h4 > h1
	三级职称 (h2)		30.4178	7.71989			
	二级职称 (h3)		26.5273	8.35050			
	一级职称 (h4)		25.5081	7.99477			
	高级职称 (h5)		25.6687	7.31158			
	正高级职称 (h6)		32.2000	4.65833			
月均工资收入	3000 元及以下 (i1)		23.3977	7.80479	9.561***	i2 > i1, i3 > i1 i4 > i1, i5 > i1 i6 > i1	
	3001—4000 元 (i2)		26.2346	8.40819			
	4001—5000 元 (i3)		27.0946	7.65939			
	5001—6000 元 (i4)		26.8818	8.37013			
	6001—7000 元 (i5)		27.0789	7.59849			
	7001 元及以上 (i6)		25.5376	8.02518			
学校类型	九年一贯制学校 (j1)		25.6280	8.59396	12.886***	j1 > j5, j1 > j6 j2 > j5, j2 > j6 j3 > j1, j3 > j5 j3 > j6, j4 > j1 j4 > j2, j4 > j5 j4 > j6	
	乡镇中心校 (j2)		26.5113	7.54235			
	村小 (j3)		27.0759	7.85143			
	教学点 (j4)		28.5591	8.20632			
	初中 (j5)		23.6025	8.22751			
	其他 (j6)		21.4186	6.81466			

续表

分组依据	组别	平均值	标准差	F 检验	事后比较（LSD 法）	事后比较（Tamhane's T2 检验法）
学生规模	10 人及以下 (k1)	30.5882	6.52935	18.620***	k1 > k4, k1 > k5 k1 > k6, k2 > k4 k2 > k5, k2 > k6 k3 > k2, k3 > k4 k3 > k5, k3 > k6 k4 > k6	
	11—50 人 (k2)	27.8738	8.24702			
	51—100 人 (k3)	30.1526	7.47149			
	101—300 人 (k4)	25.5172	7.86869			
	301—1000 人 (k5)	24.7021	8.06980			
	1001 人及以上 (k6)	23.6702	7.85668			
教师规模	5 人及以下 (l1)	29.0588	7.75746	21.040***	l1 > l4, l2 > l4 l3 > l4	
	6—20 人 (l2)	27.2861	8.31075			
	21—50 人 (l3)	27.2598	7.44839			
	51 人及以上 (l4)	24.0575	8.10035			
曾教课程门数	1 门课程 (m1)	24.9940	8.09980	11.898***	m2 > m1, m2 > m4 m3 > m1, m3 > m4	
	2 门课程 (m2)	26.8649	7.95216			
	3 门课程 (m3)	27.7556	7.85838			
	4 门及以上课程 (m4)	24.4901	8.15414			

从年龄、婚姻状况、学历、居住类型来看，群体差异结果如下：不同年龄的教师之间存在显著性差异（p 值为 0.000），25 岁及以下组的均值显著小于 26—35 岁组和 36—45 岁组，且 36—45 岁组显著小于 46—55 岁组。综合来看，25 岁及以下教师对于乡村学校推动乡村经济建设的现状评价最低，36—45 岁组的教师对乡村学校推动乡村经济建设现状评价较好。不同婚姻状况的教师之间存在显著性差异（p 值为 0.000），未婚组显著小于已婚组。不同学历的教师之间存在显著性差异（p 值为 0.000），本科学历的教师显著小于拥有初中、中专、普通高中、大专、研究生及以上学历的教师，并且普通高中毕业的教师显著高于中专毕业的、大专毕业的和本科毕业的教师。不同居住类型的教师之间存在显著性差异（p 值为 0.000），居住在村庄或乡镇的教师均值最高且显著高于另外三种组别。居住在校内和县城的教师显著高于平日住校、周末离校的教师。

从对教龄、工作身份、聘任类型、职称级别、任教课程数的分析结果来看，不同教龄的教师之间存在显著性差异（p 值为 0.000），教龄为 11—15 年的教师显著高于教龄为 5 年及以下、6—10 年、16—20 年、21 年及以上的教师。另外，教龄为 5 年及以下的显著低于教龄为 6—10 年、11—15 年的。总体显示为，教龄居于中间的教师对乡村学校这一方面功能的评价较高。不同工作身份的教师之间存在显著性差异（p 值为 0.000），学校中层干部、学校领导对乡村学校推动乡村经济建设的评价显著高于普通教师和其他身份的教职工，学校中层干部和学校领导之间没有显著性差异，也在一定程度上印证了处于管理岗的教师群体对于乡村学校推动乡村经济建设现状的评价较好。不同聘任类型的教师之间存在显著性差异（p 值为 0.000），民办转公办教师对乡村学校推动乡村经济建设的评价最高，显著高于一直是公办教师、代课教师、特岗教师和其他类型的教师；代课教师显著高于一直是公办教师、特岗教师和其他类型的教师。总的来看，民办转公办教师和代课教师对乡村学校推动乡村经济建设的评价较好。不同职称级别的教师之间存在显著性差异（p 值为 0.000），无职称的教师显著低于三级职称、二级职称、一级职称的教师；三级职称的教师显著高于无职称、二级职称和一级职称的教师。综合比较，三级职称的教师对乡村学校的乡村振兴功能评价最高，无职称教师的评价最低。曾教课程门数不同的教师之间存在显著性差异（p值为0.000）。依据均值大小和事后比较分析可知，曾教课程门数为2门和3门的教师对学校推动乡村经济建设的评价显著高于只教过1门课程的教师，同时也显著高于曾教课程门数为4门及以上的教师。

从工资待遇、学校类型、学生规模、教师规模来看，群体差异结果如下：不同工资待遇的教师之间存在显著性差异（p值为0.000），3000元及以下的教师对乡村学校推动乡村经济建设现状的评价显著低于其他工资水平的教师。中高收入教师群体对于乡村学校推动乡村经济建设的评价较高。不同学校类型的教师之间存在显著性差异（p值为0.000），教学点、村小、乡镇中心校的均值较高，从差异显著性检验结果来看，九年一贯制学校和乡镇中心校都显著大于初中、其他类型学校。村小显著大于九年一贯制学校、初中和其他类型的学校，教学点显著大于九年一贯制学校、乡镇中心校、初中和其他学校。不同学生规模学校的教师之间存在显著性差异（p值为0.000），学生规模在10人及以下的学校的教师对其学校推动乡村经济建设的评价最高，显著高于学生规模101—300人、301—1000人、1001人及以上学校的教师；学生规模为51—100人的学校的教师显著高于学生规模为11—50人、101—300人、301—1000人、1001人及以上学校的教师，学生规模为101—300人的学校的教师对乡村学校推动乡村经济建设的评价显著高于学生规模为1001人及以上的学校的教师。不同教师规模学校的教师之间存在显著性差异（p值为0.000），教师规模为51人及以上的学校的教师对其校推动乡村经济建设的评价显著低于教师规模为5人及以下、6—20人和21—50人的学校的教师。教师规模为50人以下的三组学校之间不存在显著性差异。

（三）助力乡村政治建设的群体差异性分析

首先，独立样本t检验结果显示，不同性别的教师之间存在显著性差异（t=4.913，p值为0.000），男教师显著高于女教师；不同民族的教师之间不存在显著性差异（t=−1.798，p值为0.073）；出生地是否与学校所在地一致这项因素下两类群体的平均数之间存在显著性差异（t=4.064，p值为0.000），出生地与学校所在地一致的教师对其校助力乡村政治建设的评价显著高于不一致的教师。其次，单因素方差分析结果见表3−15。

第三章 乡村学校之乡村振兴功能发挥的现实样态

表3-15 乡村学校助力乡村政治建设现状反馈的单因素方差分析

分组依据	组别	平均值	标准差	F检验	事后比较（LSD法）	事后比较（Tamhane's T2 检验法）
年龄	25岁及以下（a1）	23.4393	6.25398	16.823***	a2 > a1，a3 > a1 a3 > a2，a4 > a1 a5 > a1	
	26—35岁（a2）	25.6962	6.38251			
	36—45岁（a3）	26.9046	5.79326			
	46—55岁（a4）	26.1014	5.86727			
	56岁及以上（a5）	26.5676	5.22037			
婚姻状况	未婚（b1）	24.2998	6.45565	15.188***	b2 > b1	
	已婚（b2）	26.1758	6.04108			
	其他（b3）	25.2558	5.34564			
学历	初中（c1）	27.5500	4.53611	12.518***		c1 > c5，c2 > c5 c3 > c4，c3 > c5 c4 > c5，c6 > c5
	中专（c2）	26.3125	5.68590			
	普通高中（c3）	27.7712	4.71841			
	大专（c4）	25.9756	6.25671			
	本科（c5）	23.8333	6.58366			
	研究生及以上（c6）	27.5833	5.14573			
	其他（c7）	16.5000	4.94975			

续表

分组依据	组别	平均值	标准差	F 检验	事后比较（LSD 法）	事后比较（Tamhane's T2 检验法）
居住类型	校内（d1）	24.4903	6.10680	15.439***		d2>d1，d2>d4 d3>d4
	村庄或乡镇（d2）	26.6825	5.80416			
	县城（d3）	25.7412	6.12050			
	平日住校，周末离校（d4）	23.6542	6.93308			
教龄	5 年及以下（e1）	24.0315	6.50424	16.609***		e2>e1，e3>e1 e3>e2，e3>e4 e3>e5，e4>e1 e5>e1
	6—10 年（e2）	26.1128	6.15355			
	11—15 年（e3）	27.9128	5.05716			
	16—20 年（e4）	26.2353	6.02862			
	21 年及以上（e5）	25.6254	5.97864			
工作身份	普通教师（f1）	24.806	6.41063	20.420***		f2>f1，f2>f4 f3>f1，f3>f4
	学校中层干部（f2）	27.5642	5.10330			
	学校领导（f3）	27.3741	4.92005			
	其他（f4）	23.6765	7.21615			
聘任类型	民办转公办教师（g1）	28.8750	4.23400	15.424***		g1>g2，g1>g3 g1>g4，g1>g5 g3>g2，g3>g4 g3>g5
	一直是公办教师（g2）	25.3557	6.24673			
	代课教师（g3）	26.7696	5.51113			
	特岗教师（g4）	23.4609	6.57830			
	其他（g5）	23.5050	6.82440			

续表

分组依据	组别	平均值	标准差	F 检验	事后比较（LSD 法）	事后比较（Tamhane's T2 检验法）
职称级别	无职称 (h1)	23.5645	6.45181	12.182***		h2 > h1, h2 > h3 h2 > h4, h3 > h1 h4 > h1, h5 > h1
	三级职称 (h2)	27.8630	5.32869			
	二级职称 (h3)	25.6390	6.27222			
	一级职称 (h4)	25.7876	6.09808			
	高级职称 (h5)	26.3193	5.69108			
	正高级职称 (h6)	26.6000	4.72229			
月均工资收入	3000 元及以下 (i1)	23.5351	6.59047	9.839***		i2 > i1, i3 > i1 i4 > i1, i5 > i1 i6 > i1
	3001—4000 元 (i2)	25.5220	6.30944			
	4001—5000 元 (i3)	26.3754	5.52888			
	5001—6000 元 (i4)	26.2545	6.23649			
	6001—7000 元 (i5)	26.2105	5.68101			
	7001 元及以上 (i6)	26.4516	6.28234			
学校类型	九年一贯制学校 (j1)	24.7874	6.44568	8.327***		j1 > j6, j2 > j5 j2 > j6, j3 > j6 j4 > j5, j4 > j6
	乡镇中心校 (j2)	26.4842	5.66381			
	村小 (j3)	25.6266	5.87595			
	教学点 (j4)	26.5512	6.15244			
	初中 (j5)	24.4689	6.80759			
	其他 (j6)	21.9070	6.48373			

续表

分组依据	组别	平均值	标准差	F 检验	事后比较（LSD 法）	事后比较（Tamhane's T2 检验法）
学生规模	10 人及以下（k1）	26.1176	5.10982	7.573***		k3＞k4，k3＞k5 k3＞k6，k4＞k6
	11—50 人（k2）	25.9223	6.35809			
	51—100 人（k3）	27.2105	5.46154			
	101—300 人（k4）	26.2784	5.47768			
	301—1000 人（k5）	25.6144	6.30578			
	1001 人及以上（k6）	23.9529	6.22498			
教师规模	5 人及以下（l1）	25.5000	6.26317	6.983***	l2＞l4，l3＞l4	
	6—20 人（l2）	25.8468	6.26582			
	21—50 人（l3）	26.3770	5.46589			
	51 人及以上（l4）	24.6848	6.60188			
曾教课程门数	1 门课程（m1）	25.0060	6.19139	2.948*		m3＞m1
	2 门课程（m2）	25.5870	6.25694			
	3 门课程（m3）	26.3815	5.52645			
	4 门及以上课程（m4）	25.3444	6.78042			

从对年龄、婚姻状况、学历、居住类型的分析来看，不同年龄的教师之间存在显著性差异（p值为0.000），25岁及以下组的均值显著小于26—35岁、36—45岁、46—55岁、56岁及以上组，且26—35岁组显著小于36—45岁组。综合来看，25岁及以下教师对于乡村学校助力乡村政治建设现状评价最低，36—45岁组、56岁及以上组的教师对乡村学校助力乡村政治建设的评价稍好。这或许与年轻教师的管理经验不足、不关心乡村政治有关。年龄稍大的教师对乡村社区治理事情较为清楚，也较愿意贡献自己的才智。不同婚姻状况的教师之间存在显著性差异（p值为0.000），未婚组显著小于已婚组。不同学历的教师之间存在显著性差异（p值为0.000），本科学历的教师显著小于拥有初中、中专、普通高中、大专、研究生及以上学历的教师；学历为初中、中专、普通高中、大专、研究生及以上的组别之间没有显著性差异。不同居住类型的教师对其校助力乡村政治建设的评判存在显著性差异（p值为0.000），居住在村庄或乡镇的教师均值显著高于居住在校内的教师和平日住校、周末离校的教师。住在县城的教师显著高于平日住校、周末离校的教师。

从对教龄、工作身份、聘任类型、职称级别、任教课程数的分析可知，不同教龄的教师在评判其校助力乡村政治建设现状上存在显著性差异（p值为0.000），教龄为11—15年的教师显著高于教龄为5年及以下、6—10年、16—20年、21年及以上的教师。另外，教龄为5年及以下的教师显著低于教龄为6—10年、11—15年、16—20年、21年及以上的教师。教龄居于11—15年的群体对其校助力乡村政治建设的评判分值最高。不同工作身份的教师之间存在显著性差异（p值为0.000），学校中层干部、学校领导对乡村学校助力乡村政治建设的评价显著高于普通教师和其他身份的教职工。不同聘任类型的教师之间存在显著性差异（p值为0.000），民办转公办教师对乡村学校助力乡村政治建设的评价显著高于一直是公办教师、代课教师、特岗教师和其他类型的教师；代课教师显著高于一直是公办教师、特岗教师和其他类型的教师。总的来看，民办转公办教师和代课教师是对乡村学校助力乡村政治建设评价较好的两组。不同职称级别的教师之间存在显著性差异（p值为0.000），无职称的教师显著低于三级职称、二级职称、一级职称、高级职称的教师;三级职称的教师显著高于无职称、二级职称、一级职称的教师。曾任教课程门数不同的教师之间存在显著性差异(p值为0.000),曾教课程门数为3门的教师对其校助力乡村政治建设的评价显著高于只教过1门课程的教师。

从对工资待遇、学校类型、学生规模、教师规模的分析来看,不同工资待遇的教师之间存在显著性差异(p值为0.000),3000元及以下的教师对乡村学校助力乡村政治建设现状的评价显著低于其他工资水平的教师。可见,工资较低的群体对其学校助力乡村政治建设现状的评价也较低。不同学校类型的教师之间存在显著性差异(p值为0.000),乡镇中心校教师显著高于初中和其他类型的学校的教师;九年一贯制学校、乡镇中心校、村小、教学点显著高于其他;教学点显著高于初中。乡镇中心校、教学点在助力乡村政治建设上成效较好。不同学生规模学校的教师之间存在显著性差异(p值为0.000),学生规模在51—100人学校的教师对其校助力乡村政治建设的评价显著高于学生规模101—300人、301—1000人、1001人及以上学校的教师;学生规模为101—300人的学校的教师显著高于学生规模为1001人及以上的学校的教师。不同教师规模学校的教师之间存在显著性差异(p值为0.000),教师规模为6—20人、21—50人的学校的教师对其校助力乡村政治建设的评价显著大于教师规模为51人及以上的学校的教师。教师规模为5人及以下、6—20人、21—50人的学校教师之间不存在显著性差异。

(四)支持乡村社会建设的群体差异性分析

首先,独立样本t检验结果显示,不同性别的教师之间存在显著性差异(t=3.100,p值为0.002),男教师显著高于女教师;不同民族的教师在乡村学校支持乡村社会建设的评价不存在显著性差异(t=−0.827,p值为0.408);出生地是否与学校所在地一致这项因素下两个群体之间存在显著性差异(t=3.352,p值为0.001),出生地与学校所在地一致的教师对其校支持乡村社会建设的评价显著高于不一致的教师。其次,单因素方差分析结果见表3-16。

表 3-16 乡村学校支持乡村社会建设现状反馈的单因素方差分析

分组依据	组别	平均值	标准差	F 检验	事后比较（LSD 法）	事后比较（Tamhane's T2 检验法）
年龄	25 岁及以下（a1）	25.3049	5.88711	18.939***	a2 > a1，a3 > a1 a3 > a2，a4 > a1 a4 > a2，a5 > a1 a5 > a2	
	26—35 岁（a2）	27.0843	5.67309			
	36—45 岁（a3）	28.4659	5.04768			
	46—55 岁（a4）	28.2212	5.58411			
	56 岁及以上（a5）	29.0000	4.68449			
婚姻状况	未婚（b1）	25.9342	5.84386	21.059***	b2 > b1	
	已婚（b2）	27.9255	5.45829			
	其他（b3）	26.4884	5.65421			
学历	初中（c1）	28.0000	4.55377	10.318***		c1 > c7，c2 > c5 c3 > c5，c4 > c5 c6 > c5
	中专（c2）	28.1790	4.93136			
	普通高中（c3）	28.4068	4.72172			
	大专（c4）	27.7090	5.91284			
	本科（c5）	25.7490	6.00865			
	研究生及以上（c6）	28.0833	3.79002			
	其他（c7）	18.0000	1.41421			

续表

分组依据	组别	平均值	标准差	F 检验	事后比较（LSD 法）	事后比较（Tamhane's T2 检验法）
居住类型	校内（d1）	26.5162	5.81947	8.302***		d2>d1, d2>d4
	村庄或乡镇（d2）	28.0247	5.12321			
	县城（d3）	27.2832	5.63284			
	平日住校，周末离校（d4）	25.9860	6.44185			
教龄	5年及以下（e1）	25.9537	5.97829	12.177***		e2>e1, e3>e1
	6—10年（e2）	27.1868	5.69369			e3>e2, e4>e1
	11—15年（e3）	28.6410	4.47379			e5>e1
	16—20年（e4）	28.0074	5.31036			
	21年及以上（e5）	27.9637	5.57689			
工作身份	普通教师（f1）	27.0553	5.87957	6.253***		f2>f4, f3>f4
	学校中层干部（f2）	27.9844	4.79499			
	学校领导（f3）	27.7122	4.80073			
	其他（f4）	24.8235	6.70696			
聘任类型	民办转公办教师（g1）	29.5682	4.01089	8.940***		g1>g2, g1>g3
	一直是公办教师（g2）	27.2541	5.71238			g1>g4, g1>g5
	代课教师（g3）	27.5714	5.31121			g2>g4, g3>g4
	特岗教师（g4）	25.5859	5.86398			
	其他（g5）	25.5644	6.24566			

续表

分组依据	组别	平均值	标准差	F 检验	事后比较（LSD 法）	事后比较（Tamhane's T2 检验法）
职称级别	无职称（h1）	25.3639	6.14779	11.309***		h2 > h1, h3 > h1
	三级职称（h2）	28.1918	4.76961			h4 > h1, h5 > h1
	二级职称（h3）	27.1805	5.59598			
	一级职称（h4）	27.9140	5.54940			
	高级职称（h5）	28.4337	5.00471			
	正高级职称（h6）	27.4000	5.41295			
月均工资收入	3000 元及以下（i1）	23.5351	6.59047	9.839***		i2 > i1, i3 > i1
	3001—4000 元（i2）	25.5220	6.30944			i4 > i1, i5 > i1
	4001—5000 元（i3）	26.3754	5.52888			i6 > i1
	5001—6000 元（i4）	26.2545	6.23649			
	6001—7000 元（i5）	26.2105	5.68101			
	7001 元及以上（i6）	26.4516	6.28234			
学校类型	九年一贯制学校（j1）	26.3188	6.01493	5.437***		j1 > j6, j2 > j1
	乡镇中心校（j2）	28.0968	5.13054			j2 > j3, j2 > j5
	村小（j3）	27.0665	5.41708			j2 > j6, j3 > j6
	教学点（j4）	27.1102	5.68516			j4 > j6, j5 > j6
	初中（j5）	26.9596	6.15492			
	其他（j6）	24.4651	6.14642			

续表

分组依据	组别	平均值	标准差	F 检验	事后比较（LSD 法）	事后比较（Tamhane's T2 检验法）
学生规模	10 人及以下（k1）	25.7647	6.06763	2.473*		k3 > k6, k4 > k6
	11—50 人（k2）	26.4563	5.92564			
	51—100 人（k3）	27.6579	5.00411			
	101—300 人（k4）	27.5309	5.42655			
	301—1000 人（k5）	27.1596	6.14935			
	1001 人及以上（k6）	26.1728	5.82702			
教师规模	5 人及以下（l1）	26.3529	5.98930	1.758	—	—
	6—20 人（l2）	27.1156	5.62329			
	21—50 人（l3）	27.6667	5.23914			
	51 人及以上（l4）	26.9239	5.96325			
曾教课程门数	1 门课程（m1）	26.7331	5.75276	2.236	—	—
	2 门课程（m2）	27.1013	5.55537			
	3 门课程（m3）	27.6963	5.16533			
	4 门及以上课程（m4）	27.5497	6.10450			

从对年龄、婚姻状况、学历、居住类型的分析可知，不同年龄的教师之间存在显著性差异（p 值为 0.000），25 岁及以下组的均值显著小于 26—35 岁组、36—45 岁组、46—55 岁组及 56 岁及以上组；26—35 岁组显著小于 36—45 岁组、46—55 岁组及 56 岁及以上组。综合来看，25 岁及以下教师对于乡村学校支持乡村社会建设现状评价最低，36—45 岁组、56 岁及以上组的教师对乡村学校支持乡村社会建设的评价最好。不同婚姻状况的教师之间存在显著性差异（p 值为 0.000），未婚组显著小于已婚组。不同学历的教师之间存在显著性差异（p 值为 0.000），本科学历的教师显著小于拥有初中、中专、普通高中、大专、研究生及以上、其他学历的教师；学历为初中、中专、普通高中、大专、研究生及以上组别之间没有显著性差异。不同居住类型的教师之间存在显著性差异（p 值为 0.000），居住在村庄或乡镇的教师均值最高且显著高于居住在校内的教师和平日住校、周末离校的教师。

从对教龄、工作身份、聘任类型、职称级别、任教课程数的分析来看，不同教龄的教师之间存在显著性差异（p 值为 0.000），教龄为 11—15 年的教师显著高于教龄为 5 年及以下、6—10 年的教师。另外，教龄为 5 年及以下的教师显著低于教龄为 6—10 年、11—15 年、16—20 年、21 年及以上的教师。不同工作身份的教师之间存在显著性差异（p 值为 0.000），学校中层干部、学校领导对乡村学校支持乡村社会建设的评价显著高于其他身份的教职工；学校中层干部、学校领导、普通教师三类群体对乡村学校支持乡村社会建设的评价并未出现显著性差异，这说明三类群体在评价其校支持乡村社会建设方面较为一致。不同聘任类型的教师之间存在显著性差异（p 值为 0.000），民办转公办教师对乡村学校支持乡村社会建设的评价显著高于一直是公办教师、代课教师、特岗教师和其他类型的教师；一直是公办教师、代课教师显著高于特岗教师。不同职称级别的教师之间存在显著性差异（p 值为 0.000），无职称的教师显著低于三级职称、二级职称、一级职称、高级职称的教师。三级职称、二级职称、一级职称、高级职称和正高级职称教师之间不存在显著性差异。无职称的教师还没有完全了解当地乡村风土人情，捕捉学校支持乡村社会建设措施的能力较弱。曾任教课程门数不同的教师之间不存在显著性差异（p 值为 0.082），没有必要再进行事后比较。

从对工资待遇、学校类型、学生规模、教师规模的分析来看，不同工资待遇的教师之间存在显著性差异（p值为0.000），月工资在3000元及以下的教师对乡村学校支持乡村社会建设现状的评价显著低于月工资为3001—4000元、4001—5000元、5001—6000元、6001—7000元、7001元及以上水平的教师。月工资为3001—4000元、4001—5000元、5001—6000元、6001—7000元、7001元及以上水平的教师之间不存在显著性差异，这表明他们对学校支持乡村社会建设的评价较为一致。不同学校类型的教师之间存在显著性差异（p值为0.000），乡镇中心校显著高于九年一贯制学校、村小及初中；九年一贯制学校、乡镇中心校、村小、教学点显著高于其他类型的学校。不同学生规模学校的教师之间存在显著性差异（p值为0.000），学生规模在51—100人、101—300人的学校的教师对于其校支持乡村社会建设的评价显著高于学生规模为1001人及以上学校的教师。不同教师规模学校的教师之间不存在显著性差异（p值为0.153），因此不必再进行事后比较。

（五）参与乡村生态建设的群体差异性分析

首先，独立样本t检验结果显示，不同性别的教师之间存在显著性差异（t=5.789，p值为0.000），男教师显著高于女教师；不同民族的教师之间不存在显著性差异（t=－1.900，p值为0.058）；出生地是否与学校所在地一致这项因素下两个群体之间存在显著性差异（t=3.714，p值为0.000），出生地与学校所在地一致的教师对其校参与乡村生态建设的评价显著高于不一致的教师。其次，单因素方差分析结果见表3–17。

从对年龄、婚姻状况、学历、居住类型的分析来看，不同年龄的教师之间存在显著性差异（p值为0.000），25岁及以下组的均值显著小于26—35岁组和36—45岁组，且26—35岁组显著小于36—45岁组。综合来看，25岁及以下教师对于学校参与乡村生态建设现状评价最低，36—45岁组、56岁及以上组的教师对学校参与乡村生态建设现状的评价较好。不同婚姻状况的教师之间存在显著性差异（p值为0.000），未婚组显著小于已婚组。不同学历的教师之间存在显著性差异（p值为0.000），拥有本科学历的教师显著小于拥有初中、中专、普通高中、大专、研究生及以上学历的教师；学历为初中、中专、普通高中、大专、研究生及以

表3-17 乡村学校参与乡村生态建设现状反馈的单因素方差分析

分组依据		组别	平均值	标准差	F检验	事后比较（LSD法）	事后比较（Tamhane's T2检验法）
年龄		25岁及以下（a1）	23.4961	6.18178	27.320***		a2 > a1, a3 > a1
		26—35岁（a2）	25.9867	6.16079			a3 > a2, a4 > a1
		36—45岁（a3）	27.5804	5.07037			a5 > a1
		46—55岁（a4）	26.9078	5.04707			
		56岁及以上（a5）	27.2973	4.53300			
婚姻状况		未婚（b1）	24.3617	6.26287	28.438***		b2 > b1
		已婚（b2）	26.7798	5.54295			
		其他（b3）	25.9070	5.56697			
学历		初中（c1）	27.8000	4.27477	14.786***		c1 > c5, c2 > c5
		中专（c2）	27.0284	5.08159			c3 > c5, c4 > c5
		普通高中（c3）	27.6186	4.84974			c6 > c5
		大专（c4）	26.4597	5.63854			
		本科（c5）	24.1456	6.53926			
		研究生及以上（c6）	27.7222	4.38576			
		其他（c7）	15.5000	4.94975			

续表

分组依据	组别	平均值	标准差	F 检验	事后比较（LSD 法）	事后比较（Tamhane's T2 检验法）
居住类型	校内 (d1)	24.9935	5.98097	11.896***		d2 > d1, d2 > d4
	村庄或乡镇 (d2)	26.9381	5.56074			d3 > d4
	县城 (d3)	26.0686	5.63739			
	平日住校、周末离校 (d4)	24.4766	6.69503			
教龄	5 年及以下 (e1)	24.2741	6.32946	19.201***		e2 > e1, e3 > e1
	6—10 年 (e2)	26.3541	6.37708			e3 > e2, e3 > e5
	11—15 年 (e3)	27.8308	4.66696			e4 > e1, e5 > e1
	16—20 年 (e4)	27.1912	4.93891			
	21 年及以上 (e5)	26.5196	5.21264			
工作身份	普通教师 (f1)	25.3508	6.11267	17.225***		f2 > f1, f2 > f4
	学校中层干部 (f2)	27.607	4.85223			f3 > f1, f3 > f4
	学校领导 (f3)	27.6403	4.71662			
	其他 (f4)	23.8676	6.76008			
聘任类型	民办转公办教师 (g1)	28.9545	4.41499	13.902***		g1 > g2, g1 > g3
	一直是公办教师 (g2)	25.9773	5.78367			g1 > g4, g1 > g5
	代课教师 (g3)	26.4931	5.29423			g2 > g4, g2 > g5
	特岗教师 (g4)	23.8125	6.80175			g3 > g4, g3 > g5
	其他 (g5)	23.8614	6.80886			

续表

分组依据	组别	平均值	标准差	F 检验	事后比较（LSD 法）	事后比较（Tamhane's T2 检验法）
职称级别	无职称 (h1)	23.6504	6.27835	15.859***		h2 > h1, h3 > h1 h4 > h1, h5 > h1
	三级职称 (h2)	27.5205	5.67173			
	二级职称 (h3)	26.0641	5.99072			
	一级职称 (h4)	26.5672	5.44101			
	高级职称 (h5)	27.2771	4.82497			
	正高级职称 (h6)	25.6000	5.68331			
月均工资收入	3000 元及以下 (i1)	23.4591	6.53772	17.882***		i2 > i1, i3 > i1 i4 > i1, i5 > i1 i6 > i1
	3001—4000 元 (i2)	25.9501	5.91860			
	4001—5000 元 (i3)	26.6332	5.18814			
	5001—6000 元 (i4)	27.2455	5.48670			
	6001—7000 元 (i5)	27.2895	4.86403			
	7001 元及以上 (i6)	27.0108	5.68464			
学校类型	九年一贯制学校 (j1)	25.2947	6.32648	6.504***		j1 > j6, j2 > j5 j2 > j6, j3 > j6 j4 > j6
	乡镇中心校 (j2)	26.8041	5.28082			
	村小 (j3)	25.9241	5.62821			
	教学点 (j4)	26.3780	5.94142			
	初中 (j5)	25.2857	6.39600			
	其他 (j6)	22.3953	6.50326			

续表

分组依据	组别	平均值	标准差	F 检验	事后比较（LSD 法）	事后比较（Tamhane's T2 检验法）
学生规模	10 人及以下（k1）	26.1176	5.10982	6.788***		k3 > k5, k3 > k6
	11—50 人（k2）	25.9223	6.35809			k4 > k6, k5 > k6
	51—100 人（k3）	27.2105	5.46154			
	101—300 人（k4）	26.2784	5.47768			
	301—1000 人（k5）	25.6144	6.30578			
	1001 人及以上（k6）	23.9529	6.22498			
教师规模	5 人及以下（l1）	26.4118	5.72140	7.434***		l2 > l4, l3 > l4
	6—20 人（l2）	26.2052	5.97348			
	21—50 人（l3）	26.7724	5.24832			
	51 人及以上（l4）	25.1134	6.22726			
曾教课程门数	1 门课程（m1）	25.3287	5.93356	4.397**	m3 > m1, m3 > m4	
	2 门课程（m2）	26.0182	5.71066			
	3 门课程（m3）	26.9259	5.56694			
	4 门及以上课程（m4）	25.7682	6.33866			

上组别之间没有显著性差异。不同居住类型的教师之间存在显著性差异（p值为0.000），居住在村庄或乡镇的教师显著高于居住在校内的教师和平日住校、周末离校的教师，住在县城的教师显著高于平日住校、周末离校的教师。

从对教龄、工作身份、聘任类型、职称级别、任教课程数的分析来看，不同教龄的教师之间存在显著性差异（p值为0.000），教龄为11—15年的教师显著高于教龄为5年及以下、6—10年、21年及以上的教师。另外，教龄为5年及以下的教师显著低于教龄为6—10年、11—15年、16—20年、21年及以上的教师。教龄在5年及以下的教师对乡村学校参与乡村生态建设的评价较低，教龄为11—15年的是得分最高的一组。不同工作身份的教师之间存在显著性差异（p值为0.000），学校中层干部、学校领导对乡村学校参与乡村生态建设的评价显著高于普通教师和其他身份的教职工。不同聘任类型的教师之间存在显著性差异（p值为0.000），民办转公办教师对乡村学校参与乡村生态建设的评价显著高于一直是公办教师、代课教师、特岗教师和其他类型教师；一直是公办教师、代课教师显著高于特岗教师和其他类型教师。总的来看，民办转公办教师和代课教师依旧是对乡村学校参与乡村生态建设评价较好的两组。不同职称级别的教师之间存在显著性差异（p值为0.000），无职称的教师显著低于三级职称、二级职称、一级职称、高级职称的教师。三级职称、二级职称、一级职称、高级职称和正高级职称教师之间不存在显著性差异。曾任教课程门数不同的教师之间存在显著性差异（p值为0.000），依据均值大小和事后比较分析可知，曾教课程门数为3门的教师对学校参与乡村生态建设的评价显著高于只教过1门课程、曾教过4门及以上课程的教师。

从对工资水平、学校类型、学生规模、教师规模的分析来看，不同工资水平的教师之间存在显著性差异（p值为0.000），工资在3000元及以下的教师对乡村学校参与乡村生态建设现状的评价显著低于其他工资水平的教师。中高收入教师群体对于乡村学校参与乡村生态的现状评价较高。不同学校类型的教师之间存在显著性差异（p值为0.000），乡镇中心校显著高于初中，九年一贯制学校、乡镇中心校、村小、教学点显著高于其他。不同学生规模学校的教师之间存在显著性差异（p值为

0.000），学生规模为 51—100 人的学校的教师对于其校参与乡村生态建设的评价显著高于学生规模为 301—1000 人、1001 人及以上学校的教师；学生规模为 101—300 人的学校的教师显著高于学生规模为 1001 人及以上学校的教师；学生规模为 301—1000 人的学校的教师给出的评价显著高于学生规模为 1001 人及以上的学校的教师。不同教师规模学校的教师之间存在显著性差异（p 值为 0.000），教师规模为 6—20 人、21—50 人的学校的教师对其校参与乡村生态建设的评价显著大于教师规模为 51 人及以上的学校的教师。教师规模为 50 人以下的三组群体之间不存在显著性差异。

第三节　调查结论

基于问卷结果的统计，结合通过访谈、观察获取的资料，我们可以得出以下几点结论。

第一，总体及各维度水平均居中等略偏好状态，支持乡村社会建设效果相对较好，推动乡村经济建设效果相对较弱。从总量表单题均值（3.6019），介于"不确定"与"比较同意"之间可知，乡村学校的社会功能在乡村振兴上体现为中等略微偏好状态，仍有较大的提升空间。从构成总体的各维度来看，促进乡村文化建设的单题平均值为 3.6023；推动乡村经济建设维度的单题平均值为 3.2368；参与乡村生态建设维度的单题平均值为 3.6996；助力乡村政治建设维度的单题平均值为 3.6406；支持乡村社会建设维度的单题平均值为 3.8825。五个维度的均值都处于 3—4 的范围内，介于"不确定"和"比较同意"之间。从功能发挥强弱来看，五个维度水平从强到弱依次为支持乡村社会建设、参与乡村生态建设、助力乡村政治建设、促进乡村文化建设、推动乡村经济建设。由此可以看出，乡村学校在推动乡村经济建设方面的功能明显较弱。

第二，村小、教学点和乡镇中心校的乡村振兴功能发挥水平之间不存在显著性差异，但各类学校在五个维度上平衡度不一。从学校类型看，村小和乡镇中心校发挥得好一些；从五个维度看，乡村学校在乡村支持乡村社会建设上做得好一些，在推动乡村经济建设方面做得最不好，乡镇中心校在支持乡村社会建设方面做得最好，村小和教学点在五个维度发挥得相对平衡一些。同时,对不同学生规模、不同教师规模学校间的差异分析得出以下结论:首先,从学生规模来看,学生数为51—100的学校的乡村振兴总体功能最好,学生规模在1000人及以上的或者教师数在51人及以上的学校的总体功能最弱。除学生规模在10人以下的学校助力乡村完善治理方面效果最佳、支持乡村社会建设效果最弱外,其他学生规模的学校都在支持乡村社会建设方面发挥得最佳,推动乡村经济建设效果最差;10人以下的推动乡村经济建设方面的效果居于五个维度的第二位。其次,从教师规模来看,教师数在51人及以上的学校在总体功能上及除支持乡村社会建设外的4个维度上均发挥较弱;教师规模不同的学校支持乡村社会建设的功能水平不存在显著性差异。教师数在5人及以下的学校在五个维度上的发挥程度从高到低是参与乡村生态建设、支持乡村社会建设、促进乡村文化建设、助力乡村政治建设、推动乡村经济建设;教师数在6—20人、21—50人、51人及以上的学校在五个维度上的发挥程度从高到低依次是支持乡村社会建设、参与乡村生态建设、助力乡村政治建设、促进乡村文化建设、推动乡村经济建设。

第三,性别、年龄、婚姻状况、学历、居住地情况不同的教师,出生地与任教地一致或不一致的教师对乡村学校的乡村振兴功能及其各维度发挥水平的判断之间存在差异,不同民族成分的教师则不存在差异。大体可将其归纳如下:男教师显著高于女教师;男教师认为推动乡村经济建设低于平均水平,女教师认为促进乡村文化建设和推动乡村经济建设低于总体平均水平。25岁及以下教师给出的评价较低,36—45岁的教师给出的评价较高;教师们认为支持乡村社会建设效果较好,推动乡村经济建设效果较差,其他三个方面的效果大致相当。已婚教师显著高于未婚教师;未婚教师、已婚教师、其他婚姻状况的教师都认为乡村学校在推动乡村经济建设方面做得最差,在支持乡村社会建设方面做得最好,在另外三个方面上的评价略有差异。学历为本科的教师给出的评价较低;学历为中专、大专、本科、研究生及以上的教师对五个维度的评价从高到低依次为支持乡村社会建设、参与乡村生态建设、助力乡村政治建设、促进乡村文化建设、推动乡村经济建设,学历为普通高中的教师则认为助力乡村政治建设、促进乡村文化建设好于参与乡村生态建设。居住在县城的教师显著高于平日住校、周末离校的教师;平日住校、周末离校教师认为五个维度效能发挥程度差别最大，推动乡村经济建设的效果远低于其他方面。出生地与任教地一致的教师显著高于不一致的教师；出生地与学校所在地一致、出生地与学校所在地不一致的教师对五个维度的评价从高到低依次是支持乡村社会建设、参与乡村生态建设、助力乡村政治建设、促进乡村文化建设、推动乡村经济建设。

第四，不同工作身份、聘任类型、教龄、职称、工资水平的教师对乡村学校的乡村振兴功能及其各维度水平的判断有差异，曾任教科目数不同的教师在总体功能水平及促进乡村文化建设、推动乡村经济建设、参与乡村生态建设、助力乡村政治建设水平的判断上存在差异。大体可将其归纳如下：学校中层干部、学校领导显著高于普通教师和其他身份的教职工，支持乡村社会建设维度的评价相对较好且不存在明显差异，推动乡村经济建设维度的群体差异最明显。民办转公办教师、代课教师的评价较好，特岗教师、其他类型教师评价较低；支持乡村社会建设的效果整体较好，推动乡村经济建设维度上的群体差别较大。教龄为5年及以下的教师显著低于教龄为6—10年、21年及以上的教师，教龄为11—15年的教师显著高于教龄为5年及以下、6—10年、16—20年、21年及以上的教师，总体上呈现出教龄为11—15年的教师评价较高、教龄为5年及以下的最低的特征，教龄处于中间阶段教师在五个维度上评价相对均衡。无职称的教师显著低于三级职称、二级职称、一级职称和高级职称的教师，三级职称的教师显著高于二级职称和一级职称的教师；正高级职称教师、无职称教师都认为在促进乡村文化建设上的效果最佳，对五个维度的评价差值略大；除无职称教师外的其他群体在支持乡村社会建设上的差值相对较小，无职称、三级职称、二级职称、一级职称、高级职称教师对五个维度的评价中都是对支持乡村社会建设的评价最高，而正高级职称教师则认为促进乡村文化建设发挥得最佳，三级职称教师对五个维度的评价结果差距较小。工资在3000元及以下的教师对乡村学校的乡村振兴功能现状的评价低于其他工资水平的教师，并且显著低于其他五类教师；不同工资水平的教师都认为乡村学校在支持乡村社会建设上作用最好，在推动乡村经济建设方面做得最差。近几年，承担1门课程的教师显著低于承担2门或3门课程的教师，承担3门的显著高于承担4门及以上的；曾教1门、3门、4门及以上课程的教师认为助力乡政治建设效果好于促进乡村文化建设,曾教过2门课程的教师认为促进乡村文化建设效果好于助力乡村政治建设。

  此外,本研究还发现,对乡村政策的认知、参与扶贫实践的经历影响乡村教师对乡村学校振兴功能现状的判断。对扶贫政策和乡村振兴战略比较了解的教师,对乡村学校乡村振兴功能发挥水平的评价较好。因单位组织而参加扶贫工作的教师对乡村学校乡村振兴功能发挥水平的评价好于从来没有专门参与者;因单位组织而参加扶贫工作的教师和凭借个人兴趣参与的教师之间无显著性差异。乡村学校助力乡村振兴的积极性受政策导向和评价制度影响,乡村学校得到的外界支持程度影响其助力乡村振兴的程度,乡村学校自身力量的有限性决定了其在助力乡村振兴方面也是有限的。

第四章

乡村学校之乡村振兴功能发挥的评判分析

研究乡村学校的乡村振兴功能的目的不仅在于了解现状水平怎样、存在哪些群体差异特征,更在于对乡村学校的乡村振兴功能现状进行审视,肯定乡村学校的乡村振兴功能发挥成效,承认乡村学校的乡村振兴功能发挥面临的问题。因此,本章对乡村学校的乡村振兴功能发挥的成效、面临的问题及问题产生的原因进行分析。

第一节 乡村学校之乡村振兴功能发挥的初步成效

依据调查结果,乡村学校在乡村文化发展、经济增长、经济建设、社会进步和生态改善方面发挥作用,这些作用的发挥大体表现为通过课堂教学或课外活动增加学生和村民的知识或技能,通过组织师生参与乡村活动助力乡村实现全方面发展等。

一 较为持续地促进了乡村文化发展

乡村是中华优秀传统文化的根脉所在,乡村振兴战略的实施与乡村文化建设相互产生作用。加强乡村文化建设是实施乡村振兴战略的重要部分,实施乡村振兴战略是加强乡村文化建设的重要途径。依据《乡村振兴战略规划(2018—2022年)》可知,加强人们的思想道德建设、弘扬乡村优秀文化与丰富乡村文化生活是当前乡村文化建设的重点。乡村学校具有教育机构、文化机构性质，理所当然能够也应该促进乡村文化建设。在加强人们的思想道德建设方面，乡村学校对在校学生进行道德教育，践行立德树人任务，将社会主义核心价值观作为重要教育内容，培养学生的集体主义、家国情怀，引导学生形成良好的道德行为习惯。这也是乡村学校的本职工作，做好本职工作有利于开展其他工作。

在传承乡土文化和丰富乡村文化活动方面，乡村学校的功能更加外显。从调查结果来看，分别有65.3%、62.0%的教师表示其校为学生开设有关当地乡土文化课程、开展具有乡土特色的课外活动；有70.3%的教师会在个人教学中尽量渗透乡土文化的常识。对于乡村教师们来说，将课程开发、课外活动、课堂教学与乡村文化结合起来是自然而然的事情。当谈到实际意义时，他们往往有种近乎日用而不觉的感慨，"我只是想着让学生更容易理解我讲的内容，因此就会从孩子们的成长经历、日常生活中见到的一些东西出发，用它们来辅助教学。在这个过程中，可能就不自觉体现了像你所说的传承乡土文化"（受访者011）。与此同时，从与学生的交流中可知，他们对于这些乡土文化课程、文化活动较感兴趣。有59.9%的教师反映其校组织师生参与了周边乡村居民的文化活动；有51.2%的教师反映其校邀请过村民参与学校举办的文化活动。教师们认为这是就学生学业问题与乡村社区发生联系的机会，教师和村民一般也比较珍惜这样的机会。至于这样的活动的成效如何，则不能一概而论。"组织这些活动主要作用还是丰富学生的业余生活。对于乡村文化建设的作用只能算马马虎虎吧。"（受访者001）与此同时，还有22.0%的教师反映其校在邀请村民参与学校的乡土文化教育活动方面没有起到较好作用，"离村子太远了，我们搞活动都是各搞各的。没什么交集，并且好像村民对于我们举办的乡土文化活动不感兴趣，觉得我们属于'业余者'。在这方面远不如他们熟悉"（随机交流）。

有55.0%的教师认为其校曾参与过挖掘与保护乡村文化遗产的行动，16.5%的教师质疑乡村学校在乡村文化遗产挖掘与保护方面的作用。越来越多的乡村学校能够将个体力量与组织力量相结合，以挖掘当地文化遗产。C市某乡村小学就对农村线描画进行了挖掘与传承，该小学所在镇的线描画已有100多年历史，它是一种与乡村生活场景、自然变化紧密结合的艺术，对当地的风土人情进行描绘。① 该校一名美术教师在教学中不断挖掘梳理线描画内容，对技法进行创新，并编制了相关教材。诸如此类的学校还有很多，各校依据当地乡土资源进行挖掘，注重特色，使沉睡的文化遗产活起来。但也有许多教师表示，他们确实没有想过能够在文化遗产保护上发挥作用，"要说文化遗产，这周边村子里应该有吧。要说挖掘与传承，好像并不怎么需要我们老师参与。说实话，有时候也确实不知道怎么参与"（受访者009）。乡村学校在促进乡村文化建设的同时也丰富了自身文化建设。

二 略微有效地推动了乡村经济增长

乡村学校在做好教书育人工作的同时也不断对乡村经济发展产生作用。就最直观的理解而言，学校建设和日常运作需要周边乡村的物力支持，教师工作、学生学习及师生生活的部分消耗品需要乡村提供，在这类物品的供应与消耗方面，乡村学校也对周边乡村经济产生了带动作用。调查结果显示，52.9%的教师认为其校的存在带动了周边居民增收。据笔者观察，每所学校周边都有学习用品商店，村小或教学点旁一般有1—2个文具店，有些是和村庄商店合二为一的，有些是特意为学校开设的；乡镇中心校门口的店铺多一些，在S6学校附近的一条巷子里，有十多家小商铺，有复印、打印店，有售卖早餐的，有售卖学习用具、零食和玩具的。去该校调研某天早上，笔者和其中一个卖早餐的老板聊了几句，他一边给学生们打包着早餐，一边讲道，"这些娃娃们的家比较远，很多学生早上在家不吃饭，走到学校就饿了。也不讲求啥营养，能不饿肚子就行了"，"现在国家政策好了，学生每学期还能领到补助，比我们那时候强多了。很多学生的父母在外打工，照顾不到孩子，不过能保证他们有零钱花"。诸如此类的消费经常发生在学校周边、集镇上，对乡村居民的带动作用是显而易见的。

在21世纪开始的新课程改革之后，乡村学校也加大对综合实践活动课程探索的力度，比如尝试将一些农业生产技术引入学校中。46.2%的教师反映其校设置了有关农业生产的专门课程，这些课程基本上都是校

---

① 齐宏：《乡村教师走出非遗传承之路》，《北碚报》2015年4月24日第3版。

本课程、活动课程。46.9%的教师在教学中尽量渗透农业生产知识，在一些知识点的讲解上教师们会有意或无意地举出学生生活中遇到的场景，顺带延伸一些农业生产知识。这也体现了理论与实际相结合和注重直观性的教学原则。当前乡村存在这样的普遍现象：很多升学无望的青年终止学业选择了打工，乡村成了他们留得下来却生存不下去的地方。英国19世纪教育家斯宾塞的"教育准备说"虽然受到后代一些质疑，但为未来"完满生活"做准备的教育在乡村还是很需要的。有教师提到，"让学生学习一些农业生产技能，我还挺赞成的，有一些确实怎么教都教不会。还不如让他们学点技艺，长大后好谋生"（受访者007）。就乡村学生和乡村居民两类群体而言，乡村居民对于农业生产技术的需求明显高于乡村学生。42.7%的教师反映其校为村民提供了关于农业生产技术的培训或咨询服务，28.6%的教师反映其校未曾提供过，另有一部分教师表示不能确定具体情况如何。通过和教师们交流得知，咨询服务大多是他们的个人行为，学校没有组织过这样的项目。43.7%的教师反映其校为乡村提供过农业以外的生产技术培训或咨询，27.3%的教师认为其校没有提供该方面的支持，另有一部分教师表示不能确定具体情况如何。

在培训方面，教师们提到最多的就是为农民夜校上课，当然，除了这方面教师们也会对农民进行非正式化的培训，主要为他们讲解某类农作物栽培要注意的细节，怎么施肥更科学等知识。39.1%的教师反映其校服务过乡村的农副产品经营，31.7%的教师认为其校在乡村农副产品经营上没有起到作用。大多数乡村农副产品经营存在很大问题，在网络销售比较流行的当下，一些农产品积压浪费，不能实现价值。具有乡村情怀的教师们也尝试为当地农产品销售提供出路，通过自身人脉为他们联系销路。在一些贫困地区，网络直播销售农产品被视为重要出路，但是农民又不了解如何操作，稍微懂一些网络知识的教师会去帮助他们。在提及学校对乡村的经济支持方面，还有教师表示学校愿意利用劳动教育基地为村民试验农业技术，有的学校还将劳动教育实践基地收获的果实赠予村民，比如"我们主要是让学生来体验劳动，学习一些生产技能……至于收获的苞谷、洋芋基本上都给村民了，不会留在学校给师生来吃，毕竟现在学生饮食安全还是很重要的一块。有时候也种一些应季青菜，长势好、无病虫害的话，会组织学生采摘后送到厨房，有时也会让在学校做工的村民带走"(随机交流)。总的来说,乡村学校对乡村经济发展起到的直接作用不大,但通过间接作用产生的经济影响是无限的。乡村振兴需要一大批爱乡村、会生产、懂经营的人才,最可靠的途径还是培养本土人才,培养本土人才离不开教育,需要乡村学校的参与。

三　在一定程度上助力了乡村政治建设

乡村学校是乡村教育的最主要、最可靠的承担者,也是教育政治功能的重要履行者。它在为社会政治建设服务过程中促进乡村治理体系建设。"当人们指定学校教育要为社会政治建设服务,要承担培养未来社会的接班人时,就赋予学校一定的政治职能"[1],因而它在乡村人口的政治意识形成方面具有不可磨灭的功劳。乡村学校的领导和教师作为乡村中的知识精英,既可参与乡村组织以优化乡村组织队伍结构,又可作为乡村治理的参谋者为乡村组织提供各种各样的建议。尽管乡村教师参与公共事务越来越少,在村民心中的公共权威不及过往,但村民们依旧对教师有敬畏之心,他们在一定程度上愿意听从教师的劝诫。因而,乡村学校可以提升乡村基层治理的有效程度。

首先,政治思想引领及乡村党建方面。乡村学校以思想政治类课程与其他教育活动引导学生认识国家制度,学习公民基本规范,培养适合当下及未来所需的合格公民;乡村学校也是传播正能量和净化不良舆论的地方。另外,我国幅员辽阔,边境线长,边境学校铸牢中华民族共同体意识责任重大,边境学生的政治意识对于我国边防安全具有很重要的作用,而这些边境学校也往往是乡村学校。在基层组织建设方面,乡村学校可以借助校党支部力量或党员教师的力量,推进乡村基层党组织向更好的方向发展。乡村学校的党组织是乡村中较完善、日常运转较正常的组织,在党建方面比乡村社区党组织更加规范。无论是地缘上还是人缘上,乡村学校党组织与乡村社区党组织都具有一定的交集,乡村学校参与乡村党建工作、党组织活动,有利于乡村社区党组织更加健全、党组织活动更加规范和多样。从实际情况来看,大部分学校积极完善自身党组织建设,并支持乡镇或村党组织工作。"虽然从形式上来看,我们属

---

[1] 李兴洲:《为了学校的名义——学校基本功能辨正》,《当代教育科学》2006年第6期。

于不同的党支部,不过还是愿意参与村里的党支部组织的活动。村党支部离我们不远,有什么需要帮助的话,我们也会去帮忙"(随机交流);"不同的地方不一样吧,我们这属于中心校,一般和镇党委人员有接触,有时相互提一下意见,一起开展组织生活会,或联合举办活动。和村党支部的交流比较少"(受访者001)。

其次,乡村基层民主治理体系建设方面。村庄治理决策水平、村庄实际治理能力提升还面临较多障碍。乡村治理关系到乡村社会的稳定与繁荣,也是乡村社会有序发展的基础。乡村学校的领导和教师具有较强的社会责任感,也希望在乡村治理方面作出贡献。调研结果显示,乡镇、村有时也会征求乡村学校的意见,尤其是学校领导的意见。"我们校长会被邀请参加镇上的会议,普通教师参与得较少。应该就是镇政府想听听学校的意见,也算听取民意。校长也好,老师也好,都算是比较明事理、顾大局的,提到的看法还是会被关注。"(受访者002)"像我们校长,属于在好几个地方教过书的老教师了,对于周边几个镇都很了解,哪个村里有哪些特困户他都知道,要说能力那自然是值得肯定的。意愿的话,毕竟在乡村工作也这么多年了,日久生情,愿意把乡村搞好。"(受访者003)从具体参与情况来看,55.3%的教师反映其校教师参与了乡镇或村的治理活动。同时,学校还通过提升村民参与民主管理意识、法治素养及道德治理能力,推动了乡村自治法治德治相结合,为努力建设和谐平安的乡村社区作出贡献。在调研地走访时,乡村干部和村民都表示,现在的风气正了很多,他们认为和越来越多村民曾接受学校教育相关,以往很多人没有接受过正规教育,对于法律、道德的认识不强,以往主要靠村规民约来约束和相互监督,现在人们的道德自觉性明显提高,比如最常见的庄稼偷盗行为非常少见,因为鸡毛蒜皮的小事儿争吵的现象少了。这些与"原始的正义"[1]一起约束他们的思维方式、行动方式。

四 较为有力地支持了乡村社会进步

城镇化进程中越来越多的人离开乡村故土并长期居于城市之中。在城市紧张工作背后,心灵上的焦虑无处安放。与城市相比,乡村是一种

---

[1] 梁鸿:《中国在梁庄》,台海出版社2016年版,第75页。

慢生活状态，生活结构也较城市简单，自然气息浓厚。正如孟德拉斯所描绘的那样，"较之工业的高速发展，农业的缓慢发展可以给人一种安全稳定、千年平衡的印象。与工业的狂热相对照，农民的明哲适度似乎是永恒的：城市和工业吸引着所有的能量，但乡村始终哺育着恬静美满、安全永恒的田园牧歌式梦幻"[①]。乡村的价值与城市的价值不可厚此薄彼，乡村是人们灵魂栖息地。越是城市化程度高、工业化程度高的时期，"乡村的精神安顿和情感寄托价值功能就愈益得以彰显"[②]。加强乡村社会建设不仅是践行中国特色社会主义事业总体布局重要内容的实践行动，而且既可以改善乡村居民的生活质量，又可以吸引更多的人来支持乡村振兴。

就促进乡村社会发展事业而言，乡村学校对乡村教育事业的贡献毋庸置疑。研究表明，79.8%的教师反映其校在教育学生方面取得较好成效；65.6%的教师认为积极助力当地的成人教育事业；68.2%教师反映其校支持乡村开展教育以外的活动。就维护乡村社会关系而言，增进人们乡村情感认同的效果好于协调乡村居民间的关系。增强人们的乡村情感认同，在全社会形成一种热爱乡村、保护乡村的风气，既是乡村振兴之需，也是人类生存之需。乡村学校作为教育主阵地、文化传播中心，是培育学生热爱乡村之情的重要主体。在乡村情感培养方面，乡村学校尝试多种办法引领学生了解当地良风美俗，培养学生爱乡爱村之情。71.2%的教师认为其校注重对学生乡村情感的培养，正如一位教师所述，"我们不仅向学生介绍外面世界有多好，城市生活多方便，也引导他们多发现家乡的美，希望他们不忘记生他养他的家乡，少一些对家乡的抱怨。家乡的未来还是要靠他们，一部分学生以后主要生活在村子里，把家乡搞好了，他们也过得舒服"（受访者011）。乡村教师参与乡村社区各类活动的同时，与村委会、村民交流机会增多。

乡村学校在发挥乡村振兴功能的同时，还拉近了乡村学校与乡村社

[①] [法]H. 孟德拉斯（Henri Mendras）：《农民的终结》，李培林译，社会科学文献出版社2005年版，第4页。

[②] 龚春明、饶国宾：《找回家乡：城镇化进程中乡村情感价值的展演》，《探索》2015年第4期。

区的距离，增强了家校社合作。在合作过程中，他们彼此加深认识，对后来的教育教学工作、乡村建设工作提供了改进谋略、参考意见。教师和学生也是乡村学校发挥乡村振兴功能的受益者，这一过程也增强了对乡村学生的教育效果，丰富了教师发展路径，促进师生的全面发展素养提升。乡村学校发挥的乡村振兴功能，在乡村居民生活改造、民生问题解决方面起到作用。不过，任何事物都具有两面性，对于乡村学校的乡村振兴功能，我们要辩证看待，既看到其功效，也看到其存在及引发的问题。

五 相对有力地参与了乡村生态改善

乡村学校办在乡村，既属于乡村的一部分，也接受乡村资源的供养，因此，从理论上看，其也应为乡村做贡献，维护好乡村生态环境便是乡村学校义不容辞的责任。乡村学校一方面要做好校园内部的生态环境维护；另一方面要参与学校周边的生态环境维护。组织师生参与乡村社区的生态环境维护是乡村学校践行立德树人、发展学生核心素养的途径之一，可以促进学生社会责任感、环境保护意识的培养，形成良好的生态环境维护习惯；可以为村民积极参与乡村环境保护树立榜样，促进全民生态意识形成及全面参与的乡村生态振兴。调研结果表明，乡村学校在参与乡村生态建设方面的平均得分为3.6996，是功能发挥中相对较好的方面。57.4%的教师反映其学校设置了乡村生态保护方面的课程，这类课程设置方法不一，有的是地方课程的统一要求，有的是学校自己设置的课程。提及课程设置，教师们表示"道德与法治"、班会、科学等课堂上会讲授一些关于环境的内容，至于专门设置的生态建设方面的课程则因校而异，总体呈现比较少的特征，只是会在易发生灾害的季节，临时加一些课程。无论课程设置如何，乡村教师对生态环境教育的关注度还是极高的，75.5%的教师在教学中注重向学生渗透生态知识，对学生进行生态保护引导。正如一位教师所讲，"环境很重要，看到一些破坏环境的现象后，我会把它放到课堂上作为例子来讲，希望同学们引以为戒"（受访者005）。在教师的引导、学生主观努力，以及在家庭养成的习惯相互作用下，学生的生态意识和技能逐渐养成，并且58.9%的教师表示注重发掘学生生态保护潜力。常见的乡村学校参与乡村生态环境保护的行动可以分为参与宣传活动、参与环境治理活动。65.8%的教师反映其学校组织过师生参与乡村生态建设宣传,"宣传很重要。不宣传,村民们不了解的话,就会有一种'不知者不为错'的自慰心理,或者说逃避心理吧。宣传到位了,他们明白了重要性,才会配合村里进行垃圾清理,把自己的房前屋后、门口的大街小巷清扫干净。当然这个过程中,我们学校和学生也受益"(随机交流)。在这个过程中,学校通过组织人力参与乡村生态环境宣传活动,壮大了乡村社区生态爱护宣传队伍。

与宣传工作相比,有些教师认为直接参与环境问题治理活动成效更加明显。65.2%的教师反映其校师生曾参与周边乡村生态问题治理活动,在被问及乡村学校对乡村生态保护产生的作用时,"打扫卫生""植树"是教师们最常提到的。他们说的"打扫卫生"包括打扫学校门口的卫生、打扫村民居住区和连接学校与村庄道路上的卫生。"植树"一般是植树节举办的活动,植树的地点一般是乡村学校内或学校和村庄提前联系好的地点。当然,乡村学校对于乡村环境保护的贡献不止于此,不仅做到了"走出去",也做到了"引进来"。63.3%的教师反映其校邀请过周边乡村社区居民参与学校生态教育活动,尽自己所能引导乡村居民转变不良环境卫生习惯,"在举办大型教育宣传活动时,会把居民邀请过来。当然比较好邀请到的是学生家长,他们愿意了解我们是怎么教育孩子的,包括环境教育。我们也有自己的想法,也想让家长多了解环境知识,意识到好的生态环境对他们子女的成长有什么重要意义"(受访者009)。在具体的周边影响方面,65.7%的教师认为乡村学校对周边生态环境建设发挥了较好的作用。

第二节 乡村学校之乡村振兴功能发挥中的问题

依据调研结果可知,无论是乡村学校的乡村振兴的总体方面,还是在其下属的五个维度上都面临一些问题。依照维度分类来讲,这些问题大致可描述为促进乡村文化建设的后续动力不足、推动乡村经济建设的人力结构不佳、助力乡村政治建设的有效程度不高、支持乡村社会建设的客观限制较多、参与乡村生态建设的功能范围窄化。这些问题的表现或强或弱，或隐性或显性；这些问题共同构成了乡村学校的乡村振兴功能发挥的不足。

一 促进乡村文化建设的后续动力不足

乡村学校促进乡村文化建设方面遇到的问题可以概括为后续动力不足，最主要的表现是参与主体数量减少、内容与方式因循守旧。

首先，参与主体数量减少。在乡村学校场域内，增强学生乡土文化知识与传承能力的主体以乡村教师为主，以乡村居民为辅。随着城镇化、进城务工现象持续发展，乡村人口单向地流动到城市的情况依旧存在，并且这些情况在一些乡村有所加剧。笔者在调研过程中也发现，乡村学校尤其是村小和教学点师生数量减少的同时，还伴随着教学点的消失。同时，乡村教师整体的城镇居住率逐年提升，教师日常生活中与乡村的文化联系相对减少；补充进来的部分年轻教师对乡土文化了解不充分，在参与学校开展的文化活动方面积极性不高。笔者在调研过程中恰巧遇到一所镇中心小学正在举办此类活动，该校教师较多，活动开展得热火朝天。组织学生参与这场活动的教师多为中老年教师，笔者遂与其中一位五十多岁男教师简单攀谈，他告诉笔者"组织这些活动，还是主要靠年龄大一点的教师，虽然不像年轻教师那么有活力，但是做事比较踏实、靠谱。校领导和村干部还是比较放心把事情交给这些老师做"（随机交流）。与这位教师简单攀谈之后，他邀请笔者走进他的办公室。在这间办公室里，有几位年轻教师围着火炉打游戏，对校园里正在进行的文化活动并不感兴趣。综上可见，随着长期居于乡村的居民减少，乡村学生不断减少，乡村学校规模缩减，乡村教师被重新调配，真正能够服务于增强学生乡土文化知识与传承能力的教师总量在减少。在乡村学校场域外，乡村学校通过乡村教师、乡村学生等主体丰富乡村居民文化生活形式与内容。乡村教师与乡村学生数量减少，能够参与乡村文化活动与乡村文化资源挖掘的教师与学生也相应减少。一位当了十多年校长的被访谈者提到，"我在三所学校工作过，相对来说，还是在第一所学校时和周边村民交流多一些。那时候老师和村民也比较熟，有机会就在一起聊聊。文化、教育方面，应该是聊得比较多的吧。他们办文化活动时，我们学校老师也会去帮忙。后来，慢慢地，学校和村子的交流就少了。就拿现在工作的学校来说，很少见到村里的人"（受访者003）。诸如此类的情况在很多乡村地区出现，同时还有乡村学生对村中传统文化的了解越来越少，在参与文化活动与文化遗产挖掘方面显得无力又无助。按照村庄居民及乡村学校当前减少速度，在未来，乡村学校促进乡村文化建设存在参与主体不足的隐忧。

其次，内容与方式因循守旧。在乡土文化传承方面，内容与方式的因循守旧表现明显。从内容来看，以已经知识化的乡土文化、村庄一直延续的民间歌舞、集体性节假日庆祝活动为主，在对历史遗留文物及具有历史意义的建筑利用等方面显得极为无力。未能将新近挖掘的文化遗产、社会上出现的新文化吸纳进来，使得学校在乡土文化利用和传承上显得滞后，缺乏时代感。调研结果还告诉我们，乡村学校在促进乡土文化传承方面具有鲜明的地方特色，同时也存在传承内容择取不适，对学生和乡村民众吸引力小的困境，最终将乡土文化传承窄化为文娱活动比赛的情况。内容上的选择与安排最终影响学生乡土文化知识的丰富与传承能力的提升，影响积极的、正能量的文化在乡村的传播。从方式来看，常见的有设置与乡土文化有关的课程、教学中渗透乡土文化、组织校内乡土文化活动、组织和参与乡村居民的文化活动等。此外，学校还会以传统节假日为主题设置课程及开展活动。对学校来说，这些传承方式结合了学校日常工作内容及工作形式，是学校易于做到的。从问卷调查结果来看，乡村学校在开展文化活动时采用这些方式的概率极大。随着时代发展和科技进步，文化传承方式的因循守旧无疑会降低人们的参与积极性，但囿于诸种支持条件、管理规则、社会氛围的影响，乡村学校促进乡村文化建设的方式往往表现出因循守旧，非常有限且创新性低。也有教师意识到了这一点，"方式不够新颖，我们也想采用一些比较新奇的方式，但是还没有寻找到更合适的方式"（受访者006）。

二 推动乡村经济建设的人力结构不佳

乡村学校推动乡村经济建设的力量主体的素养结构与乡村经济发展所需不一致，乡村学校教师队伍补充与乡村生产技术人员配备不能有机整合。在推动乡村经济建设方面，教师和学生虽然都是功能发挥的主体力量，然而两类主体在推动乡村经济建设方面都显得乏力。首先，学生仍旧处于成长期，心智水平还不够成熟，掌握的生产技能较少。他们的年龄阶段和劳动能力水平决定了他们参与农业生产的有限性，他们的消费能力决定了带动周边经济增长的微弱性。加之，他们对乡村各类经济的了解程度极为有限，对乡村经济增长所起的作用具有明显滞后性，因而在很大程度上是以培养后生力量的身份助力乡村经济振兴。因此，教师便成为乡村学校推动当前乡村经济发展的最主要力量。其次，教师的成长背景与工作经验积累难以较好地支撑教师们助力乡村经济发展。无论从成长背景来讲，还是从生活现状来看，很多乡村教师属于"离农""脱农"状态，只有少数年龄稍长的教师、部分临时代课教师与乡村有较紧密的联系。从成长背景来讲，大部分教师经历了"唯成绩"论的应试教育环境下参加高考的过程。无论是在中小学学段，还是在中师学段，抑或是大学时段，绝大部分乡村教师接受的教育内容都是远离乡村生产和乡村经营的，知识学习以书本上的内容为主。他们在家庭中接受关于乡村生产经营方面的训练也较少，因此，教师队伍素养与乡村生产经营所需人才能力不匹配的情况较为普遍，他们对乡村学校推动乡村经济建设的期待也较低。从任教科目来讲，乡村学校的教师中占比最大的是语文教师和数学教师，其他课程常常遭遇无专职教师、教师学科背景与任教学科不匹配的困境，与农业生产相关的课程、活动更无专职教师负责。教师们也因此不看好乡村学校推动乡村经济建设的功能，一位教师如是说，"学校对乡村经济能起的作用太有限了，可以说微乎其微。要说教给学生农业生产技能，我们这些老师不擅长。并且，周边村庄里靠农业发家致富的也很少。我们老师也没啥能力帮助乡村增加收入"（受访者007）。

随着九年义务教育普及，乡村文盲率大大降低，但是在一些偏远地方仍然存在一些文盲。还有一些民族地区，受当地经济社会发育程度低、地理环境恶劣的影响，仍然有未能接受教育的人群，不识字、无学历证书让他们在求职方面受到极大限制，严重影响了他们的经济收入。提到这些，村干部们常常愁眉不展，其中一位干部说道，"现在的政策非常好，对口帮扶做得好，也是脱贫的重要办法。但是有一些人很难将工作干好，他自己也愁，厂里招工的人也愁。尤其是遇到没上过学的村民，企业也很为难，有时不得不提出学历方面的要求，当然这要求也不算高，主要还是想挑选识字的、能理解工作流程的,'文盲'就基本被排除在外,不得不干一些较重的体力活"(受访者015)。乡村学校向成年人传授知识的直接作用并不那么明显,传授知识的形式也常常得不到组织化保障。一旦离开校园,人们参与的以系统化、有组织的活动形式展开的知识传授活动越来越少。同时,当前的乡村学校工作体系中,没有专门服务于乡村居民素质提升的部门或岗位,也没有专人为乡村居民提供生产指导、经营服务等。乡村教师对乡村学校在推广农业生产技术、提供经营服务方面的功能并不看好。调查显示,仅31.8%的教师赞同乡村学校可以在推广农业技术方面发挥作用,仅17.5%的教师赞同乡村学校可以为乡村提供经营服务。乡村学校在参与面向农民举办的技术咨询和培训时,显得人力匹配程度不高。这些导致在乡村学校的乡村振兴功能的各维度比较中,推动乡村经济建设的得分最低,且与其他几项存在明显差距。

总之,乡村学校依靠乡村教师、乡村学生实现对乡村经济发展的推动。其中乡村教师起主要作用,乡村学生起次要作用。乡村教师队伍整体结构、成长背景及教师们的乡村生产生活能力等都影响乡村学校推动乡村经济建设的程度。近年来,随着乡村教师队伍整体年龄降低、城镇居住率提升、离农化趋势明显,乡村学校在服务乡村经济发展上面临突出的人力供需匹配度低的难题。换个角度来看,在乡村振兴的背景下,加强推动乡村经济建设功能是乡村学校走出生存困境的重要选择,而这项功能发挥的最大困境就是难以实现人力的充足供给与高效利用,难以产生对乡村生产和经验的高质量推动作用,因此对乡村教师资源配置方式、配置标准需要重新考量。

三 助力乡村政治建设的有效程度不高

在助力乡村政治建设实践上,乡村学校参与的有效性不高,尤其是促进乡村基层民主治理方面。乡村学校治理与乡村社区治理是不同领域的治理。乡村学校的治理经验、乡村学校领导及教师的治理能力不能与乡村社区治理所需完全匹配,乡村教师在乡村治理方面的参与性不强等问题制约着乡村学校的社区治理功能提升。

首先,乡村学校治理经验未必完全适合乡村社区治理。乡村学校治理与乡村社区治理存在差异,两者的对象不一样,乡村学生是成长中的青少年，可塑性强；乡村居民是成年人，具有较强的个人意志。乡村学校中通过教育端正师生思想、以制度规约师生行为的特征较明显，师生的自主性也比较强；乡村社区中充满"熟人社会"处事规则，法与礼交织，法、礼共同维护社区秩序。这决定了两类治理者要具备的能力有所不同，善于治理乡村学校者不一定善于治理乡村社区。从功能力量来源主体看，乡村教师中的学校领导与普通教师的治理经验也有所不同，在管理成人方面学校领导的经验更丰富，但乡村学校领导毕竟只是乡村教师中的少数。乡村教师的经验常限于教育和管理未成年学生方面，集中全体教师的力量来助力乡村治理能力提升，收效甚微。另外，在乡村党组织建设方面，乡村学校党组织与乡村社区党组织属于不同的基层党组织体系，开展党组织活动的时间、内容、方式也有差异。

其次，普通教师在乡村治理方面的参与性不强。许多乡村地区都存在普通教师较少参与乡村治理、很难有机会参与的情况。调研过程中，一位教师提到，"乡镇政府与学校的联系方面，我们普通教师了解得很少。他们一般只与校领导联系，需要我们做的，我们照做就是了。有时并不清楚做这些事的主要目的"（受访者002）。对乡村学校助力乡村政治建设的问卷调查也表明，学校领导、中层干部对乡村学校助力乡村政治建设的评价显著高于普通教师和其他身份职工。正如普通教师普遍反映的，他们很少参与乡村治理方面的事情，也就没能深入了解乡镇、村与学校的联系。由此可见，与乡村学校普通教师治理经验不足相伴随的是乡村学校普通教师助力乡村政治建设的意愿、能力皆不如乡村学校领导、中层干部，教师们住所的"离村化"现象使这种情况加剧。

最后，乡村学校参与乡村治理的方式不够有力。基于乡村学校在乡村治理方面的实际参与程度，乡村学校助力乡村政治建设的途径可分为参与式提升、建议式提升、监督式提升。参与式提升是指乡村学校领导或教师参与到乡村治理的决策与实际治理活动；建议式提升是指乡村学校领导或教师为乡村治理决策、乡村治理实际活动提供建议，对决策和活动开展不起决定性作用；监督式提升是指乡村学校领导、教师及学生对乡村治理进行全面监督，有效履行公民监督权。从实际效果来看，参与式提升效果较好，建议式提升和监督式提升的效果次之。但参与式提升在实际中采用得较少，建议式提升与监督式提升被运用得较多。

此外，缺乏乡村学校普通教师参与乡村治理的平台、乡村治理手段传统且乡村居民难以接受创新型治理、乡村公共设施不足限制参与乡村治理的教师规模、乡村社区组织和管理机构对学校治理经验的悦纳程度低等，也体现了乡村学校助力乡村政治建设的有效程度不高。倘若要发挥乡村学校在乡村治理方面的作用，还需要为教师提供专业化培训、跟岗观摩的机会；同时，教师自身要勤于自学，既重视理论素养提升，又增强实践能力。

四 支持乡村社会建设的客观限制较多

乡村振兴需要一批有情怀的人参与，做好乡村社会建设可以吸引人才，乡村情感认同可以凝聚更多的人参与乡村振兴。然而，乡村人口分布的现状、乡村人口流动态势，乡村新经济利益争夺、经济为先的发展氛围，乡村教师的城镇化、离乡离村化等限制了乡村学校支持乡村社会建设功能的发挥。

首先，乡村人口居住分散。乡村人口分散制约乡村学校促进乡村社会事业发展。相比于城市而言，我国村庄零星分布，村庄之间往往有明显的物理间隔，比如田地、河流、山岗等。乡村人口以聚落分布，形成大小不一的村庄。乡村人口以聚落出现的同时，聚落之间存在较大的分散性。而乡村学校的数量显然少于乡村数量，一些乡村必然没有学校，这使得学校助力乡村其他事业发展难度较大。加之，目前并没有相应的制度来约束，也没有法定的责任主体来引导乡村学校助力乡村其他事业发展。在支持乡村其他事业方面，乡村学校与承担相应事业的机构联系不够紧密，常常处于各自分立行事状态。乡村学校虽然处于乡村，但常处于"离乡村场"状态。乡村学校与乡村社区属于不同的管理系统，乡村学校也难以在乡村社区内调动力量。

其次，乡村常住人口减少趋势明显。伴随着乡村开放性的增强，"乡村经济的落后和生态环境的恶化让许多年轻人的思想观念和价值追求发生了转变，加之他们没有受到太多农业劳作和宗族观念的影响"[①]。伴随

---

① 盛帅帅：《乡土情结——推动乡村振兴的纽带和动力》，《中国社会科学报》2021年9月22日第A5版。

着村庄里常住人口减少,乡村学校生源急剧下降,许多学校出现难以为继的情况。直接从乡村学校受益的学生明显减少,与乡村保持联系的家庭减少,乡村学校服务周边乡村教育事业、服务乡村人口素质提升的总体成效下降。越来越多的乡村年轻人融入城市生活。"离乡""离土"行为满足了他们对城市生活的向往,在生活习惯、行为方式上逐渐远离乡村的人们与乡村的联系越来越少。这使得乡村场域中的行动者减少,关系网简单,传统的"熟人社会"行为逻辑显得过于繁杂。

再次,乡村教师居住上的"城镇化"。长期居住于城市的生活状态,不免影响乡村教师的乡村情感认同,也进一步影响增进学生乡村情感认同效果。随着城镇化的持续,一些乡村教师逐渐离开原来居住的村庄,移居城市,生活方式渐渐与城市接轨。另一部分偏远乡村学校的教师,过着"5+2"的城乡两栖生活。这些教师与乡村的联系较少,形成较浓的乡村情感认同比较困难。实地调研发现,中青年教师也多居住在县城或乡镇上,基本养成了"来即上课,放学即走"的出勤习惯,除班主任之外的其他教师基本不过问周边乡村的事情,对于乡村的振兴常被他们判定为"与我无关"。这种情况下,乡村教师对学校与乡村的联系知之甚少,影响教师对乡村学校之支持乡村社会建设功能的判断,在年轻教师身上表现得更明显。诸如此类情况不利于乡村学生培养,因此,乡村学校需要在增强教师的乡村情感认同方面做出努力,比如利用家校社合作,增强教师和乡村社区的联系,促进教师对乡村的了解。

最后,乡村民众之间存在经济利益冲突。对新经济利益的争夺、对改善经济条件的迫切需求影响乡村民众之间的关系。社会关系的亲疏往往通过人们的行为体现出来,乡村情感认同的实现亦是如此。乡村情感认同外化为实践、具体行为的载体非常有限,这导致增进乡村情感认同后的深层次影响难奏效。"村民之间不求利益回报的互帮、互助、互惠,是建立在血缘、地缘基础上的乡村共同体得以维系的情感纽带。"[1] 近年来,乡村发展的时代背景发生巨变,国家、地方政府及社会机构大力扶持乡村发展,乡村居民得到的社会福利增多,社会福利分配不公诱发内部争端,极大地影响了村民之间的关系。笔者在调研期间就曾遇到村民

---

[1] 赖晓飞:《凝聚乡村情感认同》,《中国社会科学报》2021年9月22日第A5版。

因对集体经济分红不满而产生冲突。少部分乡村居民在得到国家扶持以后，甚至滋生不劳而获、坐享其成的懈怠心理，这种结果与脱贫攻坚政策、乡村振兴战略的初衷相悖。另外，经济收入增加是乡村民众生活水平提高的基础，经济发展被许多地方置于乡村建设之首。经济建设固然重要，但对经济给予过高的重视、以经济为中心的乡村建设容易忽视人们的精神享受和情感需求。这种氛围渲染下的乡村青少年和民众对情感的重视度浅，使乡村学校增进乡村情感认同的难度增加。

五 参与乡村生态建设的功能范围窄化

在调研中，无论是学校领导还是普通教师，提及生态保护都能侃侃而谈。某村小校长向笔者讲道，"我们学校就在村子中，我们与乡村的环境保护是一体的，比如校门口学生乱扔垃圾现象、垃圾处置问题，都是村干部和我一起在做。共同保护好周边环境既为学校创造一个好的校园，也能让学生及学生家长生活在卫生健康、舒适整洁的环境里。这多有利于学生的成长啊"（受访者010）。还有一所学校的德育主任向笔者讲道，"现在我们把环境教育作为重要的内容。在教育宣传上以'森林防火'为最主要内容，这也是上级要求的。主要是我们校领导和班主任在负责这个事儿"（随机交流）。提及生态保护，学校领导和普通教师都会提及"森林防火"宣传这项工作。比如，"学校每学期都会组织学生参与周边环境治理活动，通过体验督促他们日常要爱护环境，不乱扔垃圾。通过这样的活动也拉近了学校师生和村民的距离，逐渐地形成一种共同保护生态的氛围"（受访者007）。除了这些，教师们还零星提到带领学生植树、清理河道堆积物。上述事情中有一些是教师主动做的，有一些是上级要求做的。其实，基本上每所乡村学校都或多或少地为乡村生态保护做了贡献，但学校参与乡村生态建设的功能范围窄化现象也很明显：一是理解上的窄化；二是行动上的窄化。

首先，理解上的窄化，学校教师或领导的话语中透露的生态保护却常被窄化为日常的卫生打扫、垃圾处理。当然这也是生态保护的内容，也是乡村学校容易做到的方面。生态保护的内容不止于此，乡村学校发挥的生态保护功能也不止于此。诸如向学生传授生态知识、培养学生爱护环境的习惯、向学生渗透环保意识等也是学校参与乡村生态建设的体现。这些常被教师们视为"顺便的事儿""只是看到了或想起了,就提醒一下而已"。在闲聊中,有位教师表示她比较关注学生的卫生习惯,会叮嘱学生养成良好的卫生习惯,为自己及家庭提供舒适整洁的生活环境,"会像要求自己的孩子一样要求学生,在学校要爱护学校的环境,回到家中要起到'小老师'作用,主动承担起家庭内外的环境爱护职责"(受访者006)。其实这样做的教师并非寥寥无几,但是在访谈中教师们觉得不值一提,一方面,他们认为是管理学生时可有可无的部分;另一方面,他们并不在乎这样做能对乡村生态起多大的改善作用。从大部分教师只将实际践行生态保护活动视为参与生态保护这方面来看,教师们对生态保护的理解存在偏狭。

其次,行动上的窄化,其又可分为参与群体窄化和行动范围窄化。从参与群体来讲,乡村学校参与乡村生态建设的群体包括教师和学生,许多教师居住在城镇,学生都在乡村。在参与乡村生态建设行动的人员方面,则是以学生为主,只有部分教师参与其中。有些教师以没有时间参与、没有必要参与等托辞选择不参与。这种行动本身还应该包括乡村学校成员与乡村社区居民的互动,现实中则常常窄化为乡村学校成员的单方面行动,甚至出现教师带着学生干、居民袖手旁观的局面。从行动范围来讲,一是师生目前力所能及的范围有限;二是乡村可提供的活动范围有限。每所学校情况不同,履行的功能也有差异。规模不同、区位不同的学校组织学生参与的生态保护活动类型也会不同。学校在参与乡村生态建设之时,会以自身的能力为最基本参照,而不是以应然为准则。学校在乡村空间中的话语权有限,乡村虽然地域广阔,可用于学校践行乡村生态保护的空间多,但不能随意利用。村民的意愿是学校能否带领学生走出校园参与生态环保活动的重要影响因素;村民的意愿与村民自身利益相关,学校在与村民利益密切相关的空间开展活动较难。乡村可提供的活动范围既要考虑学校需要,更要考虑村民的利益。总之,从应然层面与实然层面的对比可知,乡村学校参与乡村生态建设的功能范围在多种因素影响下窄化。

第三节 乡村学校之乡村振兴功能
发挥问题的成因

如前所述，乡村学校发挥乡村振兴功能时出现了问题，这些问题在许多方面都有体现。问题的多样性反映出其成因庞杂。大体而言，成因体现在传统办学观念的制约、内部动力不足的束缚、外部支持乏力的限制和公众诉求偏执的阻碍方面。

一 传统办学观念制约乡村学校功能发挥

（一）乡村学校服务对象限于学生

做好在校生的教育教学工作往往被视为乡村学校的全部职责，乡村学校的服务对象也便被限定为乡村学校在学生。无论是乡村民众还是乡村教师，都推崇乡村学校的服务对象仅为学生的这类观点。从文献和调研资料来看，当前乡村居民对学校形成如下共识：乡村学校是乡村中特定的公共教育机构，是教书育人的地方；学习是小孩子的事情，乡村学校是属于青少年的，与乡村成年居民无关。在这些认识的影响下，乡村学校教育教学工作确实囿于在校内接受正式教育的学生，即便出现服务乡村组织及乡村民众的情况，也常常是个别现象。这种现象的产生也是学校丰富教学活动而促成的，单纯服务于乡村经济社会建设需要的活动少之又少。

曾经嵌入村庄的学校正在逐渐远离乡村，乡村学校传授的教学内容、指引的生活方式与乡村日常生活存在差异。相异性决定了乡村学校参与乡村社区治理、推动乡村经济建设、助力乡风文明建设的难度。笔者访谈的一位乡村校长对周边村子非常熟悉，能够认清全校两百多名学生，由于居住在县城，除了处理家校矛盾外，他很少与乡村民众发生联系，他曾讲道，"如果有机会，我们还是愿意多和村干部沟通，多开展一些利于村民的活动。但是村里有村里的管理办法，有些事情还需要向乡里打报告，上级同意才可以开展"（受访者008）。乡村干部和乡村学校领导的看法有异曲同工之处，都觉得乡村学校与乡村社区可以发生很多方面的联系，但是考虑到客观条件限制，又觉得那些联系大概是无稽之谈。

比如，有村干部表示"学校和我们的联系就是，喊我们帮忙去找辍学打工的学生。其他方面基本没什么联系……我个人觉得学校主要还是把娃娃教好。遇到难搞的事情我们一般是求助乡政府，找学校一般没什么效果。有些事儿非常非常难解决，学校摊上后就很难摆脱"（受访者012）。客观条件的羁绊下乡村学校即便有意参与乡村建设，也不得不望而却步。

（二）乡村学校工作安排囿于校内

乡村学校逐渐脱离乡村社区，乡村教师已经从熟悉的人变为陌生人；撤点并校导致一些乡村居民对学习没有太高的期待，甚至觉得与自身无关。乡村学校与乡村社区的联系减少，资源共享、信息互通减少，两者都具有各自的行动逻辑。乡村学校执行教育系统的运作模式，以学生学习成长需要为工作的努力方向，社会实践活动也较少；乡村社区执行的是基层民主自治管理方式，工作内容与学校之间存在较大差异。乡村学校通过整体工作安排来统筹协调各子系统运行，也决定了学校助力乡村建设的可能性。在目前的考核评价机制下，乡村学校校长及其他管理人员面临较大压力。学校工作安排基本围绕校内进行，某镇中心校校长讲道，"看着很简单的学校管理工作，其实有很多小细节性问题。我们的老师有很多住在县城，他们在校工作时间有限。除非上级强制要求，一般情况下，我们只会给教师安排教学、管理方面的事情"（随机交流）。

学校自身又是一个小系统，系统内部变量中的慢弛豫变量起着支配子系统行为的主导作用，决定演化的进程和发展[1]，"确定了系统的宏观行为并表征系统的有序化程度"[2]。研究任何一个系统都需要找准序参量，把握好序参量才能抓到让系统逐渐向好的方面发展的关键。在访谈中，笔者发现提及校内事务，教师们有聊不完的话题，且常常是针对学生学习方面的，比如"我们也逐步适应着新课程改革，希望学生更喜欢学习，多学一些知识"（受访者004）；"家长不太懂教育，他们只认成绩，认为成绩不好就代表学到的知识少……家长至少在成绩上还是上心的，上心这个事，他才会比较配合老师们"（受访者002）；"很多学生小时候学习知识就有巨大困难，甚至在校园里没有学到什么知识，反而浪费了时间，

---

[1] 郭治安等编著：《协同学入门》，四川人民出版社1988年版，第26页。
[2] 郁滨等编著：《系统工程理论》，中国科学技术大学出版社2009年版，第89页。

还是觉得挺可惜"（受访者011）。虽然乡村教师们的教学理念还比较传统、保守，但是他们关心校内事务、希望学生多学知识的迫切心情还是能够理解的。提及服务校外时，有些教师显得语塞，有些怀疑自己无能力参与。抓好学校的工作重心固然重要，但从学校与社会的关系方面来看，学校的非教育教学职能是乡村社会发展必需；从乡村社会大系统运转来看，乡村学校与乡村社区也应该建立良好的关系，乡村学校的工作重心虽在校内，但工作任务安排不能仅限于校内。

二 内部动力不足束缚乡村学校功能发挥

内部动力不足限制学校乡村振兴功能发挥，这是乡村学校的乡村振兴功能发挥不足的重要原因，主要在乡村教师和乡村学生身上。

（一）乡村教师助力乡村振兴受限

乡村教师是乡村学校的乡村振兴功能发挥的关键，人均工作负荷压力大和乡村教师助力乡村振兴能力有限，使乡村学校的乡村振兴功能受限。

1. 乡村教师人均工作负荷压力大

第一，教学任务安排多样。在乡村学校教师不足而又必须确保"开齐开足国家课程"要求下，乡村教师被安排跨年级、跨班或跨学科教学。[①] 包班上课涉及多学科、跨年级上课涉及不同层次学生，每门课程教学中涉及备课、上课、批改作业等环节，因此，许多乡村教师感觉每天都在疲于奔命。从调研数据可以看出，任教科目方面，最近几年承担了两门及以上课程的教师占调研总数的65.6%，其中任教课程数达到4门及以上的占20.65%，达到7门的占2.00%。任教班级方面，绝大部分教师任教两个及以上的班级，其中任教两个班的最普遍。调研中笔者搜集了多位教师的课程表，其中五位的任教科目数分别为5、7、6、7、6，通过向学生和教师详细了解，实际中其他科目经常被替换为语文或数学，个别科目为两周上一次。尽管如此，教师们每周至少还会承担两个班级、两门课。这种现象一方面说明乡村学校在实际教学工作中未能彻底落实

[①] 刘善槐、王爽、武芳：《我国农村小规模学校教师队伍建设研究》，《教育研究》2017年第9期。

开齐开足国家课程；另一方面说明每位教师担任多门课程存在极大难度。调查结果显示，35.1%的教师认为教育教学任务太重，妨碍乡村学校的乡村振兴功能发挥。

第二，非教学工作繁杂交织。面对留守儿童较多的寄宿制教育，乡村教师不得不承担起学习指导和生活照料的双肩挑任务，生活照料方面状况百出。学校多头绪的教学工作、兼保姆化的生活照料工作犹如木马植入般困扰着他们，① 教师们认为这些事情基本占满了他们的时间。正如调研中发现，乡村学校留守儿童多、隔代抚养多、寄宿学生多，教师们在核实学生困难资料、给学生祖辈解释、照顾学生起居等方面花费许多时间，② 一些乡村教师自嘲是在"不务正业"。此外，乡村教师时常被临时派遣外出开会或参加活动，这些非教学工作中有些是助力乡村振兴的社会教育类事务或常规的教师专业发展事务，有些则是不必要的教育行政类事务。③ 但由于未将助力乡村振兴的工作量计入对教师的评价标准，很多教师将其视为负担。因此，相关部门要改变乡村教师评价制度，激发他们的积极性。

总的来看，乡村学校虽然学生少，但教师工作的头绪一样不少；对自身公共角色、时代责任认识不清导致教师过高估计工作压力。调研发现，41.3%的乡村教师认为教师工作量是乡村学校的乡村振兴功能发挥得如何的影响因素。与城市学校相比，承担这些工作的教师数量却明显较少，最终导致教师的人均工作负荷较大。微而言之，人均工作负荷大严重影响乡村教师的身心健康，妨碍乡村教师的专业发展；大而言之，其影响乡村学校的运行发展，影响乡村学校对乡村社会的贡献程度。

2. 乡村教师助力乡村振兴能力有限

既然乡村教师是乡村学校发挥乡村振兴功能的主要力量，那么从乡村教师本身能力出发寻找乡村学校乡村振兴功能发挥问题的成因是极其

---

① 刘毅玮、张云晶、封文波：《乡村教师队伍建设中的困境与突破——基于乡村教师对政策感知与态度的调查》，《中国教育学刊》2020年第6期。

② 唐智松、高娅妮、王丽娟：《乡村教师如何助力乡村振兴——基于职业作用的调查与思考》，《现代远程教育研究》2020年第3期。

③ 东北师范大学中国农村教育发展研究院与光明日报联合调研组：《如何让更多乡村"大先生"扎根泥土、助力振兴——中国乡村教师调查报告》，《光明日报》2021年7月22日第7版。

重要的。

首先，乡村教师的认知能力限制乡村学校功能发挥。这一点可通过乡村教师对乡村发展政策和乡村学校功能的认识程度体现出来。一是乡村教师对乡村发展政策的了解程度不高。就扶贫政策而言，47.0%的教师表示比较了解，46.7%的教师表示有一些了解，还有6.2%的教师表示不怎么了解；就乡村振兴战略而言，仅有32.8%的教师选择比较了解，55.3%的教师选择有一些了解，11.9%的教师选择不怎么了解。对扶贫政策和乡村振兴战略的了解程度反映了教师们对乡村发展的关心程度。二是乡村教师对学校功能认知不全。调查可知，在"您认为乡村学校在助力乡村振兴中可以发挥哪些作用"的回答上，按照选项被选中率由高到低依次是教育乡村学生、引领教师发展、文化保护与传承、培训乡村民众、文化发展与创新、保护生态环境、发挥道德引领、推广农业技术、支持基层组织建设、调节社会关系、发挥政治引领、提供经营服务、其他，个案百分比依次为77.00%、62.10%、58.70%、52.40%、46.80%、39.50%、34.50%、31.80%、27.80%、23.60%、22.40%、17.50%、1.60%。"文化发展与创新"及以后的项被选中率不足50%。意识决定行动，价值引领行动，这样的认知情形决定了乡村教师助力乡村振兴的效果必将不佳。

从生活现实来看，许多乡村教师在城里买了房，把子女安置在城里上学，对村里的经济发展、基础设施建设、生态环境状况、民主管理状况等并不关心。无论是出生于乡村当地的教师，还是外地流入的教师，无形中与乡村保持着"距离"。调研中也有教师表示，把学生教好是他们工作的根本，无暇顾及乡村其他方面，"作为教师，教好现在的学生就已经很吃力了。没有时间也没有能力参与村里的其他事情。像扶贫之类的工作，还是不要摊派给我们了"（随机交流），"我虽然住在村里，平时也忙于学校的工作，有时候还要加班。就这还不能把学生都教好，更别说旁的事儿了"（受访者004）。提及对乡村能产生的作用，大部分教师低估自己的能力，认为自己除了能教给学生知识外，在其他方面起不了什么作用。他们成为乡村中的"异乡人"，经济社会建设中的公共身份逐步丧失。① 这类现象在全国各地乡村学校普遍存在，不过程度略有差异。

其次，乡村教师实际能力限制了学校助力乡村振兴的程度。从教师素养构成来说，乡土素养缺乏，非教学能力缺乏。新时代乡村教师的素养不仅包括具备丰富的教学知识、精湛的教学技能、科学的评价素养、灵活的教育机制等教育教学素养，还应该具有较强的乡村社会适应能力和创新研究意识。整体来看，随着待遇逐步提升，乡村教师的城镇化水平越来越高，大部分乡村教师居于城镇，进而导致新时代乡村教师对乡村的适应能力不及以往，乡土知识缺失、乡土情感淡化、乡土意识遮蔽、乡土能力弱化②的情况。乡村教师对乡村的风土人情了解较少，对村庄特色一知半解。尤其是近年来入职的新教师，不能迅速融入乡村社会，不能适应乡村的变化，不能熟知乡村振兴战略。笔者发现，在教师自我评价方面，只有45.4%的教师认为自己具有强烈的社会责任感，46.3%的教师认为自己组织和协调能力较强，39.3%的教师认为自己教研和自修能力较强。乡村教师大多是在"离农化"的、应试化的教育背景下成长起来的，没有熟悉掌握乡村生产经营门道，对于乡村治理更是知之甚少。

从教师的既有经验来说，对乡村不够了解、助力乡村发展经验不足导致其乡村教师助力乡村振兴受限。我国的脱贫攻坚与乡村振兴都是支持乡村发展、保障农民生活改善的国之大计，两者之间有着千丝万缕的联系。参与扶贫的经历有助于乡村教师在乡村振兴中发挥作用。在被问及为何参与乡村扶贫工作的情况时，63.2%的教师表示为单位组织参加，19.3%的教师表示为凭借个人兴趣参与，还有17.5%的教师表示从来没有专门参与过。当被问及自身在助力乡村振兴上发挥的作用时，21.3%的教师选择非常大，24.9%的教师选择比较大，38.6%的教师选择有一些，13.4%的教师选择不怎么大，1.8%的教师选择没有作用。可见，教师们的经验不一，或多或少，但总体上缺乏更专业、更具影响力的经验。从与乡村教师的交谈中，笔者也发现类似现象，例如"起不到多大作用，

---

① 闫闯：《走向"新乡贤"：乡村教师公共身份的困境突破与角色重塑》，《教育科学》2019年第4期。

② 苏鹏举、王海福：《新时代乡村教师乡情素养的缺失与重塑》，《教育探索》2021年第8期。

只是过来上下课，下班就回县城了"，"和村里那些人没法交流，语言不通。很多人讲民族语言，我听不懂。也就偶尔会围绕学生学习，尝试和学生家长沟通"，"能起到一些作用，我会叮嘱学生注意卫生，如果看到学生长时间不换衣服、不剪头发或不洗头发，我会提醒一下，提醒一次不行就提醒两次。希望他的改变能够带动一个家庭的改变"，"把学生教好，能考上大学的就考，考不上的就在家种田或打工。娃娃们在学校久了，总会有些改变，也可能认字多了，也可能品性好了，也可能把身体养好了……"在乡村振兴进程中，先前的经验不足导致乡村教师对乡村不够了解，对自身能力不自信，懈怠于对自身潜力的挖掘。这也暴露出当前乡村教师队伍构成不能满足学校发挥乡村振兴功能所需，需要补充一些对乡村较为熟悉、能够在教学之外促进乡村发展的教师。

以上两点说明，乡村振兴时代的乡村教师队伍建设仍有重任，在数量、质量和结构上都需要调整。教师队伍要吸纳具有乡村振兴优势的人才；要提升乡村教师专业素质，实现乡村教师专业化、多元化发展；注重乡村教师实践锻炼，增强乡村教师和乡村社区的联系。本研究认为新时代乡村学校发展方向就是要关照乡村振兴所需，重拾乡村学校的社会功能。相应地，乡村教师队伍建设也要关照乡村所需，要在数量、质量、结构上补充乡村振兴所需师资人才。给予乡村学校更多编制，补充多样化的师资人才是实现乡村学校的乡村振兴功能的重要发展路径。

（二）乡村学生助力乡村振兴有限

作为教育受体的乡村学生，既能受到乡村振兴战略的支持，又能为乡村振兴做出自己的贡献。比如，通过提升自己，为乡村储备振兴人才；积极参与到乡村文化振兴，传承和创新当地乡土文化；志愿服务乡村生态振兴，以己之力贡献乡村环境整治；等等。不过，乡村学生自身存在综合素质能力发展水平较低、社会影响力较小的特征，因而他们在乡村振兴中的作用常被忽视。

首先，乡村学生能力发展处于较低水平。乡村学生以儿童、少年为主，这一时期学生的身心不断完善，心智正逐步提升，受学校环境、家庭环境和社会环境影响明显。成长环境对学生的素养、能力发展产生重要影响，乡村环境是乡村学生成长的重要依托，也制约着乡村学生各方面能力的超脱发展。受家庭经济水平和交通条件限制，乡村学生大多常年生活在较为封闭的环境中，缺乏锻炼社交能力的机会、知识视野较窄、主动参与性低等特征在他们身上表现明显。乡村学校发挥乡村振兴功能之时，乡村教师是主要力量，乡村学生往往需要在教师或家长的引导下才能发挥作用。在乡村学生能力发展水平整体较低之下，还存有个别极差现象。笔者通过调研发现在个别偏僻的乡村，小学高年级部分学生的基础知识水平不及普通小学二年级学生，例如，某小学教师反映"虽然是五年级，还有一些学生只认识教材中的很少一部分字。基础不牢，学不会新知识。低年级学生考试得十几分的特别多，但是上级规定不允许留级，升到高年级以后，更学不会。所以我说，不允许留级的政策可能会害了一些学生"（受访者006）。还有部分学生在品行方面有一些弊病，个性张扬明显，在为人、做人方面瑕疵较多。"他们对学校举办的社会主义核心价值观学习活动'无感'，有些学生是我们'控辍保学'找回来的。他们回来以后能不在课堂上捣乱已经是万幸"（受访者010）。

其次，乡村学生的社会影响常被忽视。社会影响力的大小是某人或某组织对乡村振兴产生作用大小的重要因素之一，当前乡村社会中乡村学生的影响力较小。乡村学生的社会影响分为个体影响和集体影响。第一，个体的影响力方面。乡村学生的经济资本、文化资本、社会资本都较少，在乡村中的社会影响力较低，易遭到类似"学生能起啥作用，他们对乡村没啥影响"的质疑。第二，集体的影响力方面。聚沙成塔，乡村学生个体力量汇聚到一起能让乡村的生态保护、社区宣传规模化进行；滴水穿石，日积月累的乡村学生群体性影响能够改变乡村环境条件和精神风貌。一个学生背后就是一个家庭，一群学生背后就是一座村庄，一所学校背后就是几座村庄甚或一个乡镇。学校是向村民进行政策宣传的重要渠道，可以将宣传资料发给学生，让学生将材料拿回家，家长会较为重视，且比在街上发放的效果好。[1] 但是，由于管理上的限制、乡村学校与乡村的脱离等，以集体形式助力乡村发展的机会较少。比如，有教师提到，"学校安全管理这一块，现在非常严格。学生少的学校还好说一些。我们这学生比较多，开展集体活动难上加难。如果不是上级强制要求，

---

[1] 高晓娜：《乡村小规模学校功能变迁研究——以寨里镇孤山学校为个案》，硕士学位论文，山东师范大学，2021年，第57页。

我们还是尽量少举办集体性活动"（受访者001）。可见，学校的做法一般都比较保守，保证基本的教学任务之外开展社会实践活动已成为奢侈。就乡村居民而言，不希望学校组织自己的子女做与学习书本知识无关的事情，甚至出现厌恶情绪。从学生发展核心素养来看，文化基础、自主发展、社会参与一样都不可或缺，但是乡村居民并未认识到自主发展、社会参与对学生的重要意义。健康生活、责任担当、实践创新这三种素养较低，也决定了乡村学生的社会影响较小，离开学校组织的情形下的乡村学生的效应很难发挥出来，对于乡村社会的贡献也会继而不被觉察。

三 外部支持乏力限制乡村学校功能发挥

学校的运转是内外部因素综合作用的结果，乡村学校服务乡村社会时，也需要外部社会为其提供保障。外部保障缺乏使学校乡村振兴功能发挥缺少条件，这是乡村学校的乡村振兴功能发挥不足的关键原因。乡村学校发挥乡村振兴功能所需外部保障包括政策支持、乡镇政府的重视、乡村社区干部的支持、乡村的社区居民的支持、乡村公共服务设施、乡村学校的社会压力等。从影响乡村学校参与周边乡村社区活动的因素中，我们可窥见乡村学校的困难之处。当被问及学校是否参与周边乡村社区活动的影响因素有哪些时，教师们的选择情况如下：周边社区环境条件的情况、教育管理部门有无相关政策、村校有无落实制度的规定、教师对学校作用的认识、村民对学校作用的认识、学校与周边村的距离、有无相应的经费支持、有无相应的专任教师安排、教师学校工作量的大小、教师参与能力的高低被认可率分别为 56.6%、56.8%、45.4%、47.4%、46.5%、35.5%、33.0%、29.2%、30.8%、22.6%。在影响乡村学校功能发挥的诸多因素中，国家政策的规定、支持，乡村学校的态度、能力，乡村干部的支持、能力，乡村社区居民的态度，乡村学校领导的支持，乡村学校的应试压力，乡村教师工作量的大小的被选中率较高。它们的被选中率分别为 68.7%、62.2%、61.5%、50.4%、51.8%、35.4%、41.3%，这说明都得到了 1/3 以上教师的认可。在被问及妨碍乡村学校的乡村振兴功能发挥的因素有哪些时，按照认可度从高到低依次是缺乏政府的组织引导，社区居民不予理解支持，国家缺乏相关的明确政策，乡村教师缺乏参与的意愿，教师教育教学任务太重，乡村学校不予理解支持,乡村教师缺乏参与的技能,教师支持、参与渠道不畅通,乡村公共服务设施不全,教师需要业外挣钱补家用,其他。这些因素的被选中率依次为 57.7%、49.3%、48.4%、36.4%、35.1%、34.5%、34.5%、32.3%、29.5%、12.7%、0.8%。依据调研数据,结合访谈和观察可知,乡村学校的乡村振兴功能面临困境的主要成因包括以下方面。

(一)专门政策与执行组织缺位

据调研可知,本研究提及的乡村学校的乡村振兴功能发挥方面,教育管理部门、乡镇政府都无相关政策,学校或村庄也没有专门的制度。没有政策的引导与督促,工作开展的有效性便不能保证。68.7%的教师认为国家政策规定是影响乡村学校发挥的重要因素,从重要性程度来看,这一因素被列在第一位。48.4%的教师认为国家缺乏相关的明确政策妨碍了乡村学校发挥乡村振兴功能,教师们将其重要程度排在第三位。缺乏政府的组织引导使得乡村学校的乡村振兴功能发挥失去权力依靠,57.7%的教师认为这一因素确实妨碍了乡村学校的乡村振兴功能的发挥,位于所有妨碍性因素之首。自乡村振兴战略提出以来,我国相继出台多个政策来支持乡村发展经济、完善设施、加强治理及提高教育质量。虽然涉及乡村学校发展、乡村建设、乡村教师队伍建设的政策文件很多,但围绕乡村学校功能发挥的政策文件较少,提及乡村学校和乡村社区紧密关系、搭建联结二者桥梁的意见也较少。

公共政策具有导向、管制、调控、分配的功能[1],倘若有相关的政策就乡村学校的乡村振兴功能发挥给出指导意见,部署主要举措和组织保障,那么人们对乡村学校社会功能的认识就会发生改变,逐渐重视乡村学校与乡村社区的联系;乡镇政府与村基层组织会主动关注乡村学校发展,相应的人力、物力、财力保障也会跟上。如此一来,乡村学校的乡村振兴功能便被重视,无论是乡村学校还是乡村社区,都增加了发展路径与发展保障。政府和教育行政主管部门是乡村学校生态系统的重要外部人文环境。在政策空缺被填补后,相应的政府和教育行政主管部门便可依章行事,也可能有专门的管理性组织、支持性组织、监督性组织相继成立。另外,对学校的不当评价方式亦会阻碍学校功能发挥,比如评

---

[1] 谢明编著:《公共政策导论》第四版,中国人民大学出版社2015年版,第44—47页。

价标准固化、评价主体单一、评价方法单调、评价功能缺位，一味向城市看齐，评价以行政部门为主，重视量化评价方法、轻视评价价值引发评价结论不完整，忽视乡村学校的乡土特色等。[①]

（二）社区人文环境支持度不高

"社区人文环境在一定程度上会对学校生态系统的运行和发展形成一定的正性或负性的影响"[②]，乡村学校周边的人文环境如何关系到乡村学校的运行与发展状况。乡村干部、乡村居民提供支持不够是周边人文环境支持不足的最明显表现。一方面，与周边乡村干部、乡村居民的关系也是乡村学校领导需要处理的重要事务，乡村干部、乡村居民能够提供多大程度的支持影响乡村学校能够在多大程度发挥乡村振兴功能；另一方面，乡村学校办在乡村，无论是服务对象还是资源获取，都离不开乡村社区干部和居民的支持。问卷数据结果显示，61.5%的教师认为乡村干部的态度和能力可以影响乡村学校的乡村振兴功能发挥；50.4%的教师认为乡村社区居民的态度可以影响乡村学校的乡村振兴功能发挥。由此可见，超过一半的乡村教师认识到了乡村干部、乡村社区居民对于学校社会功能发挥的影响，即他们是否支持、是否有能力支持直接关系乡村学校发挥乡村振兴功能的实施效果。

乡村干部是乡村的"领头羊"，乡村干部对学校的态度影响乡村居民对学校的态度。受各种因素影响，乡村干部对乡村学校的支持非常有限，正如某校长所说，"我们也就只有在控辍保学方面会请村干部帮忙，其他方面不需要他们帮我们。除非特殊时期或特殊事情，他们会来联系我们，平时的联络不多"（受访者010）。乡村学校的乡村振兴功能不是乡村学校单方面的事情，而是作为主体的乡村学校与作为受体的乡村社区之间的共同责任。乡村居民的态度能够决定乡村社区对乡村学校溢出功能的接纳度，但是许多居民未认识到乡村学校的社会功能，无视乡村学校与乡村社区在资源共建共享上的密切联系，无视乡村学校对于乡村未来发展的影响。

[①] 周晔、徐好好：《乡土文化功能：乡村学校评价内容的革新与发展》，《当代教育科学》2021年第2期。

[②] 高志强、郭丽君：《学校生态学引论》，经济管理出版社2015年版，第125页。

乡村居民对乡村学校的社会功能存疑,没有重视学校对乡村的改造作用。这种存疑态度影响居民的行为,进而阻抑乡村学校改造乡村经济、政治、道德。乡村学校对乡村文化价值观、社会规范的指引作用也因此非常有限。乡村学生家长期望子女通过上学改变命运、阻断代际贫困,大多希望子女尽可能少地参与与知识学习无关、与考试无关的活动。"渴望上大学"与"难以考上大学"之间博弈不止,从眼前利益来看,"考学之外的事"对于乡村儿童、少年来说并非那么重要。继而,乡村居民对乡村学校的期望局限于升学,无视其之于乡村的重要意义。"升学至上"的观念为乡村教师带来沉重的应试压力,导致他们难以分身顾及其他。"让教师参与村民自治,让学生参与社会生产活动,为本村的长远发展出谋划策"① 等不仅遭遇乡村居民的不理解,更难以付诸行动。例如在文化方面,乡村学生的消费力极低,乡村教师的消费一般在县城或通过网络进行,整个学期下来不会对周边乡村形成多大刺激。"因学致贫""因学减收"现象更是强化了乡村居民对乡村学校"校外无能"的判定。

(三)专项经费和专门人才匮乏

要想充分发挥乡村学校的乡村振兴功能,就需要完善乡村学校的经费体系,增加其服务乡村所需的经费,而现实中的乡村学校又面临经费短缺困境。有位校长曾表示"我们的经费一直不够,虽然说上面每年都下拨经费,但专款专用限制严格。学生的生活得到了保障,教师的工资,尤其是代课教师的工资却不能完全得到保障"(受访者003)。为了让学校实现"生有所教",一些乡村小规模学校每学期都在想办法留住代课教师。在经费长期不足的情况下,学校管理者只好通过暂时挪用其他经费为代课教师发工资,希望通过此方法留住教师。某偏远山区小学校长曾提到,他们学校基建经费很充足,但是用于教师的经费就很少;学校在不停地修缮教学楼和校舍的同时,聘请代课教师却难上加难。从研究中还可以发现,乡镇中心校对下辖村小、教学点的教育经费起到调配作用,在行政经费不足时会截留下辖学校的部分经费,教师数量不足时会通过挪用经费聘用代课教师。② 尽管中心校截留经费极为不当,但还是获得了

---

① 蔡剑兴:《乡村学校的社会功能定位思考》,《福建陶研》2006年第3期。
② 马文韬、张新平:《乡镇中心校的职能、困境及出路》,《教学与管理》2017年第13期。

一定的默许,所谓的"统筹权"很少遇到有效监督。① 在助力乡村学校发挥乡村振兴功能方面,教师们表示在没有经费的情况下这项工作很难实现效果。目前无论是乡村学校的经费,还是乡村社区的经费中,都未考虑乡村学校发挥乡村振兴功能需要的经费。

要想发挥好乡村学校的乡村振兴功能,不仅需要专项经费支持,也需要专门人才支持。目前这种专门人才还比较少,教师大多喜欢固守本职,不愿改变。"要说服务乡村振兴,多向学生传授乡村生活技能,我不赞成。因为我们这些教师不擅长。"(受访者007)当笔者提到增加教师编制、吸纳擅长这方面的人时,该教师表示"几乎不可能,因为编制一直很紧张。仅在岗这些教师来说,一部分还没有获得编制"。当笔者讲到学业成就差的学生今后谋生困难时,该教师表示可以增加精通农业生产、乡土技艺传承的师傅来丰富学生的素养,并表示为保证师傅们长期向学生传授技能,可以通过设置固定岗位或给予特殊编制来承认其教师身份。当前的乡村教师队伍中缺少会技艺、懂生产、善经营的人才,教师们能够认识到乡村学校发挥乡村振兴功能的重要性,也希望自己的学生在乡村生活得好。但是,目前无论是教育系统还是农业农村系统,都没有专项经费、专项人才来支持乡村学校的乡村振兴功能发挥。乡村生产经营人才、乡村治理人才等都严重缺乏,亟待探索新途径来确保专门人才队伍的建立和不断完善。

此外,教师们还提到乡村学校周边社区环境条件虽有些改变,但公共设施不健全、交通不便等仍旧制约学校服务乡村。很多老旧村庄的村委会、文化广场较为简陋,个别村庄的干部移居镇上或县城。大部分山村与学校之间的实际距离较远,交通不便。山村地区学校布点不尽合理,学校与村庄位置关系也是重要影响因素,撤点并校以后,部分新建乡村学校远离村庄,家校沟通的空间距离较大。诸如此类的问题共同制约乡村学校发挥乡村振兴功能。

---

① 李涛:《西部农村教育治理新困局》,《中国青年报》2016年1月11日第10版。

四 公众诉求偏执阻碍乡村学校功能发挥

（一）乡村学校的工具价值被不当理解

与教育价值的划分相似，乡村学校的价值也有本体价值和工具价值之分。一方面，乡村学校本质上是承担教育任务的机构，它的本体价值就是为乡村居民提供接受学校教育的保障，保障他们的受教育权实现。另一方面，除本体价值之外，乡村学校还具有工具性价值。乡村学校既作为教育机构，又作为公共服务机构；既是乡村社会的一部分，又能够对社会发展起促进作用，助力乡村文明进步、经济发展、人才振兴等的实现，这些建立在其本体价值基础之上的价值是乡村学校之于社会的工具性价值。鉴于学校教育具有促进人们社会地位升迁的可能，因而，学校具有提升个人社会地位的潜力，这是学校之于个体的工具性价值体现。[1] 但由于乡村学校承担的教育任务属于基础教育阶段，加上身边的乡村子弟获得较高社会地位者寥若晨星，因而，很多学习成绩不佳的学生及其家长看不到学校的工具性价值。当人们失去对乡村学校的工具性价值的信任时，会对其产生距离感。

乡村学校的本体价值和工具价值是合而为一的，本体价值的发挥是工具价值的基础，工具价值是本体价值的延伸，工具价值受本体价值的制约。以孰优孰劣的眼光来分析本体价值与工具价值，强烈批判工具价值的存在意义是没有用联系的观点看问题、没有看到矛盾统一性的表现，违背了马克思主义辩证法原理。无论是本体价值还是工具价值，都有其存在的必然性。正如诸多学者强调的，本体论和工具论不存在对错之分，也不是非此即彼的关系，[2] 将乡村学校的本体价值和工具价值对立看待无疑不利于乡村学校功能的整体发挥。

不同时期社会发展对学校的需求不同，乡村学校的工具价值体现形式也会有所不同。在乡村振兴时代，乡村政治、经济、文化、生态、社

---

[1] 司洪昌：《嵌入村庄的学校：仁村教育的历史人类学研究》，教育科学出版社2009年版，第377页。

[2] 王红、谢诗思：《本体论和工具论：新时代劳动教育价值诉求的辨析》，《中国教师》2020年第3期。

会建设要发生重大改变,这样的现实呼唤乡村学校发挥社会性工具价值。这也是由乡村学校和乡村社会的密切关系决定的。此外,人们还往往将学生升学看作学校本体价值的重要部分,进而导致学校的工作重心改换为铺设青少年升学通道。"学生家长要看成绩,教学奖评比要看成绩,成绩是学生升学的凭证。我们当然希望学生能够上好学校,家长也是这么想的。学生来上学不仅是控辍保学要求的,也是尝试下有无升学希望。"(随机交流)尽管这种价值取向被视为带有极强的功利性,但它吻合了绝大多数人的阶层流动需要,因此具有极强的现实意义。与教师们的交流中常可听到此类内容。总之,乡村学校的乡村振兴功能是乡村学校的社会性工具价值的充分体现,但却不被看好。

(二) 乡村学校的离农价值被奉为圭臬

除了工具价值与本体价值方面的争论,"离农"与"为农"两种价值取向的争论也很明显,且"离农"倾向严重。其实,无论是基于对象论来理解,还是基于目的论来理解,都没必要将二者割裂,因为深层意义上的乡村学校"离农"与"为农"并非绝对相悖。[①] 本不应对立的二者,也不应在理论研究与具体实践中不断被推至论题高度。从教师和家长的角度来讲,让学生离开乡村并能在城市获得体面生活是殷切期盼。一位教师说道:"我会利用教室里的电视给学生播放外面世界的图片,带领他们了解城市生活,希望他们好好学习,最好将来能在城市体面地生活。"(受访者011)乡村家长基本世代为农,对乡村生活的辛苦及交通、医疗、教育等的不完善心知肚明,他们非常期待子女到城里工作。一位居民说道:"我们这儿有钱的都把孩子送到城里上学了,我们没钱的只能让孩子在镇上上,这个小娃娃在村里的幼教点。他们在学校能学点知识,将来能考上大学的话,不管什么样的大学,只要能上,我就很满意了。这样就能在城市生活了……"(受访者013)当被问及期待教师教给学生哪些知识时,家长们表示期望教给学生在家里学不到的知识,希望为未来的城市生活做准备。

转到乡村学校的教学内容来看,教材编写和课程设置曾因价值偏误

---

① 李涛:《中国农村教育的概念实质及未来特征》,《探索与争鸣》2021年第4期。

"过滤了村落教育中的乡土本色、生活气息和变迁图景"①，如今这个问题已经有所缓解，但仍未完全解决。城乡一体化、教育均衡发展在驱使城乡教育实现融合一体化发展，然而人们常将城乡教育一体化理解为城乡教育一样化，最终出现"乡村教育进城"现象。② 这也与当前的教育评价体系有关，一些"为农"的知识与技能未被纳入考评范围，城乡学生的教材具有同质性，具有明显的城市生活取向，对乡村的历史传承、文化资源关照不够。乡村居民的价值认识还没有转变，希望学校扮演好向学生传递外界知识的角色。向城化的培养模式与不适宜乡村的教育评价方式交织，最终导致乡村青少年中存在大量"热爱乡村又无实用技能的学业失败者"③。当教育教学工作已经离农化时，乡村学校的重心亦是离农化的。这种情形下乡村学校的乡村振兴功能难以发挥，因此乡村学校应该做出改变，既要适应城乡教育一体化的需求，为学生升入心仪的学校、获得更好的生活奠定基础，又要注重体现乡村的特色，在教育教学之时能够教会学生获得乡村生活能力。

(三) 乡村学校的社会价值被遮蔽弱化

从不同视野来看乡村学校的价值，既体现多层次性，又体现统一性。按照常用的分法，本研究可从国家视野、乡村社会视野及个体发展视野来分析乡村学校的价值。"人并不是抽象的蛰居于世界之外的存在物。人就是人的世界，就是国家，社会。"④ 人、国家、社会是有机统一的。个体视野下的乡村学校价值体现的是乡村学校之于个体成长发展的重要意义，丰富乡村儿童的生产空间，满足乡村青少年生长发展需要。国家视野下的乡村学校是国家意志和形象的展现，其价值体现在乡村学校传播国家意志，维护国家政权，防止不良信息在乡村青少年中渗透，并为国家培养政治人才。社会视野下的乡村学校是乡村精神文化中心的象征，它渲染乡村积极向上的文化氛围，能够优化乡村居民生活空间，培养乡

---

① 满忠坤：《民生改善视域下民族地区义务教育质量优化研究》，科学出版社2018年版，第9页。
② 魏凤云：《乡村教育振兴研究》，人民出版社2020年版，第66页。
③ 满忠坤：《民生改善视域下民族地区义务教育质量优化研究》，科学出版社2018年版，第9页。
④ 《马克思恩格斯选集》第三卷，人民出版社2002年版，第1页。

村建设人才。在社会视野中,乡村学校之于乡村文化传承与创新、乡村社会公共秩序、乡村生产发展具有重要意义。这也是乡村学校的乡村振兴功能发挥的主要依靠。

任何一所乡村学校都具有这三种层面的价值,仅重视其中一种则无法实现乡村学校的全面发展。忽视和弱化社会视野下的乡村学校价值都可能导致乡村学校的乡村振兴功能发展受限。乡村社会视野下的乡村学校教育内容应该保持乡土特色,但现实中依旧有一些脱离了乡村,难以对乡村经济发展起促进作用。陶行知在《中国教育改造》中提到的"中国乡村教育走错了路!它教人离开乡下向城里跑。它教人吃饭不种稻,穿衣不种棉,做房子不造林。它教人羡慕奢华,看不起务农。它教人分利不生利。它教农夫子弟变成书呆子……"[①] 情况在乡村依旧存在。另外,乡村学校"日用不觉式"的社会功能发挥被忽视,正因为如此,乡村学校的乡村振兴功能现状不仅由客观条件限制导致,而且由人们的主观因素导致。"我们这些普通教师很少去考虑学校社会的作用,能力有限,能把课教好,就已经是对周边村子最大贡献了。其他方面的话,可能确实起到了作用。但没有摆到面儿上去说,大家也就没当回事儿。"(受访者009)教师常常以能力有限、与村庄接触机会少为由来解释他们为何不参与乡村活动的原因。除了基本的教学任务,教育系统上的各种材料填报、文件整理、活动情况汇报等已经填满了教师们的工作空间,导致个别教师发出了"现在当老师,讲课已经成为'副业'了,主业是拍照、填表、排查、迎检……"的抱怨。在实践中,人们对三种视野中某一种存在有意或无意的弱视。助力学生升学仍被视为乡村学校的最主要作用。基于乡村振兴的时代要求,乡村学校的实际价值难以满足乡村社会和乡村中个体发展需要,且消除这种不平衡的状态需要国家和全社会付出巨大的努力。

---

① 陶行知:《中国教育改造》,商务印书馆2017年版,第81页。

第五章

乡村学校之乡村振兴功能发挥问题的解决方向

就如何解决乡村学校的乡村振兴功能发挥问题而言,首先以理论为指导。新时代乡村振兴是一种全国性战略,是全党全社会的事情。乡村学校作为乡村的重要组成部分,要积极响应乡村振兴的呼唤,以大教育观为指导积极拓展自身功能,为乡村居民提供较多的素质、技术、能力提升机会,进而丰富乡村人力资本,增强乡村的生产能力和生活活力,推动乡村在文化发展、经济发展、政治发展、生态保护和社会治理上更进一步。为实现上述目标,国家、地方政府、社会等要支持乡村学校与乡村社区统筹发展,要齐心协力为乡村学校提供助力乡村振兴的空间,以有利于乡村学校的乡村振兴功能更好地实现。

第一节 以大教育观指引乡村学校拓展功能

大教育观要求教育与生产发展相适应,发挥教育在整个社会系统中的作用。大教育观视野中的乡村学校是乡村教育的重要承担者,乡村学校的发展要与整个社会发展背景、现代科学技术、乡村经济发展相适应。因此,本研究引导人们转变"学校只是学生学习的地方"的观念,让大教育观视野回归,鼓励学校重拾多样化功能。

一 大教育观的内涵

20世纪80年代已经有了很多关于大教育观的讨论。控制论、信息论、系统论的创立和发展更新了人们的观念，促进了大教育观的发展与更新。系统科学中的耗散结构论认为，一个系统不断与外界交换物质、能量、信息，在远离平衡态的条件下形成稳定而有序的动态结构。[1] 作为社会系统的重要组成部分，教育的发展无法脱离政治、经济、社会实际。从系统科学的视角来看，大教育观是与现代社会大生产、大科学相适应的一种现代教育观，[2] 大教育观肯定了教育应当与经济、政治相互适应，并与它们协调发展。由此可见，大教育观是一种较科学、较具现代化气息的观念，与夸大教育功能的教育救国论、教育万能论等不同。

时间长、空间广、效率高、质量好、内容多是大教育观视野下教育的特征。[3] 具体来讲，大教育观强调对人的教育要持续一生，不同阶段的教育内容和教育目的有所不同；大教育观中的教育是一个综合体系，包括各空间内举办的各类型的教育；大教育观强调培养学生的"智能"，知识教育与能力发展并重，培养学生的创造力；大教育观认为教育要培养出适应社会未来需要的、具有远见卓识的"能规划、能计划、能组织、能管理、能决策的有战略眼光和战术能力"[4] 的人才；大教育观强调发展博才教育，培养人才方面实行专、博结合，办好专才教育基础上的博才教育和博才教育基础上的专才教育。[5] 因此，伴随大教育观进入人们视野的还有终身教育、博才教育、未来教育等。[6] 基于对大教育观的特点分析，无论是夏商周时期的学校还是隋唐元明清时期的学校，无论是官学的教育还是私学的教育都不能称为大教育。在奴隶社会和封建社会，能够接受教育的只有上层人士的子女。孔子私学创立，"有教无类"观念的产生是人们的较大进步。尽管当时下层群体接受教育的通道被打开，但能够接受教育者依旧是民众中的少数。"小生产、小农经济占主导"决定了当时教育并不能成为大教育。[7] 另外，我们熟知的夸美纽斯开篇道明的

---

[1] 查有梁：《控制论、信息论、系统论与教育科学》，四川省社会科学院出版社1986年版，第102页。

[2] 查有梁：《教育系统是一个大系统》，《瞭望周刊》1986年第12期。

[3] 查有梁：《系统科学与教育》，人民教育出版社1993年版，第83页。

[4] 查有梁：《系统科学与教育》，人民教育出版社1993年版，第84页。

[5] 查有梁：《系统科学与教育》，人民教育出版社1993年版，第84页。

[6] 《大教育观》，《高师函授》1987年第4期。

[7] 胡枢：《继续教育论》，四川教育出版社1994年版，第113页。

教育观——"把一切事物教给一切人类的全部艺术"①,以及杜威主张的"教育即生活""学校即社会",虽看似与大教育观有异曲同工之处,但是带有私有制性质的教育观并不是现代大教育观。②

教育研究者常常将大教育观与广义的教育关联起来。广义的教育泛指影响人们的知识、技能、身心健康、思想品德的形成、提高和发展的各种活动。与狭义的教育相比,包括学校教育、社会教育、家庭教育以及各种新形式教育在内的广义的教育更适应新时代的要求。从学段来看,教育大系统包括婴幼儿教育、小学教育、中学教育、中等职业技术教育、高等教育(包括研究生教育)、成人教育、特殊教育;从教育时间来看,它包括全日制、半日制及业余教育;从教育方式来看,它包括班级授课、函授、刊授、电视、广播、自修、讲习和研讨等。③ 大教育还包括自我教育,即通过自己独立阅读,独立思考、独立判断等实践活动所受到的教育。④ 由于我国是农业大国,大教育观视野中的教育常常将教育和农业生产相结合。在某些工业大国,大教育观视野下的教育往往与工业生产相结合。也正因为如此,中西方在大教育观的框架和具体实施方式上略有不同。随着教育空间的扩展、教育方式的多样化,大教育观的社会意义重现,其内涵也相应扩展。综观诸多研究资料发现,大教育观非常强调学校教育、社区教育、家庭教育的延伸和扩展。换个角度来看,教育发展有自在状态、自为状态之分,在人类社会发展中教育从自在状态走向自为状态。自在的教育是在人们不知不觉中产生,并在人们不知不觉中起着传递社会文化的重要作用;文字出现以后,教育进入新阶段,人们开始自觉开展教育活动,也就是自为的教育。⑤ 学校教育的出现是自为教育发展中的重要标志。关于教育这两种发展形态的研究的论述为我国学习化社会、终身教育的理论研究奠定了基础。⑥ 自为的教育的发展并不能

---

① [捷]夸美纽斯:《大教学论》,傅任敢译,人民教育出版社1984年版,第1页。
② 查有梁:《控制论、信息论、系统论与教育科学》,四川省社会科学院出版社1986年版,第98—99页。
③ 胡枢:《继续教育论》,四川教育出版社1994年版,第117页。
④ 胡枢:《继续教育论》,四川教育出版社1994年版,第118页。
⑤ 胡德海:《教育学原理》(第二版),甘肃教育出版社2006年版,第166—170页。
⑥ 高闰青:《胡德海先生对我国教育学术的贡献》,《中国教育科学》(中英文)2013年第2期。

否定自在的教育的存在,在大教育观视野下两类教育都在发挥作用。大教育观的社会普及是教育社会化和社会教育化形成的前提。①

现代大生产观、大经济观、大科学观必然要求人们树立大教育观。随着经济和科技的发展,现实中受教育的人群逐渐扩大,教育内容逐渐延伸。这些是大教育系统中的变化和沿革,也是教育与社会发展相适应、与个人发展相适应的规律的重要体现。在经济全球化、科学技术日新月异和文化多元发展的背景下,终身教育、成人教育、网络教育的出现更是标志着大教育观融入社会生活的方方面面。其实,关于大教育观的探索一直未停歇,只是随着教育教学改革步伐的加快,学校教育在教育研究中吸引了许多学者的关注。如今涉及大教育观的研究常常将重点放在其他方面,仅是蜻蜓点水式地提一下对这个概念的解释。尽管如此,但其重要地位不容置疑。大教育观认为应当正确认识教育在社会大系统中的作用和地位,充分发挥教育的社会功能,以促进社会主义物质文明和精神文明的建设与发展。这种教育观在一定程度上适应了我国当前乡村振兴战略的需要,契合"五位一体"总体布局。乡村振兴战略背景下乡村学校功能发挥,以及乡村学校与乡村社区的互联互促都可以放在大教育观视野下来分析。

二 基于大教育观审视乡村教育现状

经过近百年发展,我国乡村教育发展大有起色,其中体现的大教育工作思路为当前乡村振兴提供了经验借鉴。就民国时期来说,乡村教育内容广泛而不狭隘、实用而不空泛。当时规模宏大的乡村教育运动是包括生产技术、政治观念、医疗卫生、文化教育、公民道德以及自为教育等多个层面的乡村社会整体重建运动。② 乡村教育先贤倡行的是一种乡村大教育,他们主张全体社会成员都有权享受教育,人的一生都可以受教育,并把教育从学校范围扩大到整个社会,从而把整个社会按计划办成

---

① 姬忠林:《大教育观和社区成人教育》,《中国成人教育》1999年第1期。
② 张惠娟:《乡村教育运动的再认识》,载中国地方教育史志研究会、《教育史研究》编辑部编《纪念〈教育史研究〉创刊二十周年论文集(3)——中国教育制度史研究》,2009年,第4页。

多层次、多规格的学习空间，逐渐达到"无地、无时不学、无人不学"的境地。① 从大教育观的视角来看，乡村教育应该是一种面向乡村全员的、涉及人们终身的、具有丰富内容的教育，是一种能有效提升乡村居民整体素质，传承一方乡土文化，引导一方村民在生活中积极向上，与乡村社会各项事业存在千丝万缕联系的教育。② 因此，乡村教育不应局限在乡村学校范围内，而应是乡村普通教育、职业教育、成人教育等"全教育"结合体。历史上乡村大教育体系中的教育不拘泥于学校教育，而是包括社会教育、普及教育、平民教育等多种活动形式的教育。从本质上来讲，乡村大教育是包含乡村各种类型教育的概括化说法，体现着乡村学校教育与乡村社会教育、乡村家庭教育的融合，这种融合在教育人员、教育内容、教育方法等方面均有体现。

当前乡村人口整体素质还有待提升，乡村振兴人才较为缺乏。实施大教育观推进乡村教育改革可为乡村振兴培养本土人才，利于乡村形成内生自养、稳定持续的人才供给体系。③ 这也是乡村教育助推乡村振兴的重要突破点之一。此外，乡村还面临着产业难兴、文化迷失、生态破坏等难题，这些制约着大多数乡村的振兴进程。以大教育观引领乡村教育改革大体包括以下内容：首先，对乡村教育的认识方面。大教育观下的乡村教育是一种面向乡村全民的，兼具教书育人、文化传承、经济带动、生态爱护等功能的教育。其次，乡村教育的力量来源方面。鉴于乡村大教育的服务体系较广，应坚持乡村教育事业的公益性，不断丰富教育力量来源，增强乡村师资队伍，要将乡村教育办成"政府、乡村、社会、公益机构、志愿者、专家学者共同参与的公益教育、人民教育"④。最后，乡村教育的内容方面。乡村学校要与城市学校保持一定的差异性，在国家规定的课程内容之外，充分落实具有地方性的地方课程与校本课程；

---

① 苗春德主编：《中国近代乡村教育史》，人民教育出版社2004年版，第24页。
② 高娅妮：《当代中国乡村教师职业作用的嬗变与调整研究》，硕士学位论文，西南大学，2018年，第27页。
③ 张孝德：《以大教育观推进乡村教育及乡村全面振兴》，《中国教师报》2022年2月23日第14版。
④ 张孝德：《以大教育观推进乡村教育及乡村全面振兴》，《中国教师报》2022年2月23日第14版。

通过就地取材将反映乡村历史文化、生产生活资料等的内容纳入课程体系，培养全面发展的、了解乡村生产发展的、有乡村情感的新时代乡村建设者。

三 立足大教育观扩展乡村学校功能

随着时代的发展，大教育观在一些乡村学校发展中遭遇"失灵"尴尬。这与人们对乡村学校价值定位的认识有偏差、乡村学校价值实现路径未能与时俱进有关。尽管乡村学校在乡村振兴过程中努力实现向好发展，努力助推乡村振兴，但是当下乡村学校功能发挥大体呈现"收缩性"改变，并伴随功能主体责任意识受局限、服务内容限于文化知识传递、服务对象囿于校园内的学生、家校社联系不足等事实，导致乡村学校的整体社会作用难以实现更高层次发挥和突破性进展。沿此推之，检视乡村学校社会功能发挥效果、调适乡村学校的乡村振兴功能发挥就显得非常必要；站在大教育的宏观视野下实现乡村学校的转型升级，激发学校社会功能发挥具有重要现实意义。从乡村振兴需求来看，乡村学校要在以下方面实现功能扩展。

（一）加强传承与创新乡土文化的功能

学校具有文化功能，学校的文化功能是其他任何组织难以企及的。学校传承的文化是经过时间检验和一代代人筛选的优秀文化。这些文化的持续传承需要人们不断为其融入新的元素和探索新的表现形式、传承方式。乡村学校是乡村公共文化空间的组成部分，既传承社会期待它传播给下一代的文化，又逐渐形成自己的文化。乡村学校也是乡土文化生态塑造的重要参与者，乡土文化传承与创新一直以来是乡村学校的重要功能，但应试教育、唯分数论、升学为重等观念胁迫下乡村学校的这类功能没有很好地发挥出来。当然，乡村学校的文化传承与创新不止于乡土文化，对于城市文化的传承与创新也具有一定的作用。城市文化与乡村文化本应是一体的，将二者割裂开来的做法非常不利于乡村学生的全面发展。察观当下，乡村学生求学于乡村者较多；放眼未来，乡村学生中相当多一部分人需要进入城市生活。通过接受教育实现阶层流动与通过升学实现城镇化生活，对于乡村学生的未来生活改变具有重要意义。没有升学的那部分人最后也常常通过外出务工到城市就业，"城乡两栖"

是他们的典型特征。因此,教材中对城市生活的介绍对乡村学生也是有益的。笔者在此之所以强调乡村学校对乡土文化的传承与创新,是因为当前乡村学校较少或没有给予乡土文化充分的关注,并非否定对关注城市文化的重要意义。

乡村民众的生活中还存在一些不良习惯,不能使乡村文化设施发挥较强的正向功能。像乡村文化茶馆和戏台这样的平台本应能够提升民众乡村文化生活品质,但它们现实中的效果却不尽如人意。某纪实图书中展现了乡村文化设施的现状,该书这样描述道,茶馆里看书的人少于打牌和抽烟的人,"就读书而言,除了学生应试所必须学的课本和国营的新华书店之外,整个民间阅读处于一种极度萎缩的状态,更不用说阅读的质量问题"[①]。这种现象也说明没有学校等教育机构的参与,乡村学校的文化设施极易成为娱乐场所、文化活动成为娱乐活动。乡村学校组织学生开展实践活动时可以考虑采用这样的平台,如此一来,既可增强学校和社区的联系,又可向乡村民众宣扬正确的价值观、输送正能量。当然,学校可提供的内容有限,倘若社区和学校联合举办此类活动,效果会比较好。另外,一些低俗的文化活动仍旧在乡村中传播,娱乐短视频、网络游戏占据少年儿童成长空间。乡村中大部分文化活动和场所被冷落,文化氛围还需要改变。

乡村学校要继续做好乡土文化传承:首先,内容上要综合乡村文化和城市文化,形成兼顾城乡的乡村学校文化体系;要将传统文化与现代文化相结合,形成博古通今的乡村学校文化体系。内容上的调适需要乡村学校教材编写者不断编写、修订与丰富教材内容,需要乡村教师重视挖掘环节与传授环节,需要乡村文化精通者、技艺传承人的主动推荐与支持,等等。文化是人们集体智慧的结晶,乡村学校传承的文化也是集体智慧的结晶,其调适也需要众多力量的参与。其次,形式上要进行创新,如采用能激发乡村学生兴趣、吸引乡村居民注意的方式,根据时事态势和内容安排选择适应度高的、融合新时代美丽乡村建设气息的形式。乡村学校的文化传承与创新不可追求千篇一律,要凸显各自特色,发挥各自所长,最终形成多样的、灵活的传承形式,进而推动具有中国特色

---

① 梁鸿:《中国在梁庄》,台海出版社2016年版,第283页。

的、乡村特色的、教育气息的乡村文化传承与创新机制的形成。

（二）加强推动乡村生产与经营的功能

教育对经济增长有巨大作用既有充分的研究证明，也有较强的实践基础。乡村学校可以通过教育手段或非教育手段对乡村经济产生影响，但由于这种影响产生的方式不如乡村学校对文化产生影响的方式那么直接，产生的效果不如对文化产生的效果那么明显，导致人们往往质疑学校是否能够对经济产生的影响。调查研究结果表明，乡村学校对乡村经济产生的影响是乡村学校之乡村振兴功能中最弱的方面，也是乡村学校调适其乡村振兴功能最需要下功夫的方面。乡村学校自身属于公共教育服务机构，具有公益性。它对于人们产生的影响不止于知识水平的提升与文化传承，而是在经济发展、乡村治理、乡村文明方面也默默地发挥作用。具体到经济方面，乡村学校能否对乡村产生经济作用？若能则可产生哪些经济作用？这也是乡村学校的乡村振兴功能调适最需要解决的认识上的难题。诚然，回答这些问题并不难，但是让公众认可并非那么简单。在实现公众认识上的调适后，乡村学校助力乡村经济发展的实际方式也需要调适。

首先，认识上的调适。无论是乡村学校领导与教师还是乡村民众，都往往不觉乡村学校具有重要的经济作用。这就从根本上影响乡村学校在经济方面功能的发挥。除教育管理部门之外，与乡村学校相关的群体中，乡村学校领导的认识转变带给乡村学校的转变最明显。在乡村学校校长培训中，引领乡村校长认识乡村学校发展境遇、转变乡村校长的管理政绩观、加强乡村校长主动联系乡村的意识、启发乡村校长探寻自己学校影响周边乡村经济的方式是非常必要的。随着学校与村庄关系的几经转变，如今的学校与村庄联系减少。调研中多位教师都表示，他们与村庄的交流仅限于学生家长，与学生家长的交流又仅是围绕学生的学业和家庭经济贫困证明材料而发生。乡村教师们对于乡村学校的经济功能理解不一，甚至常将其等同于直接的经济收入与补偿，"现在政策好，给学生的补助比较多，减轻了家长的经济负担"（随机交流），不过随后该教师又补充道："补助主要用于餐补了，主要就是让学生吃得营养些，更加健康了。为家庭减轻的经济负担也不明显，还是有很多家长认为学生升学导致家庭生活不富裕。"由此，我们可以看出家长并不看好乡村学校的经济功能，且常常认为送子女入学增加他们的经济负担。对于乡村学校的经济功能认知不全是乡村全体人员的"思想通病"，通过宣传诱导、实践启发、案例剖析等引导人们全面深入认识乡村学校的经济功能非常有必要。只有将人们的认识调适好了，才能期望学校对乡村振兴发挥的经济功能有所好转。

其次，方式上的调适。人们难以全面认识乡村学校经济功能的原因之一就是其功能发挥方式具有多样性、隐蔽性、长期性特征，进而使得人们觉察不到其存在。其作用效果的滞后性、受益对象的非全体性与非等同性，更导致其受到质疑。从理论层面来看，乡村学校对乡村经济的作用方式多种多样，既可产生直接性作用，又可产生间接性作用；既可提升农业生产收入，又可提升文化产业经济增长；既可对有适龄子女入学的家庭产生作用，又可对无子女入学就读的家庭产生作用；既可对单一经济来源的家庭产生作用，又可对具有多种经济来源的家庭产生作用。从实践层面来讲，不同时期乡村学校的经济功能方式有差异，21世纪与20世纪的差异就比较明显。20世纪，乡村幼儿园和小学生基本在本村或邻村就读，乡村中学生在乡镇中学就读是各地呈现的较普遍的教育格局。21世纪，乡村幼儿园和小学生逐渐向乡镇中心校集中，乡村中学生逐渐向县城集中，产生了大量荒废学校。与此同时，乡村经济形式逐渐向多元化、城镇化、服务业发展的趋势明显。但是乡村学校的社会服务方式并未发生很大转变，有些学校自身发展基础薄弱，不得已放弃在校生教学工作之外的任何事情。对标理论层面，乡村学校应该对乡村产生的经济影响发现，乡村学校对乡村经济的推动与带动作用还需加强，乡村振兴背景下乡村学校的新经济功能亟待开发。

大体而言，乡村学校促进乡村经济发展的调适围绕以下方面进行：一是将在校生的教育活动融入农业生产需要，通过有组织、系统化的教学增强学生农业生产理论与技能。二是提升民众的生产技能，培养新职业农民，若有必要，则可联合当地农技服务部门与企业，就农资器械的科学依据及使用方法进行培训。三是助力乡村民众经营能力提升，既包括农产品的经营，又包括工技艺品的经营；既包括经营的诚信意识培养，又包括经营策略的引介；既包括对既有经营方式的利用，又包括对经营新渠道的开发。四是增强当地村庄、不同家庭对自身经济发展潜力的判断，引导他们尝试新的经济增长方式，等等。其中需要注意的是因时制宜、因地制宜、因人制宜。当然，这一切的实现还需要较多的外在支持做保障，唯有内外相结合方能取得较好效果，比如突破当前作用形式的束缚，不断创造助力乡村经济发展的条件；畅通乡村学校与乡村社区发生联系的通道，搭建稳定的、长期的交流平台；优化乡村教师队伍的素质结构，就其优势和劣势进行人力资源整合或结构调整；争取有关部门的政策支持，保障财政所需和组织力量。

（三）加强支持乡村党建和治理的功能

乡村治理既是乡村学校乡村振兴功能发挥中的弱项，亦是国家治理体系现代化建设中的弱项。完善乡村基层组织与治理体系、提升乡村治理水平是乡村振兴的重要任务。与拥有众多普通农民的村庄相比，乡村学校会聚着具有较高文化程度的教师。这些教师是乡村中的"公共知识分子""精英""综合治理的智囊与引导者"[1]，他们在乡村中具有一定的公共权威。调查结果表明，具有参与乡村治理意愿的教师较少，乡村教师参与乡村治理的能力也略显不足；乡镇、村庄会在部分社会问题治理上征求学校领导的意见，对教师的意见关注得较少；乡村学校领导有机会参与乡村治理的决策，绝大部分普通教师未曾参与此类决策；与决策活动相比，在执行乡村治理决策的实际活动方面，学校领导和普通教师参与得稍微多一些；乡村学校对学生进行道德教育、法治教育，在民众前树立了良好的榜样形象，从而较好地促进乡村自治、德治、法治相结合；有相当一部分乡村学校党组织参与过乡村社区党组织活动，乡村学校在促进乡村党组织建设方面起到了较好的作用。从目前乡村党建和治理水平来看，乡村学校为乡村党建和基层治理做贡献的空间还很大。

首先，加强与乡村党支部的联系，提升服务乡村党支部建设的能力。国家层面在制定有关乡村学校发展、乡村教师队伍建设、乡村治理改善、乡村党组织建设的文件时，强化乡村学校党建工作，鼓励乡村学校与乡镇、村就党组织工作、党支部建设进行合作交流。例如，《教育部等六部门关于加强新时代乡村教师队伍建设的意见》中就提到"鼓励乡村学校

---

[1] 唐松林、姚尧：《乡村振兴战略中教师的使命、挑战与选择》，《湖南师范大学教育科学学报》2018年第4期。

党组织与乡镇党委、村党支部开展联学联建活动"①。凸显乡村学校对于乡村党组织建设的支持作用，与乡村教师队伍建设中"提升思想政治素质"的要求是一致的。基于此，调适的内容应该包括完善乡村学校党组织建设，增强乡村学校党员教师的党性修养，选拔具有优秀青年党员帮助村党支部完善组织结构，力争让每个村党支部都成为制度规范、功能健全的支部。党员积极履职，主动学习党的基本理论知识，积极主动地为乡村贡献各方面才智，为非党员教师和乡村居民树立榜样；乡村学校党支部引导乡村党员教师不断参与乡村社会实践，了解乡村生活百态，通过正规途径为民众发声。

其次，提升乡村学校成员助力社会治理的能力，为发挥乡村治理功能做好充足准备。如第三章研究结果所示，不同特征的教师间存在差异，比如年龄稍大的教师对乡村治理的贡献高于年轻教师，已婚教师对乡村治理的关注多于未婚教师，学历较低的教师对乡村治理的关注反而较高。诸如此类的差异影响乡村学校助力乡村治理的效果，也导致不同师资结构的乡村小规模学校间存在差异。乡村振兴过程中加强乡村治理体系和治理能力现代化的任务还很重，利用乡村学校的力量来促进乡村治理能力提升很有必要。鉴于乡村学校社会治理功能的实现不仅需要学校领导的主动奉献，也需要乡村教师的积极参与，提升乡村学校领导和乡村教师的社会治理能力都是调适的关键内容。

最后，激发全体教师参与乡村治理的积极性，重拾乡贤身份。教育管理部门和乡村学校既要正视不同教师间的差异，避免整齐划一的要求，又要激发教师们助力乡村治理的信心。乡村振兴中乡村教师的实践身份包括乡村学校的主人、乡村孩子的导师、乡村文明的灯塔和乡村建设的参谋。② 就治理功能的调适而言，乡村学校领导和教师为乡村提供治理谋略，协助乡镇政府、村基层管理组织为乡村居民创造良好的生活空间。让乡村教师的公共精神焕发出来，让乡村教师回归其乡贤身份，为乡民

---

① 《教育部等六部门关于加强新时代乡村教师队伍建设的意见》，http://www.moe.gov.cn/srcsite/A10/s3735/202009/t20200903_484941.html。

② 唐智松、高娅妮、王丽娟：《乡村教师如何助力乡村振兴——基于职业作用的调查与思考》，《现代远程教育研究》2020 年第 3 期。

传播现代社会理念与公民基本行为准则，调节民间纠纷、规制乡风民俗、促进社会团结，① 劝导乡民远离不良风俗和陋习。

（四）加强促进乡情培育与增强的功能

据调研所得及文献可知，乡村学校的乡村振兴功能各维度中，支持乡村社会建设的效果最好，且在促进乡村社会事业发展、维护乡村社会关系两个维度上都起到了较好的作用。这说明乡村学校在维护乡村社会关系方面发挥了较大作用，把不同群体的力量凝聚在一起，共同促进乡村建设。情感支配人们的行为，当人们以实际行为表达健康的、恰当的情感时，会促使事情向好的方面发展。人们与乡村的情感疏离是实现乡村振兴的障碍，培育学生的乡村情感、增进人们的乡村感情利于增添乡村发展活力，促进乡风文明，推动乡村社会建设。但乡村师生的乡村情感不够浓厚、居民的乡村自豪感较弱、外界人士与乡村的情感联系减少也是客观事实，乡村学校在办好自身教育事业的同时，还要继续加强在增进学生和居民乡村情感方面的功能。

首先，增强学生的乡村情感。父母师长的指引、与同辈群体的交流、对网络资源的搜寻，让乡村学生逐渐了解外部世界。这些也会引发学生对城市生活的向往，同时对自己长期生活的乡村产生抱怨。他们抱怨乡村的交通落后、衣食粗劣、生活单调，甚至抱怨出身遏制其发展。这种抱怨既驱使他们通过读书升学逃离乡村，也可能导致他们在抱怨中一蹶不振。另外，乡村学校中存在大量的寄宿制学生、留守儿童，他们在生活上非常缺少情感关爱。乡村教育目标的脱农化、教育内容的缺农化、教育方式的离农化、教育结果的厌农化②也导致学生成长的乡村情感营养流失严重。这种脱离学生生存与生活环境的课程不仅无助于学生的有意义学习，③还会让其产生情感上的疏离。乡村学校培养他们对于乡村的积极情感有利于其认清自己的生活环境，辩证看待生活在乡村的利弊。

乡村学校要摆脱"离农"或"为农"的桎梏，充分认识城乡文化的

---

① 朱启臻：《当前乡村振兴的障碍因素及对策分析》，《人民论坛·学术前沿》2018 年第 3 期。
② 程莲雪、王丽娟、唐智松：《乡村学校在乡土文化传承中的价值及其实现》，《教学与管理》2021 年第 15 期。
③ 李臣之：《基于地方文化的课程调适与创生》，《全球教育展望》2016 年第 10 期。

差异性和各自的特性，创造适合地区生长的文化，[①] 成为乡村学生与乡村的精神黏合剂。第一，从本应与学生有较强关联的乡土文化入手，将乡土文化元素融入校园文化建设，将乡土文化融入学校课程与教材，为学生深入了解当地文化提供机会，引导学生树立文化自信。第二，引导学生发现乡村自然之美，认识乡村对于城市的重要意义、对于人类的价值，摒弃生长于乡村的自卑感。鼓励师生积极参与各级各类组织开展的表达乡情的活动，增强乡村自豪感。第三，利用节假日活动等契机组织学生开展带有乡土特色的科普、比赛等活动，带领学生了解当地乡村的发展历史与特色，发现乡村历史之厚重，形成乡村热爱感。第四，将学生的梦想追求、未来生活规划与其自身乡村生活关联起来，引领学生认识到他们的成长与乡村未来发展情况紧密相连，激发乡村使命感。情感培养是一种慢过程，需要学生的积极参与才能达到良好效果，因此注重过程性是重要原则。诚然，这些措施还需要长期持续，以将乡村情感培养常态化。

其次，增强村民的乡村情感。由于较长时间生活在乡村，村民对乡村具有深厚的感情。经济、交通、教育、医疗等方面遭遇的难题加重了他们逃离乡村的想法，越来越多的村民出于各种原因向往城市生活，渴望为子女争取城市的教育资源，为子孙后代在城市生活做出尝试。这种情形下，乡村居民对乡村的情感可能发生变化，对乡村的价值产生怀疑。加强村民对乡村的情感认同既可为乡村留住人口，又可为乡村留住人才。村民的乡村情感不仅体现在对乡村的感情上，还体现在对乡亲邻里的感情上。这种感情有利于村规民约的形成与落实，有利于邻里的和睦，是建设和谐、文明乡风的重要基础。在研究乡村情感认同时，有学者基于涂尔干所讨论的个人与集体的关系，提出从通过社区制度建设、新乡土文化建设方面深化村民对村庄的情感认同，通过乡村社区互助活动来增进村民之间的情感认同。[②]

结合乡村学校的社会角色来看，乡村学校还可以从以下方面助力村

[①] 程莲雪、王丽娟、唐智松：《乡村学校在乡土文化传承中的价值及其实现》，《教学与管理》2021年第15期。

[②] 赖晓飞：《凝聚乡村情感认同》，《中国社会科学报》2021年9月22日第A5版。

民支持乡村社会建设:第一,乡村学校是乡土文化的传承者、创新者,能够就乡村建设规划如何恰当融入乡土文化元素给出建议;能够参与乡村文化建设,盘活历史文化资源、传播现代文化,创新乡村文化,实现乡村文化多元建设。第二,乡村学校可以就村规民约的制定或修改给出建议,帮助乡村实现村规民约的守成出新。乡村学校还可通过向乡村传播新时代的价值规范,减少乡村低俗活动的发生;向村民传播科学的生活态度,帮助他们树立正确的人生观、价值观。第三,学校可以将自身作为村民互助合作的桥梁,通过家校合作、集体活动为村民搭建合作平台,引导他们正确看待个人利益、公共利益和他人利益,让他们在实践中感受彼此的重要性,减少利益冲突导致的摩擦。比如有学者提出,组织乡村沙龙可以增强教师和乡村社区的联系,增强教师与乡民的信任感、沟通程度,进而取得较好的联络感情的效果。① 因此,乡村学校要扮演好乡村发展规划的参谋者角色、乡土文化传承与创新者角色、乡村居民关系调节者角色。

总之,对乡村有何情感影响人们是否以及在多大程度上支持乡村振兴,进而决定乡村获得的外界支持有多少。当一批批人将乡村情感转化为支持乡村发展的动力并付诸实践时,四面八方的力量向乡村聚拢,乡村得到生产、教育、文化、基建等方面的支持就比较多。在这种聚集化的拉力、推力协作下,乡村经济社会发展新出路不断呈现。

(五)加强爱护与改善乡村生态的功能

生态宜居是新时代乡村建设不懈追求的目标,生态空间是一种公共生存空间,直接关系人们的生存情况和生活质量。生物与环境和谐共生的乡村自然生态系统是生态建设的基本目标。这一目标的达成也需要乡村全体人员及各类组织的共同努力。维护好乡村生态有利于整体生态系统的健康,乡村学校自身的生态建设能力依旧欠缺,对乡村整体生态的影响力还比较弱,按照现在的情形难以对乡村生态产生较大的影响。为助力乡村生态改善,乡村学校需要调适其生态功能发挥模式,增加乡村生态爱护行动,扩大乡村生态爱护行动的影响范围等。乡村学校与乡镇

---

① 唐松林、姚尧:《乡村振兴战略中教师的使命、挑战与选择》,《湖南师范大学教育科学学报》2018年第4期。

政府、村委会成员通力协作，可引导乡村各类人群加强对乡村生态价值的认识，努力建设资源节约型、环境友好型的乡村生产生活方式。

乡村学校参与乡村社区生态建设需要外界支持，比如国家在顶层设计上以制度文件确立其重要意义、赋予其合理性，重申生态建设对于当代人身心健康、生活质量提高的现实性意义，对于乡村提升第一、第二产业效益，增强第三产业比重，促进一二三产业融合发展的基础性意义，对于子孙后代生存、中华民族永续发展的前瞻性意义，以引起各级各类部门及社会大众的重视，营造全社会重视生态建设的精神氛围。将乡村生态建设与乡村文化建设、乡村经济建设相结合，转变乡村经济生产方式，提高资源利用率，摒弃粗放型、高能耗、重污染生产方式，引入节能环保产业，减少乡村整体污染物排放和增强污染物处理能力，营造乡村重视生态建设的实践氛围；加强乡村生态建设研究，挖掘利于乡村生态发展的学校因素，基于研究提出乡村学校参与乡村社区生态维护的可能途径，并尝试对不同地区、不同类型学校进行分类指导；强化开展生态文明教育的重要性，并就各地如何部署全民生态文明教育给出指导性意见，倡议乡村地区吸纳以乡村学校为重点的多元主体参与其中；支持乡村学校带领学生走出教室，接触大自然，并通过解读环保常识、小实验引领学生认识到爱护生态的重要性；鼓励乡村学校走近乡村居民生活，通过形式多样的宣传方式，让乡村居民意识到自己的行为与生态的关联性，让他们体验绿色生活的舒适。

乡村学校需要做好以下方面：第一，加强生态教育，扩大生态教育的受众范围。生态教育在以往学校教育中被轻视，在家庭教育中被遗忘，在社会教育中被忽视。随着我国逐渐重视生态文明建设和农业农村农民发展问题，乡村生态教育的地位被提高。相应地，人们对生态教育的重视程度增加，但是仍旧以对学生的生态教育为主，难以影响乡村中其他人群。乡村学校作为乡村中最主要的教育机构，甚至是唯一的教育机构，应该主动承担向乡村民众传播生态理念的责任。第二，增强生态保护活动的多样性，提升生态保护活动的有效性。生态保护活动本身涉及领域极广，包括保护大气、保护土壤、保护水源，合理利用资源、节能低耗，等等，但是乡村学校践行的往往只限于植树、清理垃圾。由此可见，在举办生态保护活动方面，乡村学校还有较广的创设空间，可以向兼顾自然生态系统、社会生态系统和经济社会系统的状态发展。通过举办多样化的生态保护活动，带领学生和民众熟知更多的环境保护常识。参与的生态保护活动越多，学生和民众能够自己践行的生态保护行动就越丰富，就越倾向于为乡村生态文明建设做贡献。最后，扩大生态保护活动覆盖面，逐渐实现全员全域覆盖。其具体内容既包括扩充生态保护活动参与人员，又包括扩大生态保护活动的地理范围。乡村学校主导的生态保护活动主要以学生为主，教师和居民参与得较少。学生生态保护习惯养成屡屡出现"5+2=0"现象，这与学生家庭环保意识淡薄、环保行为缺乏不无关系。因此，需要联合乡村社区举办生态保护活动，鼓励乡村居民轮番参与。为实现活动内容突破陈旧束缚，同时不断扩展活动的地域范围，最理想的策略是将人们的居住、生活、劳作空间都纳入进来。另外，在以往的生态保护活动基础上，还要加强生态保护活动的频率，让生态保护成为人们生活的常态。通过长期持续性的努力，乡村学校逐渐成为乡村生态保护的引领者、参谋者、监督者，成为乡村生态保护活动教育中心和组织力量。

综上观之，为了更好地实现乡村学校的乡村振兴功能，乡村学校的服务范围需要拓展，要将教育对象扩至乡村民众，将乡村的生活知识纳入教育内容，采取灵活多样的教育形式，并改善相应的评价考核制度。

第二节　以统筹思维推进学校助力乡村振兴

乡村学校的乡村振兴功能的发挥离不开乡村学校发展和乡村社区发展的统筹推进，离不开乡村政治、经济、文化、生态等方面的统筹推进。基于乡村振兴需要，一方面，乡村学校的教育资源扩展到乡村社区，在维持乡村学校生存的同时，助推乡村振兴；另一方面，乡村学校吸纳乡村社区的文化资源以丰富乡村学校的教育教学资源，吸纳乡村其他资源以维系乡村学校正常运转。

一 统筹理论的基本思想

（一）统筹的含义与本质

首先，统筹的含义。统一筹划、通盘筹划、统整安排等是人们对"统筹"做出的常见解释。大体而言，统筹是管理者对被管理对象所做的统一筹划，[1] 这种筹划涉及相关事务的主体、客体及环境。它强调将与工作任务相关的主体、客体及环境看成统一体，以准确把握对象，并围绕所要完成的目标任务制定筹划方案。从实际中可能遇到的情况来看，统筹应有广义和狭义之分。广义上的统筹是人们在面临多个任务时，通过重组、优化、协调、平衡等手段合理安排流程促进管理效率提升的一种思路与方法；狭义上的统筹是人们围绕某一任务或目标，依据主体和客体的实际情况，从顶层设计、责任划分到具体实施所采用的思路和方法。[2] 由此可见，无论是多项事务之间，还是某一事务内部都会涉及统筹性工作方式。在我国历史长河中，蕴含统筹思想的做法有很多，利用统筹思想推动国家改革、事物发展的例子也有很多。比如，管仲发现将利益让给人民、分给诸侯的最终结果依旧是国家获益最多；孙叔敖将解决水患和蓄水灌溉结合起来，治水工程取得明显成效；计然在供需关系、粮价平衡及经营管理上提出关联性建议。[3] 从应用领域来看，小而言之，统筹思想融于人们日常生活，比如人们每日生活的程序安排；大而言之，统筹思想指导人们对某项工程、事业的规划，指导国家大政方针的制定与社会事业发展。在当代，党和国家的社会事业发展部署中依旧蕴藏着统筹逻辑，以统筹兼顾作为根本方法的科学发展观就是最好的例证。

其次，统筹的本质。从本质上来讲，统筹是一种分析问题的思维方式，是一种解决问题的方法。华罗庚先生从促进当时生产发展的角度出发，将统筹认定为一种服务于生产建设的数学方法。[4] 他指出运用这种方法开展的工作具有较强的计划性、重点突出、各要素各环节紧密配合，

---

[1] 刘天禄：《统筹学概论》，国际文化出版公司1995年版，第34页。
[2] 黄俭：《中国义务教育省级统筹问题研究》，博士学位论文，武汉大学，2015年，第22页。
[3] 杨纪珂：《统筹经济学初步》，中国致公出版社1994年版，第12—13页。
[4] 华罗庚：《统筹方法平话及补充》，中国工业出版社1965年版，第IX页（前言）。

能够避免要素分离、阶段脱节现象,并能够在计划调整中不乱阵脚。从作为思维方式和问题解决方法来讲,统筹的过程是一种"对事物统一体的生存与发展,对各相关学科的知识、辩证思维方法、现代科学方法和计算机技术等综合运用的全过程"①。在统筹思维指导下开展工作的最终目的在于找到最优的工作方案、生产程序或路径策略,以较好地改善实践;通过全面把握利弊因素,趋利避害,实现以较少的成本投入获取最佳的效益。另外,从"统筹只有在差异中展开,才有实际意义和社会意义"② 中可以看到,统筹是一种建立在差异基础上的统一筹划,因而需要在揭示差异的基础上,依据统筹目标对差异进行处理,然后把统一筹划落到实处,由此对事物之间差异的揭示和利用是统筹的内在要求。

(二)统筹实施的基本过程

统筹实施要经过研究、规划和安排阶段,这三个阶段往往根据统筹对象相关者的利益调和、互补共进、功业和谐③而依次展开。统筹研究为了分析实践的可能性,统筹规划在于如何解决实践的现实性问题,统筹安排则主要解决实践的实用性问题。④ 这也说明运用统筹思维解决问题时,需要先进行理论分析,再通过分析可控、可利用、可适应情况来确定应该怎么做,进而根据就"如何做才是最好的"做出随机应变或抵御风险式的安排。⑤ 统筹研究起先导作用,统筹规划起核心作用,统筹安排起基础作用,这三个环节形成一个大的循环系统,其中每个环节又具有各自的内部循环系统。

在作为第一个基本环节的统筹研究阶段,人们要在明确的人、时、空等条件基础之上寻找指导实践的基本战略或解决问题的基本思路,人、时、空统一问题是重点。在此阶段,需要对差异信息进行综合分析,对需求容许范畴进行检验,并确定核心条件;对环境需求的分析和机会的

---

① 朱国林等:《统筹学》,时事出版社2010年版,第5页。
② 刘天禄:《统筹学概论》,国际文化出版公司1995年版,第66页。
③ 黄俭:《中国义务教育省级统筹问题研究》,博士学位论文,武汉大学,2015年,第42—43页。
④ 刘天禄:《统筹学概论》,国际文化出版公司1995年版,第266页。
⑤ 谭国玉、刘天禄、郑德源、黄栋材:《统筹学——一门研究和实践统筹兼顾规律与方法的学科》,《中国管理科学》2001年增刊。

把握、对利益矛盾的综合协调、对优劣利弊的权衡、对资源供给和可持续性进行研究、从费效比视角分析成效①。在作为第二个基本环节的统筹规划阶段，人们要遵守内在要求，使统筹的整体价值结构与对策结构相匹配，为后续环节顺利展开奠定基础。② 在此阶段，相容性与取向性统一是重点，要关注需求产出期望的形成、检验，内在要求的寻求、设定、确定；要考虑对机会的有效利用、整体价值和局部价值的匹配协调、各要素间的平衡与有机衔接、统一体内要素关系与整体价值的良性循环。③在作为第三个基本环节的统筹安排阶段，人们要做出程序性谋划，并结合实用性问题对实施方案进行优化。如何充分利用环境条件实现客体任务，如何利用有利条件促进任务成效最大化都是值得考虑的。总之，第一阶段主要解决主体意向与客观环境的问题，第二阶段解决主体意向和客体任务的关系，第三阶段解决客体任务与环境条件的关系。④

二　乡村学校与乡村社区理应统筹发展

从统筹视角来看，乡村学校与乡村社区同属于乡村整体。它们拥有共同的发展目标，也存在很多差异，自然应被统筹考虑。统筹乡村学校与乡村社区发展的主体是指有权对乡村学校助力乡村振兴的活动进行筹划和实施做出决策的人或群体。相应地，统筹客体即是乡村学校和乡村社区的发展，具体涉及相关的人、才、物等要素资源。依据统筹环境构成，与乡村学校和乡村社区发展的相关环境可分为相近环境、备用环境和一般环境，⑤ 其中，与乡村学校和乡村社区发展密切相关的政法法规以及人、财、物力量及当地的其他资源条件是相近环境，为保障统筹工作进行而预备的支持乡村学校与乡村社区统筹发展的各类机动力量是备用环境，而那些与主体、客体有关但又难以判定关联性的则为一般环境。这三类环境的性质还会随着乡村学校变革、乡村发展程度发生变化，因而为更好地实现乡村学校助力乡村发展，需要重视各类环境，及时把握

---

① 朱国林等：《统筹学》，时事出版社2010年版，第116页。
② 刘天禄：《统筹学概论》，国际文化出版公司1995年版，第235页。
③ 朱国林等：《统筹学》，时事出版社2010年版，第117—120页。
④ 朱国林等：《统筹学》，时事出版社2010年版，第124—125页。
⑤ 朱国林等：《统筹学》，时事出版社2010年版，第78页。

各类资源地位的转换情况。乡村学校乡村振兴功能的实现是以学校之眼发现乡村振兴所需并尽力去满足乡村振兴所需的过程,也是一种回归乡村与学校间初始紧密联系的过程。乡村学校的乡村振兴功能发挥的内在逻辑是乡村学校通过教育将乡村学生和乡村居民塑造为具有较高素质与技能的劳动者,并调动他们参与乡村建设的积极性,进而推动实现乡村全面振兴。

利用统筹乡村学校与乡村社区发展来促进乡村学校助力乡村振兴的实现大致涉及以下内容:首先,把握统筹对象,进行总体性筹划。确定乡村学校与乡村社区的发展应该由谁来干、主要干什么以及内外部条件是什么,并将他们看成相连的统一体。其次,理出相关信息及实现目标的条件,对影响因素进行分析。确立影响乡村学校助力乡村发展的因素,寻求能够起到积极作用的人群、时间、空间因素。再次,明确各类信息的情况及其之间的联系。认识到乡村学校要素与乡村要素的关联,明确乡村学校助力乡村发展中的各种关系,区分出可控与不可控关系,找到那些虽不可控但可利用、可适应的关系。[1] 最后,通过比较、重组、优化等途径确立实施方案。抓好乡村学校助力乡村的关键环节,在利用环境条件方面寻求最佳方案,并能够及时发现问题以采取有力的调整措施。此外,还要建立灵活的工作预案,以备不时之需。为实现这种统筹,从顶层设计、政策规划到资源配置,再到具体的资源使用方面,都应兼顾乡村学校与乡村社区的共同发展。这种共同发展是一种政治、经济、文化、生态等的综合体。

更进一步来说,乡村振兴具有长期性、全面性,单靠某一群体或组织难以实现,需要国家的统筹规划作引领。就本研究议题而言,乡村学校与乡村社区都是我国整体社会发展的薄弱环节,无疑让国家的统筹显得更加重要。为促进乡村学校更好地发挥乡村振兴功能,各级各类的保障支持要到位。首先,注重政策制度引导,吸纳社会力量。一方面,要完善相应的政策制度引导,比如国家制定支持乡村学校助力乡村振兴的政策文件,确立乡村学校助力乡村振兴的战略地位;学校转变评价学生、

---

[1] 谭国玉、刘天禄、郑德源、黄栋材:《统筹学——一门研究和实践统筹兼顾规律与方法的学科》,《中国管理科学》2001年增刊。

评价教师的制度，为师生服务乡村建设提供宽松的制度空间。另一方面，要借助国家和社会的力量建立来源多样、形式多样的投入保障机制，不断丰富乡村学校与乡村社区的运转资金、物资及基础设施等。其次，统筹乡村学校布局调整，增强支持乡村学校助力乡村振兴的组织力量。在做出乡村学校布局调整决策时要坚持科学化、民主化、合法化、道义化原则，统筹考虑乡村学校"撤、并、消"造成的影响，寻求为人们带来利益最佳的方案。在组织力量的具体来源方面，既要发挥地方政府的作用以调动行政力量，又要发挥乡村学校的作用以整合师生力量。

三 统筹乡村学校助力乡村振兴的空间

与教育参与脱贫攻坚相比，乡村学校的村振兴功能得到的外在保障还不足，在行动空间上还不顺畅。因而，需要在《中共中央 国务院关于实现巩固拓展脱贫攻坚成果同乡村振兴有效衔接的意见》的指导下，依据乡村振兴的愿景描绘，借鉴教育助力脱贫攻坚的经验，从以下方面统筹考虑乡村学校助力乡村振兴的空间。

（一）完善乡村文化的公共服务体系

乡村文化振兴是一个庞大的体系，乡村学校在乡村文化振兴方面大有可为。传承乡土文化是乡村学校促进乡村文化建设的最主要途径，是繁荣乡村文化的重要内容。以传承乡土文化为基底，不断通过形式创新、内容创新推动乡村文化振兴是新时代赋予乡村学校的使命。研究发现，乡村学校也确实在乡村文化振兴中发挥重要作用，有力地推动乡风文明建设，但宏观政策保障的缺乏、公共文化服务体系的不健全、文化能人的不充足导致乡村学校传承乡土文化的主体力量不足、传承方式因循守旧、传承内容吸引力弱等。随着乡村振兴的推进，乡村学校要肩负的文化使命更重。乡村学校生源减少、规模缩小的趋势在短时间内难以彻底扭转，通过增强外在支持来弥补内在力量不足是维持乡村学校促进乡村文化建设功能发挥的重要途径。

结合乡村振兴战略的规划内容，对照乡村学校促进乡村文化建设的要求，国家统筹规划要关注以下方面：首先，确立乡村学校要发挥乡土文化功能的制度依靠。以《中共中央办公厅 国务院办公厅关于进一步加强农村文化建设的意见》为基础，结合新时代乡村变化制定关于繁荣乡村文化的专门性文件。在文件中确立乡村学校之于乡村文化建设的重要意义，强调乡村学校在开展文化活动的作用。其次，在规划乡村文化繁荣的重大工程中，把乡村学校作为重要的参与主体。依据乡村学校优势，给出激发乡村学校师生参与的指导性方案。比如，在实施农耕文化保护传承工程时，将农耕文化挖掘与学生社会实践活动结合起来，将农耕文化的利用与学生劳动教育实践结合起来；在实施传统工艺振兴工程时，将工艺传承与当地乡村学校特色课程开发结合起来，倡议手工技艺能人到乡村学校讲学；等等。再次，在推动乡村文化设施建设上，尝试将乡村学校与当地文化中心关联起来，以增强文化设施的利用率。比如在建设文化服务中心时，可充分利用闲置校舍和闲置的校园场地，如此一来还可方便学校与村民间联系，以及联合开展文化活动；在学习中心建设上，提倡学校图书室、电子阅览室定时向村民开放，[1] 村庄图书室、学习室长期向学校开放，实现乡村学校对村庄的图书补给和校村图书资源共享，为乡村师生引领村民阅读提供支持。最后，整治乡村中不良文化传播现象，提升民众文化品位。将不良网络文化、低俗不堪表演、陈规陋习、迷信等作为整治重点，激励乡村居民多关注社会正能量文化；增加优秀乡村文化产品和服务的供给，[2] 营造风清气正的乡村社会环境。

（二）发掘学校带动乡村经济的空间

研究表明，在乡村学校的乡村振兴功能5个维度中，乡村学校在推动乡村经济建设方面的实际效果最差。这种情况既揭示了乡村学校在此方面发挥作用的难度最大，又告诉我们乡村学校在助推乡村经济水平提升方面还有更多可努力的空间。有乡村振兴战略提出以来，人们对于乡村教育价值取向的争论也发生了转变。人们在批判"离农"倾向的教育时提出，乡村教育也要为升学无望、难以脱离农籍学生的未来生活做准备。由于学校所教知识脱离乡村生活需要，学生在其中感受不到学校教育对其成长的益处，学生在学校学习兴趣不高、厌学情绪明显，导致一

---

[1] 《中共中央办公厅 国务院办公厅关于进一步加强农村文化建设的意见》，《人民日报》2005年12月12日第1版。

[2] 《中共中央 国务院印发〈乡村振兴战略规划（2018—2022年）〉》，《人民日报》2018年9月27日第1版。

些学生在学校场域找不到归属感、认同感。即使在普及义务教育、严格执行"控辍保学"、对学生发放补助的当下，乡村学生家长往往以有何经济价值、能否带来收入上的增长来质疑子女入学就读的必要性。国家在要求各地做好"控辍保学"的同时，也要就如何把有辍学倾向学生留下来、如何激发学生的学习兴趣、如何保障乡村学生学得好给予学校引导，并指导各地在乡村教育振兴过程中，注重依据乡村振兴人才需要优化乡村学校教育方案。

结合前述乡村学校在经济推动与带动上的调适范畴来看，国家统筹规划中需要从以下方面给予支持：通过法律解读、政策阐释、案例搜集与分析的方式，向社会大众展示接受教育不仅能够提升人力资本，还能够在乡村生产经营中获得更高收入，以此营造全社会积极接受教育的氛围，助力现代农业发展。通过支持乡村学校开设生活教育课程，增加乡村学校教育中农业生产知识、商品经营知识内容，让乡村学生在学好基础文化课的同时也能获得更丰富的乡村生产生活知识和多样的社会生存之道。通过赋予乡村学校更多自主决定权，优化乡村学校的校本课程设计，增强与本土特色产业的联系，以事实证明乡村学校并非与居民生产生活完全脱离，而是在通过发挥教育功能促进乡村新一代青少年全面发展，在为让乡村学生过上更好的生活而努力着。通过允许乡村学校师生开展多样化的社会实践，融入当地农业生产经营中，为其提供人力支持、发展策略和技术指导，并利用语言优势、文艺优势助力特色农产品品牌宣传和电商销售，本研究建议加强乡村学校劳动教育实践基地与乡村农业生产联系，在乡村学校劳动教育实践基地进行种植、养殖的实践创新，尝试采用新品种、新技术，成功之后再推广给大众使用，以规避他们对试用新品种、新技术风险的担忧。通过政策倾斜方式倡议乡村学校支持周边乡村增收，比如学生营养餐所需食材，办公或学习所需文具就近取材、就近购买，学校所需工勤人员的聘用就近选才，等等。

（三）打通学校助力乡村政治的通道

在践行"扶贫先扶志""扶贫先扶智"的过程中，各级各类学校都发挥了重要作用。诚然，高校因会聚更多的专家和各级各类的人才，能够给予乡村发展高瞻远瞩的谋划、科学理性的指引，能够围绕贫困地区的社会发展状况提供战略咨询、规划编制、专题研究、法律服务、国际支持等形式多样的智力帮扶,^①为乡村提供的决策咨询服务具有宏观性、长远性,是任何类型的学校都难以企及的。但由于缺乏对乡村具体人文情况、隐性影响因素的了解,高校提供的参谋意见在实际运用中依旧会经常碰壁,在乡村发展的细节处理上易出现鞭长莫及的情况。乡村学校作为履行基础教育任务的学校,无论从社会影响来看还是从智囊团力量来看,都远远赶不上高校,但"在乡村"的特征让其更加了解乡村发展需要、更加了解乡民心性,这也是城市学校、高等学校的薄弱之处。基于乡村学校的这种特征,国家在支持教育助力乡村振兴的文件中,要确立乡村学校的独特地位:乡村学校能够对高等学校、研究机构的决策服务意见进行转化,使其更加符合乡村的需要,也更能实现服务效果;乡村学校中的领导和教师作为乡村建设的参与者,能够对民众意见进行搜集并通过合法、合理途径表达出来,因而要充分发挥乡村学校和教师在乡村管理中的正向带动作用,间接促进乡村民主;乡村学校作为乡村文明中心、知识传播中心,受到乡村民众的信任,可通过提升乡村学校的管理服务能力、参与社会事务能力,来增强其为乡村治理提供参谋的能力;在乡村治理人才队伍建设中,考虑将乡村学校领导、有参与乡村治理意愿的教师纳入,允许他们通过参与、建议、监督等方式促进乡村学校提升治理能力。

　　此外,做好党建工作有助于助力乡村治理完善。国家层面在制定有关乡村学校发展、乡村教师队伍建设、乡村治理改善、乡村党组织建设的文件时,强化乡村学校党建工作,鼓励乡村学校与乡镇、村就党组织工作、党支部建设进行合作交流。正如《教育部等六部门关于加强新时代乡村教师队伍建设的意见》提及的"鼓励乡村学校党组织与乡镇党委、村党支部开展联学联建活动"[2],在党建方面,乡村学校鼓励教师们借助学校党组织与乡镇党委、村党支部开展联学联建活动、参与乡镇教师大会、听取乡镇政府工作汇报会等的契机,引导党员教师不断参与乡村社

---

① 《教育部等六部门关于印发〈教育脱贫攻坚"十三五"规划〉的通知》,http://www.moe.gov.cn/srcsite/A03/moe_1892/moe_630/201612/t20161229_293351.html。

② 《教育部等六部门关于加强新时代乡村教师队伍建设的意见》,http://www.moe.gov.cn/srcsite/A10/s3735/202009/t20200903_484941.html。

会实践，了解乡村生产生活实际，并将搜集的民情民意表达出来，为乡村治理建言献策。

（四）营造学校增进乡村情感的氛围

《乡村振兴战略规划（2018—2022年）》中提出"以乡情乡愁为纽带"①，吸引社会各界投身乡村建设。人才匮乏成为乡村振兴的短板，②是不容争议的现实。与乡村振兴面临的人才流失、人才缺乏局面同时存在的是，外界资源难以进入乡村，更难以在乡村转化为生产力。人们与乡村的情感疏离是实现乡村振兴的障碍，增进人们与乡村的感情可为乡村发展增添活力、促进乡风文明建设，进而有利于乡村振兴的实现。站在国家发展、民族复兴的角度看，具有乡情乡愁的人对乡村振兴的意义认识深刻，更有可能为乡村发展作出贡献。乡村情感并非皆与生俱来，有些是在家庭、社会、学校等影响下逐渐形成的。乡村学校作为乡村的教育中心、文化中心，既是乡村教师的工作地，也是乡村学生的求学地，还是村民心中的"知识圣地"。从乡村走出来的各行各业人才对乡村学校都有难以割舍的情感，每一类群体的乡村情感都指引着他们关注乡村、支持乡村。从横向来看，乡村学校增进乡村情感认同的效果最好，说明乡村学校在增进人们乡村情感方面发挥了较大作用，把不同群体的力量凝聚在一起，共同促进乡村的进步，有助于乡村振兴的实现。

继续发挥乡村学校在增进全社会乡村情感认同方面的作用，并为其提供必要的社会支持是国家统筹规划要考虑的重要内容。首先，强调在建设标准、规划设计中突出乡村学校的特殊性。带有乡土气息的校园文化能够在师生群体中渲染乡情。国家在制定乡村学校建设标准时，规定乡村校园文化建设要体现当地特色，鼓励他们采用校园墙、文化角、活动室等来体现呈现当地的良风美俗，增进学生对家乡的深层了解。这对学校设计提出了较高的要求，由此需增加对乡村学校的校园规划设计的关注度。为保证校园规划设计得到实效，政策上的指引、智力上的支持

---

① 《中共中央 国务院印发〈乡村振兴战略规划（2018—2022年）〉》，《人民日报》2018年9月27日第1版。

② 李博：《乡村振兴中的人才振兴及其推进路径——基于不同人才与乡村振兴之间的内在逻辑》，《云南社会科学》2020年第4期。

需要跟进。相关部门要做好统筹协调,搭建对口帮扶平台,实现城乡学校之间、东部优秀乡村学校与中西部乡村学校结对帮扶,通过沟通交流、经验借鉴、技术支持等为乡村学校建设提供方案。其次,面向学校设置全国性的、多样化的表达乡情的活动,并大力支持乡村学校协助乡镇、村组织做好对外宣传工作。鼓励各地开展相应的活动,比如报刊征文、歌舞比赛、演讲比赛、书法绘画创作等。通过设置荣誉奖项,激发师生积极参与,增强他们的乡村归属感、自豪感。鼓励以乡村学校为依托,开展广泛性的表达乡情活动,给予乡村居民及有过乡村成长经历的人士表达乡情的公共机会。乡村教师要做社区居民科学生产、健康生活的指导者和引领者,大力宣传现代社会与公民思想,使社区居民的生活不至于走向迷途。

(五)支持学校参与生态改善的实践

在建设美丽乡村的征程中,改善乡村生态是基础性工作。依据乡村振兴战略规划的主要指标和目标预设,中国要在2022年实现禽畜粪污综合利用率达到78%,村庄绿化覆盖率达到32%,对生活垃圾进行处理的村占比高于90%,农村卫生厕所普及率高于85%;在2035年前要努力解决生态问题,实现农村生态环境的根本转变,基本建成生态宜居的美丽乡村。[①] 从乡村发展现状来看,无论是东部还是中西部都面临各种生态问题,每个乡村都有不同方面、不同程度的问题。为早日彻底改善人居环境、实现美丽乡村建设,各社会主体都要付出努力。乡村学校是乡村社会的重要组成部分,既承担着改善自身生态的责任,又有义务参与乡村其他方面生态建设。在改善自身生态方面,乡村学校具有较大的自主权,能够通过利用乡村自然植物丰富的优势增强学校绿化面积,通过生态文明教育引领学生认识爱护生态的重要性,通过管理制度约束师生破坏生态的行为,等等。在参与乡村社区生态建设方面,乡村学校凭借教育资源优势支持乡镇、村开展面向乡村居民的生态文明教育,积极参与提升农民生态素养的行动;凭借可以集中师生人力的团体优势助力乡镇、村的生态环境整治活动,通过引介绿色、低碳、节约的生产生活方式减少

---

① 《中共中央 国务院印发〈乡村振兴战略规划(2018—2022年)〉》,《人民日报》2018年9月27日第1版。

污染物排放。

　　乡村学校参与乡村社区生态建设需要外界支持，比如国家在顶层设计上以制度文件确立其重要意义、赋予其合理性，重申生态建设对于当代人身心健康、生活质量提高的现实性意义，对于乡村提升第一、第二产业效益，增强第三产业比重，促进一二三产业融合发展的基础性意义，对于子孙后代生存、中华民族永续发展的前瞻性意义，以引起各级各类部门及社会大众的重视，营造全社会重视生态建设的精神氛围。将乡村生态建设与乡村文化建设、乡村经济建设相结合，转变乡村经济生产方式，提高资源利用率，摒弃粗放型、高能耗、重污染生产方式，引入节能环保产业，减少乡村整体污染物排放和增强污染物处理能力，营造乡村重视生态建设的实践氛围。加强乡村生态建设研究，挖掘利于乡村生态发展的学校因素，基于研究提出乡村学校参与乡村社区生态维护的可能途径，并尝试对不同地区、不同类型学校进行分类指导。强化开展生态文明教育的重要性，并就各地如何部署全民生态文明教育给出指导意见，倡议乡村地区吸纳以乡村学校为重点的多元主体参与其中；支持乡村学校带领学生走出教室，接触大自然，并通过解读环保常识、小实验引领学生认识到爱护生态的重要性；鼓励乡村学校走进乡村社区，通过形式多样的宣传方式，让乡村居民意识到自己的行为与生态的关联性，让他们体验绿色生活的舒适。

第六章

乡村学校之乡村振兴功能发挥问题的解决路径

尽管乡村学校在助力乡村振兴方面尝试做出多种努力，但依旧存在许多问题。基于乡村学校发挥乡村振兴功能时面临问题的归因分析，本研究提出要加强宏观统筹以确保助力乡村振兴的学校布局合理、教师力量充足；乡村学校要从教育对象、教育内容、教育形式及评价制度方面进行调适；乡村师生要逐渐适应乡村场域的变化，积极参与服务乡村的行动；家校之间增强联动合作，以巩固学校振兴乡村的效益。

第一节 加强宏观统筹以增强乡村学校组织力量

乡村学校的整体布局对乡村学校的乡村振兴功能发挥产生重要影响，乡村学校的消失、撤并现象使得乡村场域中教育机构行动者减少，能够为乡村发展补充的各类资本也相应减少，最终不利于乡村的发展。因此，增强乡村学校组织力量的首要任务就是重新统筹乡村学校布局调整，确保乡村学校不贸然离村。现实中乡村学校教师来源还不够多元，越来越多的教师生活方式逐渐"脱离"乡村。这致使能够长期将乡村学校和社区发展联系起来的中坚力量不足。因此，提升乡村教师胜任力非常必要。

一 重新统筹协调乡村学校布局调整

当前乡村学校布局大体呈现如下局面：不断有村小从完全小学变为

非完全小学，从非完全小学变为幼教点；全乡、全镇中小学校数量逐渐减少，甚至仅保留一所小学和一所中学；保留的小学和中学在每学期开始经常出现学生流失现象。这些现象不是只在某一地出现，而是全国乡村中普遍存在，且近些年在中西部表现明显。同时，也说明中西部地区的城乡间差异较大，城市教育资源对人们有较大的吸引力。因此，如何对待乡村学校布局变化不是某一地的事情，而是全国的事情。

（一）吸收国外乡村学校布局调整经验

乡村学校布局调整是随着乡村人口变动必然出现的问题。城镇化、城乡一体化发展都会存在类似的问题。乡村学校布局调整必然带来"学生进一步远离乡村劳动场域"[1]的后果，也加剧了乡村学生远离乡土、学校悬浮于村庄的局面。这一问题不只在中国出现，世界其他国家也会遇到此类问题。

美国是世界上较早进行学校布局调整的国家，1869年，马萨诸塞州首次把农村地区过小的学区合并为大学区，以解决学校分布过散、规模太小、资金投入不足等带来的一系列问题。但是20世纪70年代以来，美国政府转而建设小规模学校。大体而言，美国农村小规模学校经历了从快速合并、延缓合并到复兴重建的曲折历程。[2] 20世纪末，英国小规模学校为适应发展形势，采取了"集群"或"联盟"的策略来维持。[3] 新西兰也曾遇到这样的问题，1989—2000年，新西兰撤并了一批小规模学校，2001年后撤并规模逐渐扩大。不过，新西兰的调整合并比较谨慎，是在综合评估了学校以往的入学率、在校生数、师资规模的基础上做出的。尽管如此，当时依旧出现学校功能被弱化，不能适应当地乡村居民生产生活需要的问题。日本也曾为应对学龄儿童减少而造成众多学校生源短缺的问题，在全国范围内进行了学校布局调整。不可否认的是，由于日本经济条件发达，教育财政力水平高，在一些地区保留了村小和教学点，

---

[1] 欧阳修俊、谭天美：《乡村学校劳动教育课程变革的挑战与方向》，《中国教育学刊》2019年第8期。

[2] 陆萌、唐智松：《美国农村小规模学校从合并到复兴的曲折历程及启示》，《教师教育学报》2018年第2期。

[3] Galton M., Hargreaves L., "Clustering: A Survival Mechanism for Rural School in the United Kingdom", *Journal of Research in Rural Education*, No. 11, 1995.

并且配有高水平的教师和完善的教育设施。加拿大学校布局调整取得了节约教育经费、促进薄弱学校发展、优化师资队伍等积极效果,学区董事会在决策是否关闭某一学校时,比较注重公众参与,关注居民的参与权。澳大利亚内陆地广人稀,乡村学校较为分散,人口老龄化和年轻人移居城市使得村庄发展缓慢,通过发展乡村中小学来带动乡村社区,特制订了"乡村地区计划",提供资金、课程、教师等多方面的援助。[1] 泰国在乡村学生人数逐渐减少的情况下,也采取了合并学校、创建学校网络、教师复式教学等措施,以形成规模效益,组成师生共同参与的学习网络,共建共享教育资源。[2] 匈牙利也曾遇到人口规模变化引发的乡村学校发展瓶颈。面对人口下降和市政当局维持学校能力下降的问题,匈牙利地方协会采取一系列联合行动来拯救一所小学的案例。[3]

从国外经验来看,乡村学校布局调整出发点基本都是人口减少带来的乡村学校办学规模效益低的现实。调整过程往往体现为:初期注重效益,撤并规模较小的教学点或村小;后期逐渐放慢撤并速度,适当保留甚至恢复一些村小或教学点。促成后期措施与前期措施有所不同的因素大致包括撤并学校后大量乡村儿童求学路途遥远、学校与乡村社区联系变少加剧了学校不能适应当地乡村需要的问题等。为应对布局调整带来的新问题,国外采取的措施有依据家校距离为学生提供交通补贴或资助、为小规模学校提供课程援助、调动社会组织力量支持薄弱学校改善条件、注重公众对决策的意见反馈等。

(二)总结国内乡村学校布局调整问题

首先,是否撤并问题。20世纪末,我国出生率降低导致农村中小学适龄生源明显逐渐减少,城镇化水平不断提高促使农村中小学生源流失严重。在农村中小学布局调整、薄弱学校改进、寄宿制学校完善与管理等方面,我国出台了专门文件,地方政府也进行了积极响应,比如撤点

---

[1] 孙闻泽、范国睿:《乡村小规模学校发展的国际经验与启示》,《全球教育展望》2020年第6期。

[2] Paichayontvijit T., "Small School Networking Projects Make the Grade", 2014-10-20, https://tdri.or.th/en/2014/10/small-school-networking-projects-make-the-grade/.

[3] Kovács K., "Rescuing a Small Village School in the Context of Rural Change in Hungary", *Journal of Rural Studies*, Vol. 28, No. 2, 2012.

并校政策、薄弱学校改进计划等。在撤点并校前期和初期，人们关注到乡村"空心化"现象、乡村学校资源浪费现象，比较倾向于通过撤、并实现资源的最大化利用。在撤点并校实施以后，新问题不断滋生，比如给学生带来的求学不便、给教师带来的工作地频繁变动麻烦以及对乡村文化建设产生的负面影响。随着撤点并校的推进，越来越多的问题凸显出来，甚至引发了村民上访请愿和撤并纠纷。[1] 由于问题越发严重，"撤点并校"政策后来不再强制推行，部分即将被撤并的小学保留下来，但是因生源流失严重，一些学校目前难以维持，仍然面临消失的困境。撤点并校导致原来居于村庄之中的乡村学校消失，很有可能导致乡村文化氛围和人们向上的精神消失。[2] 如何制定撤并决策以及如何安抚撤并的利益受损者是需要认真考虑的。

其次，学校选址问题。有些学校和政府陷入了困顿，复杂的生源流动现象导致学校搬来搬去。无论如何考虑，总会有很多利弊因素相抗衡。从不同角度分析，学校选址有所不同，比如，从地形及交通来说，学校一般选在交通较为方便的地段；从人口分布来说，学校一般选在人口较多的地方；从经济发展水平来说，学校一般选在经济发展程度较高的地方。有学者认为最佳、最合适的位置依旧是乡村的中心位置，因为这样比较利于学校整体功能发挥。[3] 但事实上，很多地方由于村庄分散，无法实现在乡村中心布点。一些民族地区的村寨基本设有学校，但随着现代化的冲击，这些学校逐渐暴露出学生流失、资源短缺、师资匮乏、教学质量低等问题。[4] 依据当地人口规模变化和乡村振兴的需要，这些学校在很大程度上要涉及撤并选址和新建选址问题。还有地方将村小搬至乡镇，学生不适应新学校的情况经常出现，最后导致越来越多的学生"隐性辍学"。这也使得乡村学校布点选择问题较为复杂。

最后，学校离村问题。乡村学校不仅是乡村文明的象征，也是乡村振兴的重要力量源泉。一个乡村学校的存在对于人们具有暗示作用，暗

---

[1] 王鉴：《西部农村小规模学校发展思路研究》，《教育发展研究》2019 年第 20 期。
[2] 梁鸿：《中国在梁庄》，台海出版社 2016 年版，第 96 页。
[3] 薛小平：《从区隔走向共在：乡村学校建设的"空间立场"》，《教育发展研究》2018 年第 24 期。
[4] 王鉴：《西部农村小规模学校发展思路研究》，《教育发展研究》2019 年第 20 期。

示人们认识到学龄前的孩子要上学。① 这种潜移默化的影响会对人们接受教育的积极性产生作用。并且与过去相比，乡村学校离村虽然实现了学校规模经济效益，但是将成本转嫁到了家庭之中，家庭的教育投资增加。在一些地理位置偏远、发展滞后的地方，乡村学校能够向学生传递健康的生活习惯，有利于学生养成良好的卫生、生活习惯，进而带动家庭生活习惯的改善。② 学校的存在还能引导人们远离封建迷信、网络诈骗等非法活动，还能提升周边村庄的宜居性。③ 失去学校后的村庄甚至出现一年半载难以遇到"文化人"的现象，同时涉及普法教育、政治民主和农业推广的活动难以开展。④ 总之，学校分布密度大大降低，传统学校的生态平衡逐渐被打破，大部分学生面临家校物理空间距离增加、上学难的问题，学校与村庄的联系更加不方便，也不利于乡村学校的乡村振兴功能发挥。

总之，布局调整是解决乡村学校面临困境的重要措施。基于小规模学校发展的国内外经验，我国要坚持多元价值取向，以科学理论支持乡村学校发展，积极践行实践智慧。

（三）统筹决策乡村学校布局调整方案

乡村学校布局变化分为自然变化、人为变化。自然变化是一种非人为因素介入的、非人们刻意而为之产生的变化。由于导致变化产生的原因不断变化，即使在变化产生之后，无论人们如何付出努力去控制结果走向，也常常无济于事。人为变化是一种由人为因素介入的、人们刻意施加影响以使其朝着某一方向改变而发生的变化。人为变化因素包括乡村居民的意见和要求、乡村教师的意见和要求，以及政策的调整等。但在实际中，乡村学校布局变化往往难以界定为纯自然变化或纯人为变化。这是因为学校的布局调整要兼顾政策指引下的宏观调整、乡村对学校的

---

① 孙强、刘海宏：《学校对村庄意味着什么》，《青年教师》2010年第4期。
② 任运昌：《西部农村寄宿制学校给农民家长带来了什么——一项质的研究及其现实主义表达》，《当代教育科学》2006年第18期。
③ 周晔：《"学校离村"的乡村教育新动向及其社会文化隐忧——兼与"文字上移"提法商榷》，《河北师范大学学报》（教育科学版）2015年第5期。
④ 任运昌：《西部农村寄宿制学校给农民家长带来了什么——一项质的研究及其现实主义表达》，《当代教育科学》2006年第18期。

需要，以及乡村居民、乡村教师的利益表达。当自然变化导致乡村学校生存艰难时，当人为变化导致教育资源不均、教育公平等新问题时，当自然变化或人为变化阻碍人们受教育权实现时，国家需要在乡村学校布局变化方面做出决策行动。

国家在制定乡村学校布局调整决策时，要统筹兼顾合法化、科学化、民主化、道义化。合法化是必然要求，科学化和民主化是基本要求，[①] 道义化是更高层次的要求。乡村学校布局调整决策是一种公共决策，应该在内容选择和办理程序上高度遵循法律法规，法律法规决策得以执行的强制力保障，合乎法律法规的决策才能获得较高的公信力，才有取得较好执行效果的可能。科学化、民主化也是我国政策文件中明确规定的，比如"科学制定农村义务教育学校布局规划"[②]，"作出重大行政决策应当遵循科学决策原则……作出重大行政决策应当遵循民主决策原则"[③]。科学化的学校布局调整决策强调遵循客观规律，体现的是效用最优，因而科学化决策下人们选择的往往是布局调整后能将资源效用的最大化的方案，其间包含了对各利益主体损失与收益的衡量。民主化决策更能体现人民的意志，维护大多数人民的根本利益。具体到乡村学校布局，决策制定者对于乡村的了解程度影响决策的公众认可度。在决策过程中听取乡村居民的利益表达，增强决策方案的开放性，有利于提高乡村学校布局决策的民主性。道义化是决策过程中对道德和伦理的关怀，[④] 体现了对利益受损者、弱势群体的人文关怀，是一种更高层次的公平正义。在乡村人口仍占很高比例的当下，乡村振兴时代的学校布局调整要把特殊群体作为关注重点，要为他们的受教育权提供托底作用。要关注的特殊对象包括经济条件不好导致的贫困学生、父母不在身边的留守儿童、地理因素不佳而产生的求学路途较远或较险的学生以及民族、宗族等具有

[①] 李志昌：《处理好决策中的科学与民主》，《学习时报》2013年4月8日第5版。
[②] 《国务院办公厅关于规范农村义务教育学校布局调整的意见》，http://www.gov.cn/zwgk/2012-09/07/content_2218779.htm。
[③] 《中华人民共和国国务院令（第713号）》，http://www.gov.cn/zhengce/content/2019-05/08/content_5389670.htm。
[④] 刘善槐：《农村学校布局调整决策的科学化、民主化与道义化研究》，教育科学出版社2014年版，第90页。

特殊文化地区的学生。①

围绕乡村学校布局调整的科学化、民主化、合法化、道义化,当下乡村学校布局调整应着重以下方面:以村庄分布为依据,将保障适龄青少年受教育权作为重要指向,非必要不撤校、不撤点,以尽可能规避"村学离村"引发的乡村文化生态结构被打破现象;②依据乡村人口分布变化,对学校规模进行调整,在生源较少地区办好小规模学校;对于经济社会发展滞后但交通较好的地区,集中力量办好乡镇中心校和现存村小,并投入校车接送师生,通过政府补偿减免家庭教育支出;暂停对地理位置不佳、交通不便的村小、教学点撤并,待交通条件改善以后再考虑学校布局调整问题;依据乡村振兴需要,在具有特色资源的地方办好乡村学校,以特色化发展留住乡村学校,谨防"三孩"政策后乡村生源增加而学校不足的情况发生。城乡发展规划是乡村学校布局变化的又一重要影响因素,因而,乡村学校布局须与当地城乡发展规划相适应,随着乡村区划建制调整幅度来决定是否调整学校布局与规模;对于不适合撤且办学确实困难的乡村学校,可通过改变服务对象、服务内容实现转型发展。诚然,对于乡村学校来说,布局调整很重要,但能否发展下去,能否对乡村振兴起到较大助推作用,则要看学校的胜任力如何。

二 扩编增能以提升乡村学校胜任力

人才是乡村振兴的关键要素,离开人才支撑,再美好的振兴愿景也难以实现。但现实却是乡村振兴人才非常缺乏。乡村学校作为专门的教育机构、在乡村的正规组织,应拥有一支文化程度较高、较长时间驻扎乡村的人才队伍——乡村教师。研究表明,以往乡村教师对乡村建设起到了启发民智、化民成俗、人才培养、传承文化、调解纠纷、改善治理等作用。③本研究的调查结果表明,乡村教师对当前的乡村振兴也有一定的助力作用。但是,助力意识不足、整体数量偏少、助力能力有限、权

---

① 刘善槐:《农村学校布局调整决策的科学化、民主化与道义化研究》,教育科学出版社2014年版,第137—144页。
② 周晔:《村学的社会文化功能及退出影响》,《社会科学战线》2017年第2期。
③ 唐智松、高娅妮、王丽娟:《乡村教师如何助力乡村振兴——基于职业作用的调查与思考》,《现代远程教育研究》2020年第3期。

威角色式微、支持系统缺乏限制着他们发挥作用。[1] 从提升乡村学校服务乡村振兴的胜任力来考虑，可通过为乡村学校增加教师编制、补充具有服务乡村振兴优势的教师及注重增强乡村教师的乡村情感培养来实现。

（一）依据乡村振兴需要为乡村学校扩编

乡村学校的乡村振兴功能涉及文化建设、经济建设、政治建设、社会建设和生态建设，需要较多的乡村教师发挥助力作用。通过研究发现，很多乡村学校都面临着结构性缺编、占编挪编、补编困难等问题。[2] 同时，乡村教师流动性大，学校中能够长期充当乡村学校与乡村社区联系媒介的教师不多。诸如此类的因素导致乡村学校助力乡村振兴上面临人手缺乏难题。

上述问题使得为乡村学校增加乡村教师编制，尤其是从服务振兴角度考虑增加编制显得非常必要。首先，国家宏观层面在维持乡村学校既有编制基础之上，支持为乡村学校增加负责服务周边乡村社区各方面发展的编制。通过出台相应的政策规定，指引地方政府及相关负责部门做好规划、落实责任。其次，编制部门、人事部门和教育部门共同确立编制补充标准。教师编制增加的标准以乡村文化建设、乡村经济建设、乡村政治建设、乡村社会建设、乡村生态建设五大方面需要为依据，在镇中心校设置分别负责文化引领、经济推动、政治导向、社会促进、生态示范的五类专员，然后再依据镇中心校下属乡中心校、村校、教学点的数量来适当增加五类专员数量，并将这些专员分配到不同学校中。

此外，还要体现因地制宜，比如增加的编制向班级规模比较大且辐射乡村数量多的学校倾斜；向乡村教师专业背景窄、缺少具有乡村经历的教师、难以抽出教师服务乡村的学校倾斜；依据地缘优势，在当前"县管校聘"制度下尝试片区内编制共享。在实际运行中，并不是仅靠新增加的这些岗位的教师服务乡村，而是要将乡村学校所有教师视为整体，这些专门岗位教师负责起带头和联络作用；对于这些编制位置上的教师

---

[1] 周晔、徐好好：《乡村教师在乡村振兴中的应为与可为》，《苏州大学学报》（教育科学版）2022年第1期。

[2] 王丽娟、唐智松：《乡村教师缘何屡补屡缺——基于编制政策执行偏差的分析》，《中国教育学刊》2021年第11期。

的考核要与普通教师有所区分，对于所有教师的考核都应将服务乡村建设的工作量计算在内。

(二) 补充具有服务乡村振兴优势的教师

近年来，随着选聘标准逐渐提高、培训机会不断增多，乡村教师专业化水平日益提升，新问题层出不穷。新聘教师生活在乡村的时间有限，对当今乡村生产生活方式了解不够，加速了学校成为"乡村孤岛"的进程。流动性大、补充困难，学科结构失衡，年龄结构不佳，专业素养偏低、专业发展动力不足，信息能力不足、网络技术欠缺等是乡村教师区别于其他教师的特征表现。不仅如此，教师工作内容囿于书本、课堂及学生某些信息的统计方面，对学生的生长背景及成长需要了解不充分，从而难以为乡村学生传授乡土化的技能。这种情形下培养出来的学生，除了升学那部分以外，其余则难以在乡村谋得擅长的生存之道。总之，在乡村全面振兴背景下，乡村教师队伍建设不仅要实现专业化，还要实现多元化。具体来讲，一方面，招聘具有农业生产经营、乡村社区服务的年轻人加入教师队伍，如具有农学背景的大学毕业生、青年教师，拓展学生的理论视野，激发学生学习积极性；另一方面，从村中选聘人员补充队伍，比如选聘具有手工技艺、种养殖技术的能工巧匠，来充实学校实践课程的师资，向学生传授相关技能。需要注意的是，不能刻意限制乡村教师工作的正常调动，[①] 要通过"活起来"激发乡村教师队伍的整体力量，以保持乡村教师队伍总体上的量和质的稳定性。

(三) 注重增强乡村教师的乡村情感

对乡村具有高情感认同的教师更易引领学生形成高情感认同。在乡村振兴时代，加强乡村教师教育要从职前、职后共同努力。职前教育中对乡村教师进行乡村情感培养非常重要，亦即需要高度关注师范生尤其是可能到乡村就业的师范生，在他们的日常教学培养中不断融入乡土文化知识，通过大学阶段的学习与实践亲近乡村，减少对乡村的陌生感，为毕业后到乡村学校工作做好情感上的准备。在乡村教师的职后培训中，无论是教师管理者，还是教师教育者，抑或教师本人，都应不断加强对

---

① 唐松林、姚尧：《乡村振兴战略中教师的使命、挑战与选择》，《湖南师范大学教育科学学报》2018年第4期。

乡村的了解，感受乡村的变化。乡村教师管理者和教师教育者，以理论阐释与案例分析相结合的方式唤醒乡村教师对乡村的热爱之情，使其明确自身价值，勇于、善于加入建设乡村的行动中。既要鼓励乡村教师积极参与乡村建设，在为乡村出谋划策中自然产生对教育事业的责任感；又要发挥外部力量如学校、村镇干部、村民等对乡村教师进行关怀，通过生活点滴向乡村教师表达关怀，让其在感受乡村对其的关爱中对乡村产生热爱感、归属感、责任感。[1]

乡村振兴是一种全面振兴，乡村学校在乡村之中的话语权有限，自身的组织力量还需增强，即便全身心投入乡村振兴也不能满足现实需要，更何况乡村学校还须保证基本的教育教学工作。因此，应形成各部门联合、上下协作的局面，乡村干部队伍、群团组织、社会组织、集体经济组织也要积极支持乡村学校助力乡村振兴。同时，教育管理部门要向乡村学校做好宣传工作，让学校领导及教师认识到学校与社会的关系、乡村学校与乡村的关系、乡村学校的时代责任，增强其参与乡村学校助力乡村振兴过程的使命感。

第二节 调适乡村学校工作模式以助力乡村振兴

教育功能是乡村学校的主要功能，大教育观视野下的乡村学校功能范围应该面向整个乡村社会。乡村学校的时代价值主要表现对乡村振兴的贡献上，它通过在乡村经济、乡村文化、乡村政治、乡村社会和乡村生态方面发挥作用，促进乡村建设与助力乡村振兴。相应地，在工作内容方面，学校除传授课本文化知识、开设乡土文化课程之外，还要将服务乡村振兴纳入工作安排，发挥在文化、经济、政治、社会、生态方面的作用。总之，乡村学校要以教育功能为基，不断拓展服务乡村的范围，使乡村学校功能发挥范围呈现网络放射状，亦即以乡村学校为核心，辐射周边，并随着辐射范围的外扩向人口聚集点延伸。同时，学校还要注

---

[1] 程莲雪、王丽娟、唐智松：《乡村学校在乡土文化传承中的价值及其实现》，《教学与管理》2021年第15期。

重吸纳其他学校的经验，借鉴优秀做法；以当地乡村发展优势为依据，寻求学校与乡村接洽点。

一 将乡村民众纳入教育对象

随着乡村学校管理体系、财政体系的变化，乡村学校的实际受众也不断变化。不同时期学校承担的教育任务略有差异，有的时期只关注在校生的教育，有的时期同时关注在校生和乡村民众的教育。乡村振兴是一种全面振兴，振兴蓝图中的乡村人口素质较现在有较大提升、乡村人才缺口及时补充、乡风文明程度明显提升、乡村学校布局合理、乡村教师更加充足等。脱离村庄的乡村学校、离农化的乡村学校教育、非农的乡村教师都需要调适，乡村学校要回归与乡村的联系、乡村学校教育要兼顾社会功能的发挥、乡村教师队伍要逐渐向多元化发展。唯有如此，才能保持乡村学校在乡村振兴中的活力；也唯有如此，方能使乡村振兴更具有持续动力和源泉。调适乡村学校的教育对象，既是时代发展的呼唤，也是最能加强乡村学校的乡村振兴功能的途径。"要改变一般人的本性，使他获得一定劳动技巧，成为发达而专门的劳动力，就要有一定的教育和训练。"[1] 将教育对象扩至乡村民众的目的之一便是塑造新农民，为乡村振兴储备劳动力。

将教育对象扩至乡村民众的目的之一便是消除文盲、促进乡村人口知识增长。第七次全国人口普查公报显示，全国人口中文盲人口（15 岁及以上不识字的人）为 37750200 人。[2] 这三千多万文盲人口基本分布在乡村。很多在 20 世纪 90 年代成立的乡村成人学校已经荡然无存，新的扫除文盲的办法就是"控辍保学"、强制落实九年义务教育等。中国总体人口的受教育年限还不够长，乡村人口的受教育年限更短。以 20 世纪 90 年代的"扫盲"来说，乡村学校也在其中扮演着重要角色。根据文献资料和向乡村年长者咨询得知，为乡村居民整体文化程度，尤其是为了扫除文盲，基本上每个地方都在呼吁成立乡村成人学校，这些学校的设置模

---

[1]《马克思恩格斯全集》第四十二卷，人民出版社 2016 年版，第 161 页。
[2] 国家统计局：《第七次全国人口普查公报（第六号）》，http：//www.stats.gov.cn/sj/zxfb/202302/t20230203_1901086.html。

式因地制宜：有条件的地方建立有建制、有独立校舍的乡、村成人学校；条件达不到的地方可将成人学校附设在普通学校或其他场所。① 条件越是达不到的地方，文盲率越高，因此附设在普通学校的乡村成人学校一时较为流行，这也印证了乡村学校在扫盲运动中的重要性。在一些地方，乡村成人学校成为空壳，普通乡村学校成为扫盲运动的实际执行者，但效果也不理想。"只是照个相，填个表，后来就没有举办啥活动了。没有在村里办班，我们也没有到学校去听课。像我这个年纪的人中，还是有一些不识字的。"（随机交流）有些退休老教师见证了乡村学校参与扫盲，"普通学生白天学，老百姓学生晚上学。冬天闲了再去学，开班时间比较随意，也很难协调"。全国各地情况并非完全一样，有些地方就比较规范，在农闲时面向群众办了识字班，这些经验就为乡村学校完善基本功能提供参考。

此外，我国还要尝试探索乡村学校在乡村成人教育、老年教育方面的作用。中国已经步入需要加强老年教育的阶段，2021年10月发布的《中国老年教育发展报告（2019—2020）》显示，"截至2019年末，中国老年大学（学校）数量约为76296所，在校学员数约为1088.2万人，网络数字化教育逐渐成为老年教育的重要形式"②。这些老年大学（学校）大多分布在城市，只有少数比较发达的乡村地区分布着寥若晨星的老年教育机构。无论是从发达国家经验来看，还是从中国城市老年生活来看，老年教育有助于改善老年人的生活品质，提升老年人的幸福指数。然而，中国大部分乡村，尤其是在中西部乡村老年教育方面是空白或者空洞的。乡村学校具有可支持老年教育的场所设施、人才资源，因而可利用乡村学校节假日或课余时间向老年人开放校园，为他们提供学习文化知识的机会；③ 可利用校园基础设施或闲置校园创办老年教育机构，并动员当地乡村教师支持老年教育，补充到老年教育者队伍中。

---

① 郭福昌：《九十年代扫盲与农村成人教育的目标和任务》，《成人教育》1995年第1期。
② 人民网：《〈中国老年教育发展报告（2019—2020）〉发布》，http：//world.people.com.cn/n1/2021/1018/c1002-32256692.html。
③ 姜伯成、陈明建：《农村老年教育的特有"风情"》，《中国教育报》2019年5月16日第7版。

二 将生活知识融进教育内容

从教育内容来看,文化知识是各时期学校教育的重要内容。不同时期乡村学校教育对于其他方面的关注程度略有不同。在近百年的乡村学校教育变革中,农业生产在教育内容中的参与度经历了由高到低、由低到高的循环往复。对于在校生的教育以国家规定的教学内容为根本,时而融入一些具有地方特色的活动;对于乡村民众的教育以扫除青壮年文盲为基本任务,兼顾一些地方传播农业生产技术的需要。因此,乡村学校要依乡村生活所需增强教育内容综合性和挖掘乡村场域资源以补充在地化知识。

(一)依生产生活所需增强教育内容综合性

尽管在乡村居民看来,生产技术的教育与传播比其他内容更重要,但无论从乡村学校的功能来说,还是从乡村振兴的内容方面来说,调适了教育对象之后的乡村学校都不应该将教育内容局限在文化知识和生产技术方面,必须将教育内容面向提升学生与民众的综合文化素质。

首先,基础识字能力、理解能力的培养依旧非常重要。目前,乡村人口外出务工时从事的多是劳动密集型产业。这类产业虽对劳动力文化程度要求不高,但依旧有很多乡村居民因文化程度不够而被拒之门外。原因就在于乡村有大量的文盲居民和学历极低的农民。较低的识字能力和理解能力限制他们对生产生活中遇到的话语的理解,使得他们遇到诸多不便。第七次人口普查结果显示,全国还有三千多万15岁及以上的文盲人口。[①] 这些人口中的绝大多数分布在乡村,如果不提高基础性识字和阅读能力,很有可能致使他们在劳动力市场上毫无竞争力。除此之外,乡村中具有小学或初中文化程度的人口占比也非常高,虽然比文盲人口文化程度高一些,但是依旧无法跟上新时代乡村整体发展逐渐开放化、信息化、数字化的步伐。由此可见,乡村居民的文化程度还需要整体提升,基础性的识字、语言沟通理解方面能力的基础性作用不容忽视。

其次,道德诚信、法治规范意识要提升。由于受教育水平有限,部

---

① 国家统计局:《第七次全国人口普查公报(第六号)》,http://www.stats.gov.cn/sj/zxfb/202302/t20230203_1901086.html。

分村民的诚信意识不强，利益面前的自私性明显，最终很可能影响自身声誉及经济收入，下述即是其中一例。

农产品销路的"自毁"

  电商助农越来越流行，"直播带货"深入寻常百姓家。但本应受人喜欢的"原生态产品"却频频出现"问题产品"。比如，某单位搭建平台，助力某贫困村销售土豆，卖力的宣传使销量大增，然而买家的心却被伤透了，许多发芽、发霉土豆掺杂其中。这种现象很难彻底消除，原因复杂。村民急切的销售心理、淡薄的健康意识、狭隘的经济视野等"关闭"了一条为其独开的农产品销售通道。（此案例来自调研中见闻）

  搜罗网上资料可知，此类案例相当多。产品质量对于销售的重要意义不言而喻，这种现象出现的原因不是村民不知道其重要性，而是他们心存侥幸、对自己不负责任，牺牲信誉来为不诚信埋单。此外，由于法治意识淡薄，侵犯他人权益的事情经常发生，乡村法治秩序还有提升空间。在网格化普法工作方面，乡村教师、乡村高年级学生加入网格员队伍，乡村教师对学生开展普法教育。

  再次，开阔乡村居民视野，为他们开展就业培训或支持他们参与就业培训。经过脱贫攻坚，许多贫困村得到了对口帮扶支持，就业脱贫是很重要的出路，承担就业脱贫的企业经常遭遇"缺乏核心技术人员，按件计酬、技术不专等原因导致不合格产品占比较高；村民经常与车间管理人员发生冲突，影响正常生产秩序等情况"。很多村民也因此未能将这一出路转化为长期谋生之路。当前乡村中劳动力剩余多但就业难这一现象突出，"有岗无人，村民无法胜任岗位"的现象经常出现。我们还需在更深远的意义上考虑产业类型，比如在不久的将来，待乡村人口素质提升之后，尝试从劳动密集型产业转向技术密集型产业。乡村学校对于适龄学生的教育以基本的文化素养和生活技能为主；对于村民的教育则应涉及更高水平的技术提升。

  最后，将信息素养技术作为重要内容。交通虽然只是生活的一部分，但影响着乡村的政治文明程度、经济发展程度。交通不便利导致与外界沟通少是部分乡村发展滞后的关键诱因。相对而言，在诸多通信方式中，网络联通是增强村庄与外界联络的最有效手段。但目前乡村人口的信息化素养整体较低，网络设施也较为落后，最终导致网络联通渠道价值难以充分发挥。乡村学校信息技术教师严重缺乏，中西部大部分乡村学校的信息技术课成为"空壳"，结果导致培养出来的学生根本不具备使用电脑的初级技术。为提升闲置电脑的利用率，鼓励具备信息技术教学能力的教师为学生及居民传授电脑的基本操作技能和使用注意事项。智能手机也是人们获取网络资源、增强网络沟通的重要载体。随着技术越来越先进，智能手机在乡村的普及率越来越高。但是乡村居民，尤其是中老年居民难以顺利操作智能手机。智能手机操作技术、谨防电信诈骗的教育就显得越来越必要，乡村学校师生可以帮助他们学习这方面的知识。教育部已发布相关文件，希望通过就近开展教育培训、鼓励社会多元主体参与等发挥教育助力作用，来解决老年人运用智能技术的困难。[1] 在老年教育还未被重视、社区教育力量还较弱的乡村，学校是开展乡村老年人运用智能技术教育培训的重要依靠。

值得注意的是，乡村学校与城市学校的教育内容的差别依旧应当存在，乡村学校具有培养学生家国情怀的任务，要积极带领学生了解自己的家乡、热爱自己的家乡，增强乡村自豪感、自信心、责任感。

（二）挖掘乡村场域资源以补充在地化知识

1. 挖掘乡村场域中可利用资源

按照资源类型，乡村教育资源可分为历史性资源和现实性资源。历史性资源记录了乡村社会变迁过程，既可以是当地乡村演化事件的叙述，也可以是乡村历史遗迹；现实性资源一般指向乡村当下具体生活，既可以是对普遍性的文化、环境、经济方面的展现，也可以是具有典型特色的人物、事件和物件。[2] 乡村中具有教育意义的资源非常丰富，不同阶段、不同区域的学校所具备的挖掘条件和能力不同。这些资源往往具有独特性，但这些地方进行在地化教育资源挖掘的条件又很有限，因此许

---

[1] 《教育部办公厅关于广泛开展老年人运用智能技术教育培训的通知》，http://www.moe.gov.cn/srcsite/A07/zcs_cxsh/202107/t20210728_547422.html。

[2] 周芳元：《挖掘乡村资源 搞活乡村教育》，《中国教育报》2021年1月26日第2版。

多教育资源处于待挖掘状态。增强挖掘乡村空间中的资源需要依靠乡村学校教育实践主体，即乡村教师，因而需要增强乡村教师挖掘乡村教育资源的现实力。鉴于内外因综合产生作用最佳，所以既要重视外界因素对乡村教师的影响，又要注重乡村教师挖掘乡村资源的积极主动性。外界因素对乡村教师的影响主要包括乡村教师专业发展渠道的引领、乡村环境的刺激；积极主动性的培养主要依靠评价制度的促进和领导、同伴的鼓励。因此，乡村学校可以通过组织校本培训、使开设校本教研活动、组建教研共同体、支持课题研究[①]的形式引领乡村教师去了解、挖掘乡村中的资源。比如，通过编制校本课程、开展各式各样的活动，为乡村中可资利用教育素材进校园、进课堂提供准备；通过教师同伴互助和自主研修的形式深入乡村、体验乡村，抱着空杯心态去寻找教育中可资利用的资源；学校通过物质或精神上的奖励支持教师们挖掘乡村中具有意义的人、事、物；乡村教师不仅要在同侪之间相互支持，还要争取学生的支持和支持学生挖掘乡村资源的成果。在挖掘这些资源以后，如何使它们发挥作用也是需要学校深入考虑的。

2. 实现乡村场域资源向知识转化

将乡村场域中教育资源转化为教育知识是知识生产的一种路径，是乡村教师实现知识生产权利的重要通道，也是培养学生综合劳动素养的重要基础。有研究指出，乡村教师渐渐被底层民众同化，其原有的文化特性不足导致社会漠视其知识生产能力；城乡教师分处知识生产的"中心"与"边缘"地位。久而久之，乡村教师的知识生产权利被剥夺。[②]从乡村振兴"铸魂"需要来看，乡村学校应将具有乡村基因的地方性知识、传统技艺利用起来，将其转化为教育资源。[③] 将乡村资源转化为乡村教育的知识即"资源知识化"[④] 过程。它既可用于提供知识，也可用于解

[①] 唐智松、徐爱斌、王丽娟：《乡村教师队伍建设研究》，西南师范大学出版社2021年版，第259页。

[②] 刘丹丹、唐松林：《论城乡教师知识权力的不对称性：支配与依附》，《当代教育论坛》2014年第4期。

[③] 侯长林、罗静、陈昌芸：《乡村学校教育促进乡村扶贫与振兴的文化功能省思》，《铜仁学院学报》2019年第3期。

[④] 王红：《乡村教育在地化研究》，博士学位论文，东北师范大学，2019年，第189—190页。

释知识，是乡村振兴时代背景赋予乡村学校和乡村教师的重任，因此，将教育内容与受教育者的成长环境联系起来是今后乡村教育的努力方向。

首先，学校教育的知识方面。课程化和融入课程是主要手段，前者具有规范性和高效性，后者具有灵活性和广泛性。课程化是指将依照课程开发的程序对乡村教育资源进行加工，最终形成一门课程，这种多以地方课程、校本课程的形式呈现，比如民族语言课程、剪纸课程、年画课程等；融入课程是将乡村教育资源融入课程中，课程对其而言只是一种载体，比如教师教授数学知识时援引学生日常生活所见物品，教授语文时指引学生使用所学词语为乡村造句写文，教授科学课程时鼓励学生将乡村生活中发现的科学现象分享出来。其次，非学校教育的知识方面。非学校教育包括社会教育和家庭教育，无论是社会教育还是家庭教育中都有很多精华之处，但由于缺少知识生产者而逐渐荒芜。乡村学校是乡村社会教育和家庭教育可资利用的知识生产者，它可以在其中扮演发现者、筛选者、加工者、辅助者的角色。之所以将乡村学校视为发现者，是因为社会教育者和家庭教育者容易忽略一些事物的教育价值，在他们看来，这些是司空见惯的事物。乡村学校的教师具有更强的教育眼光，对于人的身心发展和社会性成长需要了解得较多，能够甄别出哪些是有益于人们发展的、吻合时代价值取向的。乡村学校将社会教育和家庭教育中的一些文化元素知识化，在保留言传身教方式的同时，尝试通过文字、图片、视频等形式记载教育内容，并将其加工成有利于人们学习的形式。乡村学校虽以学校教育为主，但依旧可在社会教育和家庭教育中发挥作用，比如为两类教育提供场所支持、教育技巧指导，辅助社会教育和家庭教育的开展。

三 采取灵活多样的教育形式

从教育形式来看，仅靠传统的室内课堂教学已经不能满足需求，需要融入新的教育形式。不同对象的教育形式要有所不同，乡村学校教育学生的形式要注重向多样化、本土性、特色化转变。笔者在调研时发现，许多乡村学校虽然在学期计划、课程表安排上有多种课程，但在实际执行中基本简化为课堂讲授式教学与自习课，辅之以全校集体会议与班会；学生的研讨式学习、自主性学习、实践活动式学习还比较少。乡村学校教育形式中还存在主要围绕书本进行知识教学、教学活动形式还比较单一、地方课程与校本课程的执行度严重不足、对学生吸引力不强、未充分利用乡土资源等问题。对乡村民众的教育依旧仅限于对其进行的文化启蒙，而且还是对于学龄期曾入学就读过的那部分人。对于从未接受过正规教育的民众来说，乡村学校对其的教育影响基本处于荒芜状态。乡村学校在校园之外很少开展针对民众的显性教育活动，多是在带领学生开展实践活动的同时允许一部分成年民众参与其中。就大部分民众而言，乡村学校对其的深刻影响只是通过年少时在校接受教育实现的。脱离学校后的影响则是通过身边在校生的变化形成的，具有潜移默化成分。本研究提出的面向乡村民众的教育形式调适意在增加显性路径。相应的形式如采取集体教育与个别教育相结合，鼓励理论与实践相结合，重视课堂教育与课外活动的有机结合，促进受教育者实用技术掌握，助力乡村人口的终身教育发展。继续坚持执行九年义务教育，有条件的地区尽力保障人们接受更长年限的基础教育，让更多民众获得更长时间的正规化的学校教育。面向学生和面向民众的教育，既要有所联系，又要有所区别，在乡风文明、生态保护、生产传授等方面可以联合开展，在文化知识、组织建设等方面保持自身特色。总之，基于乡村学校教育对象、教育内容的改变，乡村学校教育形式的改变已成为迫切需求。

总之，乡村振兴之下寻求新出路的乡村学校要实现转型升级发展，不仅要肩负乡村基础教育的使命，还要关照乡村政治、经济、文化、生态、社会发展和乡村基层党建所需。可见，我国乡村学校在教育学生和民众方面任重而道远，提高乡村教育质量依旧是全社会迫切的期望。

四 改善评价师生的考核制度

评价能够调节人们的行为，强化顺应评价规则的行为，削减违逆评价规则的行为。"学校评价是根据国家的教育方针和培养目标，运用现代教育评价的理论和方法，对学校的教育、教学等各项工作及其效果以及学校管理工作的水平进行价值判断的过程。"[①] 学校的评价制度调节学校成员的行为，亦即尽管教师的工作和学生的学习不能紧盯评价制度，但

---

① 徐红主编：《教育测量与评价》，华中科技大学出版社2016年版，第159页。

评价制度却影响教师的工作和学生的学习,因此,改变评价制度方可实现教师工作模式和学生学习方式的转变。学校评价是教育评价的重要组成部分,也是在教育评价制度和观念下进行的。基于教育评价观的转变,学校领导及教师摒弃唯分数论,关注学生发展核心素养,重拾以往曾忽视的责任担当和实践创新。与城市学校评价标准同质化是乡村学校面临的最大问题,不转变乡村学校的评价观,乡村教师和乡村学生的行为模式便很难转变。因而,要想让乡村教师和乡村学生参与服务乡村振兴的行动,首先需要改变乡村学校的评价制度。

(一)改善评价学生的制度

学校可通过打造多元的学生评价制度激励学生为乡村做贡献。涉及对学生评价的项目有很多,基于学生成就开展的评价往往包括国家评估项目、国际评估项目、学校成就报告、学生监测系统、基于评估的学校自我评价和考试。[1] 简而言之,对学生的评价主要在于对学生日常监测、学期考试和升学考试,日常考察、学业考核和升学考试中注重评价内容多元化、评价手段多样化、评价结果全面化、评价目的正向化。评价的意义在于发现学生成长中欠佳的方面,帮助学生寻找新的有益于更好成长的方式,而不是在于揭露学生的短处,惩罚学生。从乡村学校可触及层面来看,转变日常考察、学业考核方面的传统观念是可把控的。乡村学校对学生评价要以综合素质评价为指引,坚持指导性、综合性、发展性、公正性、客观性原则,"通过描述和记录学生在校期间的学习行为和结果、日常表现以及参与社会公益活动、综合实践活动情况等,从德、智、体、美等方面对学生素质进行分析和评价,以发现和培育学生良好个性、促进学生全面发展"[2]。整体而言,除乡村极小规模学校之外,学生往往是乡村学校成员中数量最多的群体,上学期间他们具有强烈的集群特征,从周边村庄到学校来;非上学期间,他们具有明显的分散性,分布在各自的家庭与村庄。充分动员学生,利用学生的力量带动扩大乡

---

[1] [荷]雅普·希尔伦斯(Jaap Scheerens)、[荷]塞斯·格拉斯(Cees Glas)、[荷]萨利·M. 托马斯(Sally M. Thomas):《教育评价与监测——一种系统的方法》,边玉芳、曾平飞、王烨晖译,教育科学出版社2017年版,第36—43页。

[2] 刘志军、张红霞、王洪席、王萍、王宏伟:《新高考背景下综合素质评价的意蕴、实施与应用》,《华东师范大学学报》(教育科学版)2018年第3期。

村学校对乡村振兴的作用。转变评价学生观的要旨即是将学生助力乡村学校的乡村振兴功能发挥的贡献纳入评价体系，无论是日常考察还是学业考核都不拘泥于校园之内、课堂之中、分数之上，而是兼顾学生在校内与校外、课堂内与课堂外、考试分数与日常表现，将学生在学业测验上的表现与日常生活中的品德行为、对于乡村建设的贡献结合起来。例如，将学生在乡土史料搜集、农业生产技能、生态爱护习惯、道德法治宣传等方面的表现记录下来并作为日常考察评定的依据；将学生对乡土文化知识的掌握、对乡村道德风尚的习得、对乡村环境治理认识、对种植养殖技术的掌握、向乡村居民宣讲法治与环境等常识作为学业考核内容。总之，将这些内容纳入考评体系的另一重考虑是为了引起学生的重视，督促他们提升核心素养，实现全面发展。

(二) 改善评价教师的制度

学校要引导教师认识自己对乡村的重要意义，启发其社会责任感和服务乡村居民的意识，并通过升级评价体系鼓励乡村教师助力乡村振兴。对教师的评价大部分建立在对教师工作成效的评价。既然教师工作中的服务对象主要是学生，那么转变对教师的评价观与转变对学生的评价观具有内在的一致性。教师受到的评价影响教师对学生的评价，转变评价教师的陈旧观念才能保障评价学生的新观念落到实处。为了保障新的多元的、带有乡土特色的学生评价体系落到实处，还需要保障教师们受到的评价也有所改变。依据《教育部等六部门关于加强新时代乡村教师队伍建设的意见》，要提高乡村教师职称评聘和教师工资发放依据中教育教学实绩的权重。[①] 在乡村学校的乡村振兴功能发挥过程中，乡村教师的工作内容结构会有所变化，评价制度也需要革新。乡村教师的工作内容并非只限于传授课本上的知识，而是要兼顾组织或带领学生参与一些文化、经济、生态、乡情等方面的活动。倘若不把后者纳入评价体系，则会打消教师们在这些方面的积极性。乡村学校在坚持以工作量衡量教师绩效的同时，还要考虑教师在校内与校外的工作量。根据教师在乡村振兴中做出的贡献，以及引领学生参与乡村振兴的积极性和成效对教师进行整

---

① 《教育部等六部门关于加强新时代乡村教师队伍建设的意见》，http：//www.moe.gov.cn/srcsite/A10/s3735/202009/t20200903_484941.html。

体性评价；教师群体中，开展乡土文化知识大赛、助力乡村法治宣传、为乡村征集建设意见等多种活动；将服务乡村作为教师日常工作内容之一，以制度的形式将其规范化，并纳入学期工作计划；将其对乡村振兴的助力情况作为职称职务晋升、待遇提升的依据，在同等条件下优先考虑对乡村振兴贡献大者。此外，还要谨防教师总体工作量超负荷现象的发生，一些实际师资数量不足的学校要敢于以实事求是的态度向上级汇报、求助。

第三节　师生积极响应学校助力乡村振兴的召唤

无论国家统筹规划如何精密，都始终处于支持层地位，乡村学校及教师、学生才是乡村学校发挥乡村振兴的核心层。个体能否参与、个体参与程度影响乡村学校的乡村振兴功能实现。乡村振兴是全社会的事情，更是乡村社会群体的事情。群体效应来自个体的积极参与，因此乡村个体是乡村学校促进乡村振兴的推动力量。这里的个体主要指乡村教师、乡村学生。换个角度来看，乡村教师和乡村学生是学校的两大主体，其本身也是社会成员，都在社会中生存与发展；他们都具有发展自己的需要，要交往、要劳动，能够也理应参与到乡村振兴中。他们的积极参与，能够为乡村学校助力乡村振兴提供人力和激发活力。

一　教师兼顾校内事务与社会服务

乡村教师是乡村学校功能发挥的主要人力，乡村教师的积极参与能够带动乡村学生参与，吸引乡村居民参与。在乡村建设历史上，乡村教师发挥的作用可供今借鉴。学者对其进行了广泛研究，乡村教师的作用可概括为培育少年、启发民智、化民成俗、传承文化、宣传爱国主义、调解村民纠纷、协管乡村治理、参与农业生产等；[1] 乡村教师除承担教书育人工作之外，还扮演培育乡村产业人才、传播乡村生态文明、守护乡

---

[1] 唐智松、高娅妮、王丽娟：《乡村教师如何助力乡村振兴——基于职业作用的调查与思考》，《现代远程教育研究》2020 年第 3 期。

风文明、协助乡村治理及改造乡民生活等角色;① 乡村教师不仅要关心教书育人,还要关心乡村社会的政治、经济、文化方面的建设问题。② 从参与乡村建设的范围和程度来讲,整个历史发展过程中民国时期的乡村教师堪称典范,因而,就民国时期乡村教师参与乡村建设的研究也较多。比如,有研究者将其当时社会角色定为乡村学童的教育者、乡村文化的守护者及乡村革命思想的传播者;③ 从文化身份考量,乡村教师作为知识分子,不仅承担着"先生"、塾师的教学任务,还是乡村的文化启蒙者、事务管理者和社会建设者,④ 是乡村的。⑤ 在谈及乡村教师作为改造生活的灵魂时,陶行知先生认为这样的教师应该"一年能使学校气象生动,二年能使社会信仰教育,三年能使科学农业著效,四年能使村自治告成,五年能使活的教育普及,十年能使荒山成林、废人生利;这种教师就是改造乡村生活的灵魂"⑥。从邹平乡村建设经验来看,基于自身文化优势,乡村教师兼及政治、教育、社会多重身份,作为基层行政人员的特色明显。⑦ 当把目光聚焦到中国共产党成立早期至中华人民共和国成立时,我们可以发现我国社会发展处于转型期,乡村教师乡贤角色也处于转型期,他们参与的工作既有教农民读书识字、推广农业生产技术、健康卫生知识,又有传播新式思想、革命和抗战思想、爱国思想等。⑧ 上述种种分析表明,乡村教师作为乡村的"局内人",肩负参与乡村多方面建设的使命;越是需要乡村发挥作用的时代,乡村教师的社会建设责任越重。在实施乡村振兴战略背景下,乡村教师既要做好校内教育教学工作,又要

---

① 肖正德:《论乡村振兴战略中乡村教师的新乡贤角色》,《教育研究》2020 年第 11 期。
② 唐松林:《理想的寂灭与复燃:重新发现乡村教师》,《中国教育学刊》2012 年第 7 期。
③ 张霞英、车丽娜:《民国时期乡村教师的社会角色研究》,《当代教育科学》2016 年第 11 期。
④ 徐彬:《民国时期乡村教师角色研究——文化身份的考量》,硕士学位论文,西南大学,2017 年,第 43—55 页。
⑤ 梁漱溟:《梁漱溟全集》第五卷(第 2 版),山东人民出版社 2005 年版,第 227 页
⑥ 陶行知:《中国教育改造》,商务印书馆 2017 年版,第 84 页。
⑦ 姜朝晖:《浅析民国乡村教育运动中乡村教师的角色——以晓庄和邹平模式为例》,《鲁东大学学报》(哲学社会科学版)2014 年第 5 期。
⑧ 谷亚、肖正德:《乡村教师乡贤角色的百年嬗变》,《教育研究与实验》2021 年第 3 期。

以专业能力和乡土情怀参与乡村振兴大局。①

（一）做好校内工作，促进学校发展

校内工作要求乡村教师既要承担学校教书育人工作，又要承担促进学校发展的工作。从学校的基本任务来看，教书育人是根本性任务，也是教师的神圣使命。乡村学生是乡村的未来，他们现在接受的教育如何关系乡村的未来，是实现高质量振兴的重要依靠。在实现中国教育现代化进程中，为培养乡村振兴背景下全面发展的学生，乡村教师应在以下方面做出努力。

一是做好理论知识教学工作。以教材承载的知识为基本依托，实现理论性知识与实践性知识并重，并融入地方性知识。教师除引领学生增强识字、阅读、听说能力、运算、思维及空间想象能力外，还应让学生接受乡土文化知识、基本农业生产经营知识、生态环保知识等。经历了由城入乡或由城回乡的新生代教师在乡村教师中的占比逐渐增加，成长背景和职前教育经历使他们面临着地方性知识教学能力不强的难题，由此需要主动深入了解教学对象所在区域的地方性知识，在传授各科教材上呈现的标准化知识与学生生活场景中的文化现象、问题解决情境等联系起来，②以使学生在学习知识时也习得乡村生活常识和乡村文化③，增强对乡土性知识的感知。教师应鼓励学生从身边挖掘知识，将知识运用于身边事务，比如将从语文课堂、美术课堂学到的知识用于表达对乡村的喜爱之情；比如组织学生开展乡土知识竞赛、手绘家乡地图、汇报乡土学习报告。④此类方式既可激发学生的学习兴趣，又利于学生理解和灵活运用知识；既可实现教师教学能力提升，又促进学校教育与生活的相遇。⑤

二是指导学生增强实践能力。教师的教学过程也是培养学生能力的

---

① 东北师范大学中国农村教育发展研究院与光明日报联合调研组：《如何让更多乡村"大先生"扎根泥土、助力振兴——中国乡村教师调查报告》，《光明日报》2021年7月22日第7版。

② 肖正德、谢计：《新生代乡村教师之乡村"局内人"文化身份建构——基于地方性知识教学的视角》，《中国教育学刊》2021年第11期。

③ 白亮：《乡村振兴中学校的社会文化价值分析》，《教育与经济》2019年第6期。

④ 周晔、徐好好：《乡土文化功能：乡村学校评价内容的革新与发展》，《当代教育科学》2021年第2期。

⑤ 安富海：《地方性知识的教育意蕴》，《社会科学战线》2014年第2期。

过程，知识教学的目的既是丰富学生认知范围，更是为增强学生能力打基础。充足的知识储备有利于提升学生能力，因而知识教学非常重要。但唯有知识，不能将知识运用到现实情境中、不能实现知识迁移，则无法实现人的能力提升。从调研结果来看，受物资设施薄弱、教师能力有限、教学方式传统、社会支持贫瘠等限制，唯分数、唯升学的理念在乡村教师、乡村学生及乡村家长心目中根深蒂固，乡村学生的综合能力还有较大的提升空间，因此，乡村教师要避免整个学期采用单一传统讲授法的现象，而是依据教学内容采用讲授、讨论、演示、实验、练习、实习等之中的若干种方法，以知识教学为基础，指导学生将知识与实践结合起来，将知识运用到实践中；注重学生运用知识、训练能力的过程，在教学中给予学生思维训练、言语表达和动手能力的锻炼，注重学生运用知识解决问题的能力，指导学生以乡土资源为依托开展研究性学习，助力学生实现活学活用，开发学生潜能；培养学生乡村生存能力和社会责任感，带领学生进行乡村实践活动，开展诸如挖掘乡村发展史、农耕文化、文化遗迹，参观种植养殖示范基地、农产品加工技术，宣传环境保护、资源节约、健康知识等活动。

三是维护学生权益，考虑到学生的乡村成长背景和家庭因素，通过做好"控辍保学"维护学生行使法定教育年限权，通过加强安全管理保护学生身心健康，公正对待、尊重关爱每一位学生。乡村学校的服务对象中许多是留守儿童或寄宿制学生，家庭给予他们的教育较少，教师是他们心目中独有的教育者，教师的言行和管理方式深深影响他们。因此，乡村教师要学习教育教学相关法律法规，如《中华人民共和国教师法》《中华人民共和国义务教育法》《中华人民共和国未成年人保护法》《中小学教育惩戒规则（试行）》等；在管理中要正确处理师生关系，以促进学生成长为本，维护学生权利、尊重学生人格、公正评价学生、保护学生隐私等。通过这些来为学生营造文明和谐、积极向上的成长氛围。

四是关心学校的发展前景。从学校的发展来说，乡村教师还要积极参与学校各项管理工作。依照《义务教育学校管理标准》来看，乡村学校还存在较明显的发展不平衡不充分问题,①距离建成完全的现代学校制度还有很长的路要走。乡村教师作为乡村学校的重要成员,要通过直接管理、参与建议、批评监督等形式维护学校运行秩序,推动学校管理更好地向科学化、灵活化、精细化、人本化迈进。乡村教师要积极为乡村学校的美好未来奋斗,为信息化、智能化时代背景下乡村学校发展规划、设施改进及校园文化建设建言献策;尝试利用自身社会资源为学校发展开拓空间,在校园建设、教学水平提升、学生学习与生活资料提供上助力乡村学校寻求多样化的社会支持。

(二) 时常走出学校,服务乡村建设

教师既是学校成员,更是社会的成员。这种双重身份决定了乡村教师不仅要做好校内工作,扮演教书育人者角色;也要在社会中生存,发挥其在社会中的作用。另外,从场域理论视角来看,乡村振兴战略的实施使乡村教师工作场域发生变化,随着乡村振兴的需要不断增加,乡村教师在乡村场域中的惯习会发生变化,乡村对乡村教师作用呼唤强烈,乡村教师参与服务乡村的惯习会不断内化到教师身上,逐渐成为一种内在规定性。不过我们还要认识到,乡村教师的这种惯习既需要通过策略来实现,还需要相应的资本、权力来辅助主体践行。随着乡村场域的变化,乡村教师的惯习不断被重构与创造以更好地推动时间,乡村教师服务乡村建设的行动方式也发生相应变化。

乡村教师是乡村学校助力乡村振兴的主体成员之一,要进入乡村内部,"透过对乡土文化解构想象的追踪,深入村民的精神世界"②。在提及对乡村居民的知识传授方面,教师们的表达比较含蓄,有些表示这是家校联系、学校服务社区中应该做的,比如"学校对周边的影响还是蛮多的……知识宣传比较多,比如环境保护知识、医疗卫生知识。学校会举办图书阅读、诗朗诵亲子比赛,举办森林防火、'防艾'宣传时也会邀请家长参与"(受访者002);有些表示不太赞成,希望与乡村社区的活动

---

① 《教育部关于印发〈义务教育学校管理标准〉的通知》,http://www.moe.gov.cn/srcsite/A06/s3321/201712/t20171211_321026.html。

② 李方方:《新时代乡村振兴的动力转型与村治逻辑》,《河南师范大学学报》(哲学社会科学版) 2018 年第 3 期。

"划清界限",不想"折腾",更多的是专注于将在乡村学校工作作为一种谋生渠道,自己在乡村学校这块"飞地"上封闭式工作。因此,笔者提出乡村教师要对自己肩负的社会责任有清晰的认识,要不断增强乡村社会适应能力,提升自身在乡村文化传承、生产经营、社区治理、情感认同、生态保护方面的作用。

第一,文化传承方面。乡村教师要走进乡村,与村民交流,与历史对话,做乡村文化挖掘者、保护者、传承者、创新者。一方水土养一方人,孕育一方文化。工作地不同的乡村教师逐渐获得的文化素养也有所差异。乡村教师要对其工作的乡村区域具有文化自觉,了解当地文化的特色与来历,增强对当地民俗特色、历史沿革等的认知。[①] 通过家访、志愿服务及其他活动,不断深化对乡土文化的了解,并参与宣传乡村优秀的文化、践行乡土文化资源保护行动;支持乡土文化进入社区教育和家庭教育,通过支持社区开展兴趣活动、文化艺术品展览、广播宣讲、节日庆典等扩大影响范围,通过指导家庭将积极正向的文化习俗、良好行为方式传递给下一代,等等。自觉履行乡村振兴中的文化使命是乡村教师不可推卸的责任,不同区域的乡村教师践行文化责任方式也略有差异,具体方式因当地资源情况而定。

第二,生产经营方面。毋庸置疑,在推动乡村经济建设方面,乡村教师通过基础教育提升乡村未来人口的素质,能够对乡村经济发展起到一定的促进作用。[②] 亦即乡村教师要做好乡村建设人才的培育者,引导学生保持对劳动的热爱、对农业技术的热爱。虽然职业教育是提升农业生产技术的最佳依靠,但由于服务距离过长,导致其在新型职业农民培育方面还存在诸多不便。在乡村建设历史上,不乏乡村教师参与的农业生产、传播农业生产技术的先例,作为乡村中文化程度较高、见识较广的知识分子,乡村教师对生产经营知识与技巧有较好的接受基础。就生产而言,对农业有所了解的教师要积极加入农业生产新品种、新技术试用

---

① 肖正德、谢计:《新生代乡村教师之乡村"局内人"文化身份建构——基于地方性知识教学的视角》,《中国教育学刊》2021年第11期。
② 国光虎、李滨:《"乡村振兴"战略背景下农村人力资本与农村经济发展关系研究》,《安徽农业科学》2019年第3期。

与推广中。另外，与乡村居民相比，乡村教师更加了解市场规律，也更易于掌握经营策略，能够引导居民在经营、交易面前更加理性。随着网络销售的兴起，电商助农正如火如荼地开展。乡村教师具有较好的语言表达和沟通能力，能够在闲暇之余助力乡村网络直播销售，比如撰写介绍和销售农产品的文案、教农民讲普通话、辅助农民直播介绍农产品等。

第三，社区治理方面。乡村教师还是政策的重要传递者和带头践行者。在脱贫攻坚中，一些乡村居民因不了解政策而成为政策执行的阻碍因素，最终让自己成为脱贫中的落伍者。在乡村振兴中，我们要谨防此类问题出现，将提升民众对政策的知晓度作为重要工作。采用形式多样的宣传方式，发挥各类群体力量，来提高政策的民间知晓度。正如有学者所述，乡村干部和居民的文化知识水平较低，对党的政策理解不透彻，教师又具有较高的知识水平和教学能力，可以将政策内容转化为比较利于乡村人理解的形式，并以身作则式地带动乡村居民践行政策。[1] 乡村治理存在缺失治理艺术、效果较低或适得其反的现象，[2] 改变这种现状是乡村振兴的难点之一。乡村教师对农民具有一定的了解，并且具备管理常识，是乡村公共事务与政治秩序的调节者、公共道德的濡染者。[3] 在助力乡村振兴方面，乡村教师要发挥自己的优势，基于对乡村的调研，了解民情，既传递党和国家关于乡村的政策，也为乡镇、村的管理出谋划策，在决策上发表意见、替农民发声。乡村教师接受比绝大多数村民更高水平的思想政治教育，对公民的权利和义务、民主管理、法律道德有更多的认识，对乡村治理有较客观的见解。因而，乡村教师可以在促进乡村道德文明传播、实现民众民主权利、引导农村履行民主义务，为乡村治理体系完善和乡村治理能力提升奠定基础；乡村教师要发挥参政、议政

---

[1] 白小剑、苗祥文：《论农村学校在乡村振兴战略中的角色定位和作用发挥》，《江西电力职业技术学院学报》2019年第6期。

[2] 唐松林、姚尧：《乡村振兴战略中教师的使命、挑战与选择》，《湖南师范大学教育科学学报》2018年第4期。

[3] 冯璐坤、刘春雷：《失落与纾解：论乡村教师的公共精神》，《教育理论与实践》2019年第4期。

的作用，协助政府创造良好的社区公共治理空间,① 保障民众的根本利益；乡村教师还要敏锐捕捉乡村治理乱象，发挥自身的社会监督作用。

第四，情感认同方面。处于什么样的氛围之中，影响人们对这个氛围所处环境的情感养成。当受到积极的、正向的影响较多时，人们往往对这个环境表现出喜爱之情。长此以往，处于这个环境中的人会对这个环境及这个环境中的群体形成认同。乡村教师要通过日常实践更加了解乡村，善于发现乡村积极正向的能量，感受来自乡村社区的关爱，逐渐形成乡村归属感和认同感。在激发乡村民众对乡村的情感认同方面，乡村教师可借助参与乡土文化传承的机会，带领乡村居民发现乡村的特色文化、发展历史，多了解自己家乡的社会发展情况，体会城乡二元社会下生活在乡村的优势，增强人们的家乡自豪感；通过与学生家长交流、参与乡村活动，向乡村居民传递国家关于支持乡村的政策，让他们感受到全社会在从各方面积极支持的乡村振兴，对生活面貌改变、生活水平提升、教育医疗体系完善寄予憧憬，对今后在乡村过上幸福生活充满信心。在激发外界人士对乡村的情感认同方面，可通过向外界宣传当地乡村的社会贡献、历史成效、发展前景，唤醒离乡人士的乡愁，召唤他们支持家乡建设；激发其他人士对当地的投资热情、帮扶信心，通过多种联系增加他们对乡村情感认同。乡村教师要以公共智者、公共事务与政治秩序的调节者、公共道德的濡染者身份嵌入乡村社会；② 要借助乡村学生的联系纽带，洞察乡村社区中邻里纠纷、家庭矛盾等，利用自身职业角色来化解矛盾，促进和谐乡村社会建设。③ 在网络空间中，乡村居民的参与度越来越高，但是参与质量令人担忧。乡村教师还可将掌握的网络信息资源分享给乡村居民，并引导他们辨别网络不良信息，以及规范在网络环境中的言行。

第五，生态保护方面。乡村教师接受了较长年限的教育，对于生态的重要性认识更为深刻。他们利用这种优势向村民讲解生态知识，让他

---

① 唐智松、高娅妮、王丽娟：《乡村教师如何助力乡村振兴——基于职业作用的调查与思考》，《现代远程教育研究》2020 年第 3 期。
② 冯璇坤、刘春雷：《失落与纾解：论乡村教师的公共精神》，《教育理论与实践》2019 年第 4 期。
③ 吴桂翎：《乡村教师：乡村知识分子的消解与回归》，《学术界》2016 年第 5 期。

们了解破坏生态的恶果，引导他们认识到保护生态对子孙后代的益处，以从观念上摆正村民的生态观。在形成生态保护意识以后，还要注重对村民生活实践的引导和行动上的监督。生活实践中的引导包括引导村民节约水电资源、减少生活垃圾和污废水排放、消除不必要的农药使用，植树造林、减少乱砍滥伐、制止围湖造田等。行动上的监督是指乡村教师要凭借自身爱护生态的敏感性，主动参与监督破坏生态的行为，对于破坏生态的个人行为，尝试通过沟通来解决；对于破坏生态的场、厂行为，敢于通过建议、投诉等形式向有关部门反映，通过民间调节或行政措施来制止这样的行为继续下去。群众监督是实现全面监督的有力途径，能够提高发现破坏乡村生态现象的效率。乡村教师的言行在乡村民众中具有示范效应，充分利用这种效应带动居民加入监督者队伍中，带领村民对破坏生态环境行为进行监督，对乡村生态形成监督网。

总之，乡村学校的乡村振兴功能的实现离不开借助乡村社区教育的平台，乡村教师在支持乡村振兴时，也要积极认识到乡村社区教育的重要性。他们要借助乡村社区教育的平台，以专职人员或兼职人员身份参与到乡村社区教育中，借鉴、发展晏阳初等近代乡村教育家的方法，以乡村教育把乡村政治治理、经济发展、文化发展、健康生活、安全自卫等综合起来，整体推进乡村社会的全面进步。[1] 事实证明，一方面，乡村人才匮乏，急需大量人才支持乡村发展；另一方面，属于乡村人才之列的教师的实然作用与应然差距较大。诚然，乡村教师应具有多重身份，既是乡村社会中的"教育者"，也是乡村社会中的"文化人""局内人""城市人"[2]。乡村教师必须积极提升自我，丰富教育教学能力和社会服务能力，以在乡村振兴中发挥多方面作用。如有必要，可设置专职岗位来负责学校的乡村振兴功能发挥。这些岗位人员既可以是从乡村学校中抽取的，也可以是乡村优秀能人中选拔的。

此外，我们还要看到乡村教师群体中乡村校长的特殊性。一项较新

---

[1] 唐智松、高娅妮、王丽娟：《乡村教师如何助力乡村振兴——基于职业作用的调查与思考》，《现代远程教育研究》2020 年第 3 期。

[2] 顾玉军：《乡村振兴中乡村教师助力乡村文化传承路径探析》，《教育理论与实践》2019 年第 13 期。

的研究显示,校长具有"召唤者、决策者、引领者、协调者和执行者"[①]多重角色。乡村校长同样扮演这些角色,他们是乡村学校的乡村振兴功能发挥程度的重要影响因素。乡村校长要在政府指引下积极召唤教师、学生助力乡村振兴,通过发挥在学校规划和管理方面的作用营造振兴乡村的氛围,引领教师和学生发展、成长,协调学校内部与外部环境、教师与居民之间的关系,增强自己助力或者组织师生助力乡村发展的执行力。

二 学生践行服务乡村的社会责任

通常情况下,乡村学校的学生数量大于教师数量。乡村学生虽然不像乡村教师那样具有较高的文化水平、政治素养、社会影响力,但生活在乡村的现实决定了他们对乡村具有较充分的了解,和乡村居民具有较多的共同语言。并且,乡村学生分布在每个村庄,将学校与村庄联系起来。这也使得乡村学生能够成为乡村学校的乡村振兴功能发挥的主体力量,与乡村教师共同为乡村振兴做贡献。基于知识、能力构成及可开发潜力,结合乡村振兴的目标任务,乡村学生可在以下方面积极参与助力乡村振兴。

(一)参与学校的乡村服务活动

在乡村开展活动是乡村学校助力乡村振兴的渠道之一,是使村民印象深刻、见成效比较快的方式。乡村学生参与到这样的活动中,会让村民感到更亲切、更值得信赖。依据开展形式,这些活动大致可被分为宣讲传播类和实践行动类。利用这两种形式,乡村学校从文化、经济、生态、治理、情感方面为乡村振兴培育人才、搭建平台。

就宣讲传播类而言,乡村学生可加入动员力量中,动员村民参与,扩大受众范围;辅助教师向村民答疑解惑,增强他们的理解深度;以生活中的现象做类比,帮助他们寻找将教师们宣讲的内容得以正确践行的空间。例如,在乡村学校向村民解读乡村振兴政策时,乡村学生动员家长及邻居参与,辅助教师承担答疑者角色,让更多的乡村人了解未来乡村发生的改变,激发他们为更好地适应未来乡村的变化、为使自己过上

[①] 于文安:《校长多重角色模型及其能力提升》,《中国教育学刊》2021年第12期。

更幸福的生活而努力；在教师向村民宣讲乡村文化的重要意义、乡村文化活动开展形式及当地乡村发展史实、需要保护好的文化遗产时，学生可与村民互动，请村民讲述乡村现存的物质文化遗产及逐渐流逝的文化表现形式，向村民讲述文化遗产的重要意义及如何保存、传承它们；在教师向居民传播生态保护理念时，学生可扮演"小先生"的角色，将自己学到的变废为宝案例及如何减少化学品对水、土壤、大气的污染等传递给村民，以更新他们的生态知识结构；在学校向村民宣传健康知识，引导他们注意个人卫生和家庭卫生时，帮助村民梳理生活注意事项，收集需要咨询的疑问。

就实践行动类而言，组织教师到村中参与社会活动，带领学生开展实践活动、为乡村居民提供志愿服务等是乡村学校的乡村振兴功能发挥的常用途径。这种途径因能取得立竿见影的效果而备受学校和社会青睐，也因与实际生活联系更紧密而深受村民欢迎。乡村学生具有一定劳动意识和行动能力，对实践活动具有较强的好奇心、参与兴趣和胜任意愿。有了乡村学生的助力，乡村学校或乡村教师开展的这类活动便有了更丰富的人力保障，相应的人均服务量也会减轻。比如，参与学校举办的服务乡村生态建设的活动方面：在植树节开展活动时，学生的积极参与能够提高栽苗、浇水效率，扩大学校可服务面积；在清扫道路障碍、清理路边垃圾、变废为宝方面，学生的加入可以让乡村学校社会服务力量壮大，为更多的居民服务，肩负起环保责任。又如，在支持学校开展文化活动方面，积极参加学校举办的"家乡导游"演讲、村落建筑摄影赛等活动来发现家乡的美；搜集家谱族谱、家风家训、前辈字画及其他具有历史传承价值的物品，守住人们心中的乡土文化之根。

(二) 拓展自身的生活实践空间

城镇化仍是我国城乡格局变化中的主要演进特征，并将在很长一段时间内持续存在。乡村教师"城乡两栖"的生活特点将会越来越明显，这也就意味着乡村教师到乡村参与宣讲传播、实践行动会受到时间、空间的限制。相比之下，乡村学生生活在乡村的时间更多，亲属关系及社会人脉也都在乡村，因而与乡村的联系更加密切。乡村学生既是学校的主人，也是乡村的主人。利用在学校学到的知识、技能来为家乡做贡献可促进乡村学校的乡村振兴功能的发挥。

其一，传递知识信息。这种知识传递是无固定形式、无固定内容的，常常依据学生在学校所学内容而进行。首先，从基本的生存与交流需要来看，乡村学生能够在基础知识补缺和言语文字交流上发挥作用。我国乡村中农民整体文化程度还比较低，中部地区还存在一些老年文盲，西部地区中老年文盲比例较高。与此同时，乡村的成人教育、职业教育、终身教育还比较落后，接受这些教育的机会寥寥无几。接受义务教育的学生能够将在学校学到的基础文化知识等教给农民，对他们进行知识补缺。在少数民族地区，很多学生的父辈听不懂普通话，不会说普通话，不会书写汉字，导致与外界交流较为困难。"提升农村地区、民族地区普通话水平，消除语言交流障碍"[1] 是《中国教育现代化2035》的重要战略任务。普及义务教育的时代，乡村学生学习汉字和普通话的机会得到保障，他们既能够在村中教家人及乡亲学习汉字、普通话，又能够在村民与外界交流中充当翻译。其次，从提升生活水平与改善生活条件来看，乡村学生能够传递政策知识、法律道德常识、自然生态知识等方面发挥作用。例如，在日常生产生活中，许多乡村居民并不询问政策变化与外界信息，呈现信息的半封闭状态。乡村振兴是一个长期过程，其间必有诸多各级各类文件相继出台。经常离家求学的孩子们是他们获取信息的媒介之一。正如有学者所述，学生是乡村中的政策"传感器"，可以通过将在学校习得的政策内容传递给家长，将家长的政策疑惑带到学校寻求教师帮忙解答。[2] 提升法律道德意识有助于形成良好的文明乡风，增强乡村治理效果。法律道德是让乡村治理更加规范、邻里乡亲关系和睦的基础，而目前居住在乡村的人以往较少接触法律常识，对于道德规范形成墨守成规的习惯，在过了接受义务教育的年龄之后也很少有机会接受这方面的再教育，因而对新时代的乡村治理略显生疏。在紧紧围绕立德树人开展教育工作之时，学校将法律道德常识作为教育内容。学生可将从学校的法律道德教育中获得的知识在乡村中传播。另外，生态教育是中

---

[1]《中共中央、国务院印发〈中国教育现代化2035〉》，《中华人民共和国教育部公报》2019年第1、2号。

[2] 白小剑、苗祥文：《论农村学校在乡村振兴战略中的角色定位和作用发挥》，《江西电力职业技术学院学报》2019年第6期。

小学教育内容的组成部分，乡村教师对学生进行生态教育。经过学校教育，乡村学生拥有了乡村生态保护知识。学生将在学校获得的知识带回家中，传递给家长及街坊邻居，为他们补充生态保护知识，强化他们对生态保护意义的认识。

其二，做出实际行动。乡村教师和乡村学生都是乡村学校发挥乡村振兴功能的力量源泉。在没有乡村教师参与的情况下，乡村学生同样要能够参与到乡村建设中。从力所能及的方面出发，乡村学生可以在以下方面做出行动。首先，主动参与乡村文化传承。借助家庭成员的力量搜集当地发展的稀有见证物品，比如家庭族谱、农耕器物、老旧照片等；向工艺匠人、农家技艺传承者学习手工技艺，在前辈带领下制作手工艺品，如刺绣、泥塑、雕刻等；参与当地节日庆典，学习当地独具特色的文艺，比如当地歌曲、民族舞蹈等。其次，严格遵守法律道德。以法律进行自我约束，不做逾越法律底线的事情。在不确定是否合法的事情面前不轻举妄动，敬畏法律、尊重他人权利，不能将《中华人民共和国未成年人保护法》作为做坏事的"保护屏障"。在道德层面，严格遵守社会公德和家庭美德，养成良好的言语习惯和行为方式。在乡村中以求和、求美、求善的心态参与家庭生活和乡村人际交往。综合法律、道德的双重约束，做一个合格的公民、遵纪守法的现代人，以实际行动感染家庭成员和乡亲邻里。最后，自觉爱护乡村生态环境。学生自发组织志愿服务活动，利用节假日在乡村开展垃圾分类、变废为宝活动，制止乱扔垃圾、焚烧秸秆现象或将垃圾进行妥当处理；践行节约资源的理念，节约用电，节约用水，减少塑料袋等污染物的使用频率，循环利用可重复资源，从自己做起，带领家人为村庄其他居民做示范。通过以身作则影响身边人，唤醒他们爱护生态的自觉性，以实际行动促进生态乡村、美丽乡村的建设。

第四节　家校联动合作以巩固学校振兴乡村成效

组织科学视角中学校是一个组织，学校组织力强弱、学校组织发展都关系学校作用发挥后劲。协同学视角下，乡村学校与乡村社区都存在强大的自组织力量。组织与自组织运动形式有很大区别。自组织没有外

第六章　乡村学校之乡村振兴功能发挥问题的解决路径

部指令规则的约束。自组织力量是在一定的环境条件下由系统内部自身组织起来的,并通过各种形式的信息反馈来控制和强化这种组织的结果。① 乡村学校功能发挥,必须充分发挥乡村学校与乡村社会中各群体内及群体间的自组织力量。序参量就是对子系统起支配作用的参量,厘清乡村学校与乡村社区协同发展的序参量及其运动规则有助于我们探寻其内部要素间的作用机制。不止一个序参量时,其中一个起主宰作用,并主宰着其他的序参量。② 从协同学意义来看,通过"涨落"出现新的序参量,成功地把分散的点联系起来,加以安排和支配。③ 在系统论视角中,学校是一个复杂的系统,教学、课程、管理等活动要素共同起作用。学校功能调适往往伴随系统要素结构的升级转化,要求"学校改进要抛弃还原论和线性因果论的思维,整体考虑学校系统的每一要素在育人目的中的作用,不能单一或孤立地改进学校系统的某一要素"④。乡村振兴战略中乡村学校与乡村社区同属于乡村社会这个大系统,乡村学校与乡村社区又各自成系统。乡村发展平衡态的维持、乡村学校与乡村社区各自系统运行都可以从协同学视角来分析。

作为物理空间和精神空间的综合体,乡村学校附有周边乡村的经济文化特征,体现着对周边环境的依附性,也固不可免地带有事业单位"封闭性强"⑤ 的特征。但乡村学校的乡村振兴功能发挥是充满学校与社区合作的过程,其中的家校合作是较为值得注意的。学生在学校中出现的问题,也常常在家庭中出现,有时是因家庭教育不当而产生的。学校教育过程中遇到的一切困难产生的根源也往往在家庭方面。⑥ 乡村振兴既

---

① 郭治安等编著:《协同学入门》,四川人民出版社1988年版,第29页。
② [联邦德国] H·哈肯:《协同学——自然成功的奥秘》,戴鸣钟译,上海科学普及出版社1988年版,第110页。
③ [联邦德国] H·哈肯:《协同学——自然成功的奥秘》,戴鸣钟译,上海科学普及出版社1988年版,第173页。
④ 胡定荣:《学校改进:认识边界、历史逻辑与前进方向》,《中国教育科学》(中英文) 2016年第3期。
⑤ 刘建军:《单位中国——社会调控体系重构中的个人、组织与国家》,天津人民出版社2000年版,第210—211页。
⑥ 蔡汀、王义高、祖晶主编:《苏霍姆林斯基选集》(五卷本) 第1卷,教育科学出版社2001年版,第159页。

是乡村学校的事情，也是乡村家庭的事情。乡村学校的乡村振兴功能发挥视角下的乡村学校是一个开放型组织，允许也需要家庭、社区的力量参与进来。家校的教育合作是最基础的，也是最易于被大众接受的。随着人们对教育权益的认可度越来越高，乡村教育发展的外扶力度越来越大，以及家庭教育社会重视度提升，乡村家校合作的方式、领域也不断发生改变。联动用于表述相关联的事物变化状态，意指一个事物发生运动或变化时，其他的也跟着变化或运动。[①] 毋庸置疑，在调适乡村学校的乡村振兴功能过程中，乡村学校的教育方式会发生变化。与乡村学校具有合作关系的家庭付出的行动也要发生改变，可将这种伴随联动式发展的合作称为家校联动合作。它体现着双方在为适应对方发生的变化时而做出自身改变的基础上，为实现共同的目标而相互配合。从合作效果来看，家校联动合作也有良性与恶性之分，恶性的联动合作会导致大教育生态系统遭到破坏；良性的则不仅有利于构建和谐的家校关系，还可为学生成长提供健康、积极的环境。良性的家校联动合作可以为学校带来更多支持，为家长提供更多的教育指导，为家长参与学校事务、表达意见提供渠道，增强学校在时代背景下的社会适应性。因此，开展良性联动合作是家庭和学习双方的共同责任。

按照家庭的参与程度，我们可将良性的家校联动合作分为三个层次：第一层次是家庭对于学校的变化处于知晓状态，家庭随之改变的主要是意识层面，从精神上支持学校的工作。第二层次是家庭对于学校的变化处于支持状态，家庭随之改变的程度有所提升，不再停留于意识层面，而是在实际行动上作出了改变，主要体现为对学校变化后工作方面的支持。第三层次是家庭面临学校的改变时，表现出更高层次的联动，就发生的变化能够与学校进行共商改进；家庭随之发生的改变在意识、实际行动上都有体现，能够与学校进行和谐互动。家校联动合作的基础是家庭与学校的沟通，沟通效果如何对于家校联动合作程度有重要影响。然而，不难发现在信息技术更加发达的时代，家校联系更加方便，但联系次数少、交流不深入以及常常围绕学生成绩进行，也导致家校联动合作

[①] 中国社会科学院语言研究所词典编辑室编：《现代汉语词典》（第 7 版），商务印书馆 2016 年版，第 810 页。

难以走向更高层次。同时,乡村学校的乡村振兴功能实现过程中需要家庭的支持。家长们的态度影响学生的参与度、教师的被接纳度,进而影响乡村振兴实现进程。所以,有必要就如何进行良性的家校联动合作展开分析。乡村家庭既是乡村学校发挥乡村振兴功能的支持者,也是其受益者,因而是乡村学校联动合作的重要对象。受家校合作中家庭承担的家庭教育学习者、学校活动支持者、学生成长志愿服务者身份[①]的启发,乡村家校联动合作可从以下方面努力。

首先,加强教育教学方面的联动合作。一方面,家庭对学生的关注随着教育教学改革形势而变化。随着核心素养落地、"双减"政策执行、人工智能介入教育,乡村学校的教育教学方式也会发生变化,家庭要转变评价学校教育的观念,实现第一层次的家校联动合作。新时代的学校教育比以往更加注重学生能力的培养,对于教材之外的教育资源需求更大。但乡村学校可获取的外界资源有限,就一些在乡村中可获取的教育资源而言,学生所在家庭要积极支持,实现第二层次的家校联动合作。学生的发展是学校、家庭、社会共同影响及学生本人努力的成果。家长要关心学生在校求学的全面情况,不要将目光锁定在成绩上,而要看到学生的整体成长。乡村学校的发展过程是在国家政策指导下,结合乡村社会发展实际及各方人士的意见适时进行调整的过程。来自学生家庭的意见对于学校发展具有一定的参考性,当家庭既能够为学校教育教学活动提供支持,又能够就学校发展意见与学校进行共商共建时,第三层次的家校联动合作便产生。另一方面,乡村学校也要看到家长的学习需求,并全力支持家长提升教育能力。比如,在《中华人民共和国家庭教育促进法》颁布以后,乡村家庭教育能力需要大幅度提升,乡村家长对于如何教育子女的疑惑仍未得到完全解答。乡村学校可以通过安排学校教师或聘请优秀的家长来开展家庭教育的指导活动,以让家庭教育跟上学校和时代的步伐。建立以学校为中心的培训模式,吸纳诸多领域专家来充实培训者队伍;以乡镇为单位设立家长学校,或联系家庭教育指导机构,对学生家长进行指导。再如,乡村学生中存在一些特殊背景学生,比如留守儿童、单亲或无亲儿童、病患儿童等。"控辍保学"行动保障了他们

---

① 董艳、黄月:《新媒体支持下的家校合作研究》,大象出版社2019年版,第62—63页。

的受教育机会，却难以从心理上把他们留在学校、感受学校的温暖。他们的家庭教育情况往往令人担忧，学校要看到这种现实并主动为这些学生的家长提供教育和心理上的指导。

其次，加强非教育教学方面的联动合作。从乡村学校的乡村振兴功能发挥范围来看，非教育教学方面的内容被涉及，比如乡土文化传承、乡村生态保护、乡村经济提升、乡村民主管理等。与教育教学方面不同的是，非教育教学方面的功能效果往往是在短期内可实现的。宣讲传播、实践引领、志愿服务等是乡村学校在此方面的主要行动方式。与过去相比，乡村学校服务乡村的行动将会出现正式化与非正式化并存的现象。为提升服务效果，来自乡村的支持力量必不可少。乡村振兴的过程离不开村民发挥主体作用，家校联动合作有利于激发村民参与乡村振兴、愿意为乡村振兴服务的积极性。由于学生是学校与乡村联系的天然纽带，因而在来自乡村的支持力量之中，乡村学生家庭的力量是较容易调动起来的，也能够伴随学生在校就读而持续地存在。新时代，乡村振兴要求乡村居民养成良好的行为习惯、积极参与乡村建设行动。在乡村学校服务乡村时，乡村家长可以通过物质支持、精神支持或参与志愿服务行动来为学校提供便利。比如，在乡村学校为乡村居民宣讲"三农"政策、健康卫生知识、生态宜居理念时，学生家长积极参与并号召邻里乡亲到场聆听，遇到疑问能够向宣讲者请教，能够帮乡亲们解答疑问。在乡村学校引领乡村居民开展挖掘乡土文化资源、更新农业生产技术、参与民主选举和监督等实践活动时，学生家长尽力为他们提供场地支持，充分发挥自己家庭的优势，愿意成为实践活动示范者。在乡村学校组织师生到村庄中开展敬老活动、植树活动时，学生家长要带头为他们营造积极接纳的氛围，不挫伤师生积极性，利用自己的经验和资源为他们提供无偿服务。诚然，非教育教学方面的联动合作不止于此，也不可能一直畅通无阻。为构建和谐的家校关系和促进乡村更好地发展，家庭和学校要努力多开展良性联动合作。

第七章

乡村学校之乡村振兴功能发挥问题的解决保障

从社会支持理论来看,乡村学校乡村振兴功能发挥问题的解决离不开完善的保障体系。在强调乡村学校助力乡村振兴时,无论是来自学校内部的力量,还是来自学校外部的力量都显得不足。乡村学校还面临很多发展困境,比如自身发展跟不上、支撑学校发展的硬件设施跟不上、当地经济落后、地方政府不够重视等。从制度保障、投入保障、设施保障方面弥补这些缺憾是破解乡村学校乡村振兴功能发挥问题的重要保障。

第一节 完善顶层政策引导,注重学校发展质量

政策引领实践行动,党和国家对于乡村教育的支持、对于乡村学校的关注早已开始。但正如"制度供给滞后是新时代实施乡村振兴战略的最大制约"[①]一样,制度供给滞后也是乡村学校乡村振兴功能发挥的制约因素,相关政策支持是乡村学校实现乡村振兴功能的积极因素。

一 制定支持乡村学校助力乡村振兴的政策

本研究中的研制政策与普通的政策制定相比,具有更强的研究性,

---

① 刘守英、熊雪锋:《我国乡村振兴战略的实施与制度供给》,《政治经济学评论》2018年第4期。

希望吸纳更多研究者的意见,同时还希望智库介入。因此,研制政策过程包括问题发现与政策问题确认、政策议程建立与实施、政策方案规划与文本形成、征求社会意见与修改完善、政策合法化与执行建议。

(一) 政策问题发现与确认

研制政策的目的之一在于更好地解决社会问题,以促进社会和谐发展。乡村学校的乡村振兴功能发挥问题归根结底是乡村学校与乡村社区之间的联系问题。城镇化背景下乡村发展呈现新格局,乡村教育发展形势也有新变化。从中我们看到乡村学校布局调整、乡村学校生源锐减与乡村人口外流、乡村日益凋敝间的联系。倘若任其发展则会导致乡村学校更加衰落、乡村更加凋敝,如何将二者结合起来,共同发展、共同振兴则成为摆在人们面前的现实问题。这正是乡村大教育观所看重的,乡村学校作为当前乡村教育的主阵地,既具有教育功能,也具有非教育功能;既具有个体功能,也具有社会功能。以乡村学校的整体功能为抓手,发挥其社会服务功能应是重要的时代选择。正如"只有社会上那些真正有影响的人物才能在社会问题的认定过程中发挥非常重要的作用"[1],有影响的人物提出问题是政策问题确认的前提。很多人认识到了乡村学校的发展困境和乡村振兴进程中乡村学校的作用,其中不乏政府工作人员、知名学者及乡村特色学校教师,他们中有些是全国人大代表,有些是全国政协委员。这无疑有助于这一问题尽快被提上政府的议事日程。这也是乡村振兴时代的要求,基于时代背景制定"乡村学校促进乡村振兴"的政策文件已具备理论基础、现实意义和现实条件。

(二) 政策议程建立与实施

政策议程是"将那些认为需要解决的政策问题经过优选排序并纳入决策领域的过程"[2],其模式包括外在创始模式、内在创始模式和动员模式。[3] 每种模式的创始者和议程都有所差别,在实际的政策制定中所采用的议程模式多是两种或三种模式的组合。中国是人民当家作主的国家,

---

[1] 谢明编著:《公共政策导论》第四版,中国人民大学出版社2015年版,第133页。
[2] 傅雨飞:《智库结构在政策议程建立中的作用研究——以结构功能主义为分析视角》,《中国行政管理》2017年第12期。
[3] 方贤华主编:《实用政务大辞典》,湖北辞书出版社1993年版,第221—225页。

政策议程的确立更是如此。政策议程还会触及两个不同阶段，即公众议程阶段和政府议程阶段，大致遵循"先公众议程后政府议程"的规律。首先，关注公众对政策议题诉求。乡村学校如何促进乡村振兴这一问题经由外在创始模式、内在创始模式和动员模式三种模式之一进入决策层视野。决策层内部对该问题进行探讨后，再将探讨结果和决策意向公众公布。此时，该问题引起更多人的关注，"乡村学校如何发挥社会服务功能，以促进乡村振兴"进入公众议程，获得社会普通大众的关注。公众议程中人们将政策诉求反映出来，对政府议程形成具有影响的推动力。其次，将公众诉求纳入政府议程。政府议程是政策议程中具有重要意义的环节，它是政府的相关部门依据制度化的操作程序和运行方式对问题做出决策。通常而言，社会问题经由公众议程后进入政府议程，但也有直接进入政府议程，越过公众议程的。① 无论是乡村振兴问题还是乡村学校发展问题，都已被政府重视，公众对于发展好乡村、办好乡村学校的诉求也极为强烈。加之其对于全面建成小康社会和实现现代化具有重要意义，所以将乡村学校服务社会功能发挥或乡村学校的乡村振兴功能发挥纳入政府议程合理合情。它在进入政府议程之后，经过内在创始模式或者动员模式等不断接受大众的、科学的循环论证。

（三）政策规划与文本初成

政策规划是"政府针对现实某些政策问题在未来可能演变或生成的情形，系统地制定一套解决预案的过程"②，是对某些政策提出的一些规定。为促进乡村学校的乡村振兴功能的发挥，我国需要在教育功能论、学校功能论指导下，以《乡村振兴战略规划（2018—2022年）》和《中华人民共和国乡村振兴促进法》为参考，兼顾学校和乡村发展需要，制定乡村学校的乡村振兴功能发挥的规划蓝图。制定规划蓝图时不仅要结合公众议程和政府议程中搜集的信息，还要考虑价值上的公正性、具体操作上的可行性及事实变化的前瞻性。政策制定者要充分吸收对于乡村学校生源变化、乡村教师数量、乡村学校布局的预测成果，以保证政策规划更加贴合未来发展需要。在政策规划环节之后，比较重要的是形成

---

① 谢明编著：《公共政策导论》第四版，中国人民大学出版社2015年版，第131页。
② 樊钉主编：《公共政策》，国家行政学院出版社2005年版，第109页。

具体的政策文本。它需要依据规划蓝图对政策制定意义、基本原则、目标任务、主要举措及实施保障措施进行细化，并根据政策指向对象来确立。随着城镇化现象在全国普遍开来，乡村学校在发展中的问题、乡村振兴面临的困境具有局部一致性，建议国家层面出台类似于《乡村教师支持计划（2015—2020年)》的专门性文件，诸如"支持乡村学校助力乡村振兴计划"。目标任务中给出阶段性目标，包含短期目标和长期目标。当然，政策文件名称中也可加入阶段性年限，年限的选取可参考乡村振兴的短期目标、长期目标，以及"十四五"规划内容。这种文件属于宏观层面的，对各地具有普遍性指导意义。各地在国家的指导意见基础上制定适合当地的具体执行办法。支持乡村学校服务乡村振兴的政策文本的表述严格遵守规范性，体现通俗性。依据规划形成政策文本的初稿，亦即征求意见稿。

（四）征求意见与修改完善

政策制定涉及许多利益相关者，他们能够从不同视角反映对政策意见稿的看法，为政策制定者修改完善政策文本提供建议，以促成政策利益群体最大化。首先，定准征求意见的对象。一般而言，政策文件征求意见的对象包括社会公众、特定部门和相关群体与个人。就本研究而言，乡村教育管理者、乡村教师、乡村学生与乡村系统管理者、乡村居民是较为直接的利益相关者，必然是社会意见的重要被征求者。他们的意见在政策文本的修改完善方面具有重要意义。从社会公正角度来看，当政策侧重某一部分群体时，另一部门会因未得利或利益受损而有异议，非直接的利益相关者依旧是意见征求对象。其次，采取多种征求意见的形式。征求意见的形式决定被征求对象的知情度，也影响征求意见的效果。保障乡村学校功能发挥的政策文件征求意见的对象具有广泛性、复杂性，其中部分对象获取信息和表达意见渠道不通畅，对于政策的征求意见稿往往后知后觉，甚或从未知觉。笔者在调研中发现很多乡村教师对政策并不十分了解，被问及对乡村振兴战略的了解程度时，有55.3%的教师表示有一些了解，11.9%的教师表示不怎么了解，并且55.3%的教师中绝大部分对于其了解仅限于通过某些会议或新闻得知，至于在将自己的工作与乡村振兴战略相联系方面则并未有过深入思考。在村庄中走访时得知，除了村干部对乡村振兴战略了解稍微多一点外，普通居民对乡村振兴的了解仅限于村委会宣传栏上的内容。由此可见一斑，大多数基层民众对政策的了解较少，对于政策制定过程中征求意见的环节常浑然不知。为规避这种现象，保证征求意见更加全面和充分，不仅要采取发函、会议的形式，还要提供征求意见的电话和线上线下信箱，更要到乡村基层走访，收集他们反馈的意见。同时，要注意征求意见的持续时长，照顾社会大众尤其是乡村居民对政策文本的理解程度。最后，根据征求的意见完善政策文本。对征求的意见进行如实汇总，做到合理吸收。从最初拟定问题到政策文本形成，需要一个较长的过程。这一过程中，乡村学校的布局状态可能发生了转变，乡村教师评价制度发生了改变，乡村信息化程度有了提升，乡村发展得到了其他政策的支持等。所以，意见最终能否进入政策文件，需要由政策的直接决定者和较具影响力的研究者视情况而定。

（五）政策正式文本合法化

这里的"合法"并非仅是通俗理解层面的合乎法律，而是基于西方学者韦伯论述的"合法性"而言的。"任何统治都企图唤起并维持对它的'合法性'的信仰"[1]，这种"合法性"后被理解为被人们信仰并追随、服从。基于"合法性是指某种政治统治或政治权力以及实施措施能够让被统治群体和个人认为是合理正当的和符合道义的，从而能够加以认可和服从的能力及属性"[2]的理解，公众认可、接受，是政策合法化的前提条件。就作为社会主义国家的我国而言，这种合法化是建立在"人民答应不答应、满意不满意、高兴不高兴、幸福不幸福"[3]的基础之上。具体到政策制定层面，其合法化需要经由法定的"审查、通过、批准、签署和颁布"[4]来实现。本研究建议研制的政策也要经过这些程序才能实现合法化，既要实现政治上的合法化，也要实现法律上的合法化。政策文本中的执行建议为明确责任主体、地方政府的权责、人民群众的监督等提供制度化保障。乡村学校乡村振兴功能的发挥是乡村学校社会服务功能

---

[1] ［德］马克斯·韦伯：《经济与社会》上卷，林荣远译，商务印书馆1998年版，第239页。
[2] 谢明编著：《公共政策导论》第四版，中国人民大学出版社2015年版，第187页。
[3] 孙培军：《中国政治的逻辑：理论和实践》，知识产权出版社2018年版，第43页。
[4] 游清富主编：《社会政策导论》，武汉大学出版社2018年版，第176页。

的体现，乡村学校是责任主体之一，但由于社会资本有限，需要通过政策执行建议来确立其获取社会支持的稳定途径。研制之后的政策要向公众公布，继而进入政策执行和政策评估环节。一个完善的政策需要在周期内不断地完善才能够形成，正所谓政策制定是一个循环往复的过程，保障乡村学校的乡村振兴功能实现的政策也需要经过这样的过程。

上述研制政策与完善政策主要是对制定专门性政策文件而言的。事实上，乡村学校的乡村振兴功能的发挥还需要许多其他政策文件的支持，比如国家宏观发展战略层面的、乡村教师队伍建设方面的、学生评价方面的、学校标准化建设文件、教育现代化方面的、乡村治理方面的、农业发展方面的、弘扬中华传统文化方面的等，这些文件的支持作用亦不可小觑。

二 引导乡村学校朝高质量发展的目标迈进

乡村学校是承担乡村人口基础教育的最主要依靠，有无乡村学校、乡村学校办得如何直接影响乡村学校的乡村振兴功能发挥。办好乡村学校可为乡村留住人才，并吸引外流人才返乡和外界人士来乡，如此乡村就更有振兴的希望。乡村学校办学质量上不去既是由历史基础薄弱导致的，也是由人们放松对乡村学校质量提高的关注度、投入度导致的。这将置乡村于危险之中，不利于全面实现现代化。基于现实情况，围绕乡村振兴需要、乡村民众发展需要，我国需要从标准化建设、特色化发展、智能化助力方面支持乡村学校高质量发展。

（一）以标准化建设为基

学校标准化建设是推进义务教育均衡发展的重要举措，乡村振兴背景下要继续加强乡村学校标准化建设。许多学校的标准化建设还不达标，影响办学质量的提高。加强乡村学校标准化建设是对办学基本条件的改善，有利于促进乡村学校教学质量提高。也正如一线教师所表达的，学校标准化建设不仅优化了学校的教育教学资源，而且促进了学校教育观念与教学理念的改变，促进了教、学等行为方式的改变。[①] 2018 年颁布的

---

① 白光富：《标准化建设给农村学校教育插上腾飞的翅膀》，《中国教育技术装备》2013 年第 8 期。

《国务院办公厅关于全面加强乡村小规模学校和乡镇寄宿制学校建设的指导意见》,要求各地完善办学标准、加快标准化建设,[①] 并为两类学校标准化建设指明了方向。基础设施设备、信息化设施、学生生活条件改善等都被纳入其中。乡村学校标准化建设不断关注学生求学需求、教师工作需要,是一种不断追求进步的建设,是一个历久弥新的话题。在基本设施得到保障之后,会转向对师生校园生活场的关注。也正因为人们对乡村学校的期待不断调整,学校标准化建设也要及时跟进。为让学校标准化建设连续性、扎实性推进,必须发挥国家层面的领导、统筹作用。首先,国家出台政策指引乡村学校标准化建设。政策引领非常重要,它让乡村学校标准化建设有章可依。政策制定中要明确责任主体,保障财政投入向乡村倾斜、做好学校基础设施建设、优化乡村教师配置等。实际执行中,相关部门要督促各地按照《农村普通中小学校建设标准》改善薄弱学校办学条件,完成乡村学校标准化建设。其次,扶持中西部地区乡村学校建设。我国东中西部乡村学校办学水平有差异,东部地区本身办学条件较好,中西部办校条件相对较差。如果国家不加以干预,中西部地区乡村学校难以在短时间内实现大幅提升。所以,既要增强国家层面对中西部乡村学校建设的支持,又要协调东部地区资源来支持、帮扶中西部乡村学校建设。此外,还要将标准化建设和规模化建设区分开来,谨防削弱村小和教学点的建设;[②] 将管理标准化纳入乡村学校标准化建设范围。

(二) 走特色化发展之路

特色化发展是继重点化发展、均衡化发展之后被提出的一种新的发展战略,[③] 是"十四五"时期深化教育改革的重要内容,有助于实现中国教育现代化。特色化发展是乡村学校向高质量发展的必由之路,其缘由大致如下:其一,特色是一所学校区别于其他学校的"独特品质与风

[①] 《国务院办公厅关于全面加强乡村小规模学校和乡镇寄宿制学校建设的指导意见》,http://www.gov.cn/zhengce/content/2018-05/02/content_5287465.htm。

[②] 苏令:《标准化建设能否拯救乡村学校?——访北京师范大学教育学部首席专家、南京师范大学教授张新平》,《中国教育报》2015年11月20日第5版。

[③] 邬志辉:《学校特色化发展的重新认识》,《教育科学研究》2011年第3期。

貌"①。抓住特色才能避免因标准化建设而走向同质化。其二，特色是学校不断提升办学水平的内生性优势。"现代化基础教育学校特色发展是在学校全面发展教育和素质教育基础上和过程中有个性的发展"②，找准发展特色的学校更有利于学生的全面发展。其三，特色是学校走向优质办学的底气。基于特色发展的学校具有积极进取、创新发展的思路，更有探索教育教学改革的勇气，从而更易增强教育教学质量。其四，特色能够增强师生对学校情感认同。特色化发展能够激起一批乡村学校对自身文化特色的挖掘，为自身积累可资展续的独特资源，同时增强参与其中的师生自豪感和他们对学校的亲近感、认同感。尽管学校特色发展主要依靠自身，但离开国家统筹规划将失去诸多保障。建立乡村学校特色发展数据库，收录各地乡村学校特色发展经验。统筹乡村学校特色化发展可以从以下方面着手：首先，要坚持把学校特色化发展作为乡村振兴时代学校发展的重要战略，从政策、财力、人力上给予乡村学校特色化发展保障。其次，要在宏观层面上引导评价学校的相关部门将特色化发展作为重要指标，以评促发展，实现校容校貌、组织运行、核心价值观、生活方式的整体特色发展，③ 同时要坚持顺其自然，避免强加式的特色"打造"。最后，尤为重视村小与教学点的特色化发展，④ 注重发展乡土化、本土化的特色，以"在乡村、是乡村、为乡村"⑤ 的理念引导它们发展，实现学校真正乡村化。

（三）抓住智能助力契机

智能化可助力乡村学校实现办学质量的跨越式提升。从现实来看，乡村学校与城市学校的差距依旧很大，依靠传统的补充乡村教师队伍的方式难以促使乡村学校在教学质量上有新的突破。乡村学校的发展既要靠自身基础，又要靠借助外力。日益进步的科学技术是乡村学校可借助

---

① 邬志辉：《学校特色化发展的重新认识》，《教育科学研究》2011 年第 3 期。
② 郝文武：《为乡村教育振兴而大力推进乡村学校特色发展》，《教育与教学研究》2021 年第 1 期。
③ 杨九俊：《学校特色建设："寻找属于自己的句子"》，《教育研究》2013 年第 10 期。
④ 郝文武：《在特色发展中彰显农村学校文化和活力》，《教育科学》2020 年第 3 期。
⑤ 周晔、徐好好：《乡村校长的文化使命：让乡土文化滋养乡村学校发展》，《中小学管理》2021 年第 2 期。

的力量之一，智能化与信息化、数字化接踵而来。数字乡村建设是乡村振兴的战略方向，也是数字中国建设的内在要求。《数字乡村发展战略纲要》强调了信息化、数字化对乡村教育的重要意义，并指出要借助互联网实现城市优质教育和乡村学校的对接，进而确保乡村学校开齐开足国家课程。[1] 在实际中，仅靠信息化、数字化的乡村学校已经不能适应时代的发展，智能时代的到来也为乡村学校提供更多的发展机遇。人工智能技术具有自动学习、自主适应、智能推送、反馈调节等特性，可以自动地收集、分析学习者的信息，可为学生提供个性化的学习资源、学习方式、学习内容，不仅有助于减轻教师非必要工作负担，而且有利于根据智能系统实时反映的问题调整教育策略，因材施教。[2] 因此，从宏观发展战略上支持乡村学校智能化发展既吻合技术发展潮流，又利于乡村学校的未来发展。在智能化助力乡村学校发展方面，国家努力方向如下：首先，在人工智能助力乡村教师队伍建设之时，将人工智能助力乡村学校作为努力方向。对乡村学校建设标准进行修正，将与时代发展相适应的智慧教室、智慧校园建设作为建设方向，并制定短期建设目标。国家在发挥建设指导、监督作用的同时，不断挖掘乡村学校智慧建设优秀经验并将其推广，针对问题给出兜底性解决方案。其次，统筹协调为学校配置智能设备。对于乡村学校来说，智能设备往往价格昂贵，超出自身负担能力，因而需要外界力量提供支援。国家层面既可协调相关部门支援乡村学校，以政府补贴的形式减轻乡村学校设备支出的经费压力，还可通过倡议、激励等手段吸引社会爱心企业、事业单位、社会团体和个人为乡村学校提供智能设备。最后，支持乡村教师提升智能素养。智能时代的到来给乡村教师带来更大的技术挑战，乡村教师补上智能素养的短板非常必要。这就涉及乡村教师专业发展方面，乡村教师专业发展是国家、地方、学校、个人共同的事情。在整个乡村教师专业发展支持体系中，国家是各种力量的主导者，能够在政策与合作机制的规定上引导各层级

---

[1] 《中共中央办公厅、国务院办公厅印发〈数字乡村发展战略纲要〉》，http://www.gov.cn/zhengce/2019-05/16/content_5392269.htm。

[2] 王丽娟、汪燕、唐智松：《智能时代乡村教师队伍建设的困境与出路》，《现代远程教育研究》2021年第6期。

人员之间的协作。① 在实践中,国家层面的相关部门要重视乡村教师智能素养发展,并施以相关措施支持。

第二节 构建多元投入机制,稳定供给支持系统

从普遍性视角来讲,经费投入是政策落实的重要保障。许多政策落实的难点也在于获得经费支持不足。从城乡差异来说,城市政策落实的经费来源多样且相对充足,乡村政策落实的经费获取渠道少且明显不足。增加各级财政投入、吸纳社会资金参与乡村振兴、优化乡村政策落实中的经费支持体系非常重要。乡村学校关于服务乡村的设想再好,离开财政支持也会显得苍白无力,因此必须以国家财力为保障,有些国家在这方面已经作出过探索,如日本的国家财政和地方财政共同承担。② 尽管如此,乡村各地经济发展水平不一样,地方财政承担限度也不一样,保障财力来源的多渠道供给、建立资金多元供给机制显得非常必要。

一 坚持投入主体多元化

无论是乡村学校建设还是乡村振兴,所需增补的投入缺口都比较大。时任农业部部长韩长赋在2018年就以乡村生态治理中的问题为例说明该困境,他指出"仅在农村人均环境整治方面完成农村厕所、垃圾和污水三大革命需要的资金就达万亿元级别"③,依靠当时的投入力度和资金来源渠道是无法满足需求的,需要建立多元投入格局,坚持财政体系、金融体系、社会参与体系相结合投入模式。不仅当时如此,也不仅环境整治方面如此,当下乡村振兴各方面都如此情形。

(一)坚持公共财政为主渠道

教育具有长期性,对教育的投入难以立竿见影,正所谓"十年树木,

---

① 庄玉昆、褚远辉:《乡村教师专业发展的支持体系建设》,《教育科学》2020年第1期。
② 孙立群、孙福田:《农村教育与经济社会协调发展关系的研究》,中国农业出版社2007年版,第13页。
③ 微观三农:《韩长赋:建立多元投入格局 实现乡村振兴》,www.sohu.com/a/25846113_669627。

百年树人"。投入乡村建设的资金也是如此，回报周期长、回本较慢，社会效益高于经济收益。也正因为如此，金融体系和社会力量对其支持有限，[1] 必须保障公共财政的主渠道地位。这又涉及中央和地方的财政分担问题，从国务院颁布的文件可知，中央和地方的责任划分方案在应急救援、生态环境、自然资源、公共文化、交通运输和教育不同领域有所差异。以教育领域为例，按照国务院办公厅印发的《教育领域中央与地方财政事权和支出责任划分改革方案》中所划档次执行，亦即"所需经费由中央与地方财政分档按比例分担，其中：第一档中央财政分担80%；第二档中央财政分担60%；第三档、第四档、第五档中央财政分担50%"[2]。同时，政策还需增大向乡村面积较大地方的倾斜度，尤其是对于中西部偏远贫困、基础设施异常落后的地方。因此，笔者建议增强省、市、县级政府的财政保障能力，以专项资金确保对乡村学校和乡村社区投入的稳定性。同时，中央政府和省级政府还要为贫困地区基层政府减压，以保障基本经费充足。乡村振兴需要财政支持的方面还涉及其他领域，每个领域中央与地方财政事权及支出责任划分不同，需要视情况而定。但无论如何，当面临基层政府财力不足时，省级及以上政府要积极发挥兜底作用。

(二) 鼓励金融行业积极助力

金融行业具有极强的经济调节能力，能够为乡村赋能。"十四五"时期我国要"健全农村金融服务体系，完善金融支农激励机制，扩大农村资产抵押担保融资范围，发展农业保险"[3]，在保障国家粮食安全、农产

---

[1] 韩长赋：《坚持农业农村优先发展 大力实施乡村振兴战略》，《求是》2019 年第 7 期。

[2] 《国务院办公厅关于印发教育领域中央与地方财政事权和支出责任划分改革方案的通知》，http：//www.gov.cn/zhengce/content/2019-06/03/content_5397093.htm。该通知显示：第一档包括内蒙古、广西、重庆、四川、贵州、云南、西藏、陕西、甘肃、青海、宁夏、新疆 12 个省（自治区、直辖市）；第二档包括河北、山西、吉林、黑龙江、安徽、江西、河南、湖北、湖南、海南 10 个省；第三档包括辽宁、福建、山东 3 个省（不含计划单列市）；第四档包括天津、江苏、浙江、广东 4 个省（直辖市）及大连、宁波、厦门、青岛、深圳 5 个计划单列市；第五档包括北京、上海 2 个直辖市。党中央、国务院明确规定比照享受相关区域政策的地区按相关规定执行。

[3] 《中华人民共和国国民经济和社会发展第十四个五年规划和2035年远景目标纲要》，《人民日报》2021 年 3 月 13 日第 1 版。

品供给、农机购置、农技引进、建设资金筹措,以及"教育医疗、公共卫生、食品安全、建筑工程、职业责任、社区管理等领域的责任保险"[1]等发挥作用。国家或地方政府要支持金融企业扶持乡村发展,通过与他们签订合作协议,充分发挥它们在乡村振兴中的作用。吸纳金融机构如银行、保险、证券等支持乡村振兴,政府可适当基于贴息、补助等方式提升金融机构积极性。已有案例表明,某银行通过发放贷款缓解资金不足给乡村带来的困难。比如,通过向商户发放贷款来支持其农村辣椒收购,及时让农民得到农产品销售款;还支持村民通过贷款的形式住上新房,当地称为"宜居贷"。[2] 某地建设银行以"乡村振兴+电子商务"拓展农资购买和农产品销售渠道;[3] 某地民生银行打造"'农户+政府+光伏企业+电网公司+银行'的新业务模式"[4];某地邮政储蓄银行对农田、渔场等发放惠农贷、信用贷;[5] 某地农村商业银行探索按揭式农业贷;[6] 某地农村信用社系统支持农业大户、乡村企业及特色小镇建设;[7] 等等。遇到自然灾害,尤其是特大灾害时,保险业能够通过理赔的方式减少农户的损失。例如,2021年7月的特大暴雨导致河南多地乡村受灾,农业保险在补偿农业损失、保障农民收入、稳定农村社会上起到了积极作用。[8] 比如,一企业在2021年为某县18749名已脱贫户及易致贫返贫人口捐赠健康意外保险,以帮助村民减轻医疗负担。[9] 因此,金融支持乡村振兴效率整体上较高,但仍需逐步完善乡村金融服务体系,创新乡村金

---

[1] 龙文军:《"十四五"时期的农业保险:趋势判断、总体思路与保障机制》,《中国保险》2021年第2期。

[2] 叶松:《助力乡村振兴 看这家村镇银行如何破题》,《金融时报》2018年3月1日第11版。

[3] 陆宇航:《探索乡村振兴新路径——建行善融商务发力乡村电商》,《金融时报》2021年6月29日第5版。

[4] 家俊辉:《民生银行行长助理欧阳勇:金融服务乡村振兴要有新模式、新动能、新投资》,《21世纪经济报道》2021年11月12日第9版。

[5] 陈露:《邮储银行江西省分行:金融赋能乡村振兴》,《江西日报》2021年11月3日第8版。

[6] 陈磊、高桂宝:《诸城农商银行"按揭农业贷"为乡村振兴赋能》,《农村金融时报》2021年11月15日第B5版。

[7] 王海潮、杜迎军、陈晓丽:《邯郸农信多元化服务满足乡村振兴金融需求》,《中国农村信用合作报》2021年11月2日第4版。

[8] 龙文军:《河南特大暴雨凸显农业保险的重要性》,《粮油市场报》2021年7月27日第B3版。

[9] 陈丽、李杰:《企业爱心捐赠 助力乡村振兴》,《攀枝花日报》2021年8月3日第4版。

融产品、增加农业保险产品种类、重视互联网金融建设等。[1] 同时，就实现乡村学校的乡村振兴功能而言，可以考虑利用银行信贷及时补充学校资金所缺，并消除学校在开展教育教学活动时对意外事故产生的顾虑；通过保险减少疾病就医、人身意外、农业灾害等给农民带来的不良影响。

（三）吸纳多种社会力量参与

社会力量投入包括资本投入和物资投入。社会资本是对财政力量、金融力量的重要补充，具有明显的聚沙成塔效应，在我国脱贫工作中起到重要作用。这些资本进入乡村后，充实乡村建设资金，若投入方无明确要求，乡村可对其自由支配以将其用到最需要的方面。物资投入既能够及时补充人们学习、工作和生活资料，还能起到一定的储备作用。物资投入的具体类别常依据投入者专长及被投入者需求来定，常见的有衣物、学习资料与文具、生活用品、运动器械、生产物资等。比如，G县一创业青年就曾向三个镇村民捐赠苗木近四万株和肥料五吨；[2] 中华少年儿童慈善救助基金会向A市百村图书角捐赠图书。[3] 调研所见也印证这一点，易地搬迁后的A村，从村委会的办公桌椅柜到村民家中各式各样的家具，都是对口帮扶单位或爱心企业捐赠的；当地幼教点中的空调、书架是爱心企业捐赠的；村庄旁边的彩虹滑道是一旅游集团援建的。政府与社会力量之间存在一种互动，它们之间的良性互动是促进公共服务发展、社会稳定和谐的重要力量。在吸引社会力量投入乡村振兴方面，政府要积极发挥组织力量，主动向社会组织和大众发出号召。比如Z市政府为社会力量参与乡村公共文化发展提供宽松的政策环境，该地"乡村舞台"的建设经过政府动员、合作化供给、协同共治三阶段发展，借助"乡村舞台"举办的书画、美术培训、摄影展、特色文化和民族传统文化汇演等活动在乡村文化振兴中发挥重要作用。[4] 但是我们也应看到，社会

---

[1] 田丽秀、姜健：《基于乡村振兴战略背景下的金融支持农村产业融合发展效率研究——以云南为例》，《云南农业大学学报》（社会科学版）2019年第1期。

[2] 谭雯、高县：《创业青年爱心捐赠 助力乡村振兴》，《宜宾日报》2019年4月16日第A5版。

[3] 姜蕴真：《捐赠爱心图书 助力乡村振兴：中华少年儿童慈善救助基金会捐建安阳县百村图书角》，《安阳日报》2021年4月27日第5版。

[4] 李少惠、崔吉磊：《政府与社会力量在公共文化服务供给中的互动机理研究——以Z市"乡村舞台"建设为例》，《图书与情报》2021年第2期。

力量参与乡村振兴的内生积极性还需要提高，政府、社会公众要对社会力量投入乡村后的效果进行监管。具体到本研究，就乡村学校建设而言，国家和地方财政投入基本上是乡村学校最主要的办学依靠，也是一些学校唯一的经费来源。社会力量投入学校时，投入者不仅会对投资预期效果进行衡量，还会受到首因效应、移情效应等的影响，投入者的认知对投入方向起重要作用。具有办学特色的、校长领导力强的、有"名师"或"名生"的或被媒体挖掘到的乡村学校往往有机会得到更多的社会力量。至于社会力量对乡村建设的投入，形式、内容、覆盖范围都显然比对乡村学校和乡村教育广泛得多。

在当下及未来，随着乡村开放程度的提高，乡村投资潜力增强，再加上政策的扶持，越来越多的社会资本投入乡村中。与此同时，政府要为投向乡村振兴的社会资本做好指引与服务，提供可行项目，制定明晰的税收、补贴等优惠政策并建立责任监管机制，[①] 在保障投资者获得利益的同时，更应该让乡村受益。在公共财政经费使用上，要给予学校一定的经费使用自主权；在社会捐资助学经费方面，允许学校依据法规自主支配使用。通过这些措施保障学校办学自主权，关照学校内部师生需求，激发乡村学校办学活力，在实现乡村学校迈向更高质量发展的同时，增强乡村学校的乡村振兴功能的内生动力。

二 鼓励投入形式多样化

这里的"投入"是指投向乡村领域的旨在促进乡村发展的各种各样的支持手段，就实现乡村学校的乡村振兴功能的投入保障而言，形式多元化较为必要。

（一）以经费资金形式投入

自"三农"问题受到重视以来，国家增加了对乡村的投入，但由于管理体系中的层级分配和专款专用，资金分配中会出现过度和不及并存的情况，乡村学校依旧面临资金短缺情况，其中的结构性短缺明显。乡村用于举办文化活动、进行美化环境、引进生产技术、开展民主治理等

---

① 自治区政协办公厅研究一室：《自治区政协港澳台侨和外事委员会建议：积极引导社会资本投资乡村振兴建设》，《华兴时报》2021年10月20日第3版。

资金较紧缺,是乡民主动参与乡村建设积极性不高的主要原因之一。由于财政投入相对稳定但资金使用限制多,企事业单位和社会力量的货币资金投入在使用上相对灵活,所以政府、企事业单位、社会组织或个人在支持乡村教育或乡村建设上的投入都很必要。总的来说,要坚持政府在乡村振兴中的主导作用,在资金的具体使用上赋予县级政府一定的自主权,允许他们在一定范围内将资金统筹管理、捆绑使用。① 教育投入是公共财政投入的重点领域,是一种国家发展所需要的基础性、长远性和战略性投资,② 关系到我国未来的发展。目前,乡村获得的教育投入已不断增长,但与国际相比在校均经费和人均经费上的劣势明显。因此,为确保乡村学校的乡村振兴功能所需资金充足,需要寻求社会支持、拓宽供给渠道,引导社会资金投向乡村;设立教育基金会来补充乡村学校运作资金,比如用于发放代课教师工资、补充学习资料;投入提升农民素养专项资金,减免农民对自我人力资本投入成本,以激励农民积极提升自我素养。

(二) 以支持基建形式投入

与乡村振兴的宏伟蓝图相比,乡村基础设施条件,人居环境改善及一二三产业融合发展的基建支撑平台还不够。这制约乡村社区功能的完善,影响乡村民众生活质量的提高。一些企业在工程建设上非常有经验和实力,它们了解乡村基础设施所缺,也擅长建设基础设施。值得一提的是,政府与社会资本合作模式下的公共基础设施建设,这种模式简称PPP(Public-Private-Partnership)模式。建立在伙伴关系之上的、兼具利益共享和风险分摊特征的政府与社会资本合作模式具有较强的公益性,我国在发展实践中不断对其进行创新,许多大型工程项目建设采用了这种模式,进而在一定程度上减轻了中央财政的压力。从调研所见的一些设施上可以看出,社会力量已经介入乡村基础设施建设之中,比如,某村小的幼儿园和图书室、某村小的教学楼、某易地搬迁居民住宅和活动

---

① 中共中央党史和文献研究院编:《十八大以来重要文献选编》(下),中央文献出版社2018年版,第48—49页。

② 《国务院关于进一步加大财政教育投入的意见》,http://www.gov.cn/gongbao/content/2011/content_1899500.htm。

区援建。

由此可见，乡村学校与乡村社区都需要加强基础设施建设，以更好地发挥公共服务功能。利用企业、社会团体和个人的力量共同助推其实现，具有可行性。对于部分乡村来说，这些社会力量投入基建比投入资金更有意义。从现状来看，基建投入具体项目可优先考虑以下情况：乡村基本的交通设施还需要补充，居民住房中需要修缮的较多，生活中饮水用水设施及污水处理设施还不足，清洁能源供应及生态优化；小学及幼儿园的新建、扩建、翻修量较大，网络设施和教学设备还需要增加，学校图书室、活动室缺乏；学生宿舍和教师住房还需要扩建；等等。具体来讲，不同的投入者可以选取不同的路径来为乡村添置基建设施，比如承担公路建设、捐赠巴士，捐建教学楼、餐厅、图书室、宿舍，建设标准化操场、添置体育器械，等等。

（三）以提供物资形式投入

随着乡村地区开放程度增强，乡村民众对美好生活的追求更加迫切。事实表明，经济条件越是不好的地方，越难以拿出配套资金用于生活品质的提升。许多乡村便是处于这种情况之中。在全面建成社会主义现代化强国的征程中，乡村依旧会面临物资缺乏、储备能力弱的情况。物资缺乏一方面是因为经济水平低、购买能力差或不愿在物资上投入过多；另一方面是因为物资供应有限，人们购买物资的相应渠道也较狭窄。物资投入可以帮助教师改善工作条件，为学生营造更好的学习环境，提高乡村民众的物质生活水平。常见的物资形式的投入有书籍投入、学习用品用具投入、衣服棉被投入、食物营养投入等。例如某基金会发起的"心愿100梦想空间计划"为乡村学生送去"五个一"，包括一桌、一椅、一灯、一书及一智能机器人，[1]为学生创造较好的家庭学习环境。笔者在调研中发现，有些乡村学校每年接收四五次外界力量的物资捐赠，有些学校未曾接收到。因此，在后续物资投入方面尽可能扩大覆盖面，让更多的乡村受益。如有必要，县级政府、教育局、民政局可介入其中，通过提出意见或建议的形式对投入方向进行调节。物尽其用是物资投入的

---

[1] 中国青年网：《为孩子筑起真正的"梦想空间"》，http：//finance.youth.cn/csr/202108/t20210831_13196491.htm。

目标之一，建议投入方、捐赠方在投入前先与被投入方或被投入方的上级部门联系，以了解被投入方所需。

（四）向教育教学力量投入

倘若说基础设施建设是实现乡村学校的乡村振兴功能的必备条件，乡村教育教学力量的提升则是该功能更好发挥的条件。乡村教育教学力量不足主要体现在乡村学校师资结构性缺失、总体专业素质不强等方面，仅靠政府力量难以在短时间内消解这些问题。但是随着乡村振兴战略实施力度不断加大，在接下来一段时间，乡村振兴对乡村学校功能的呼吁最强烈，吸纳社会力量来补充乡村教育教学力量极为重要，比如公益机构、社会志愿团体加入支教队伍，或者通过网络共享、送培送教等形式丰富乡村教育资源，以暂时缓解乡村教师不足的难题。教育力量的投入还包括向乡村社会教育和家庭教育力量的投入。长期以来，人们对社会教育、家庭教育不重视，乡村的社会教育、家庭教育成为乡村教育中的弱项。乡村成人整体文化程度较低、家庭教育能力有限是乡村教育整体水平难以明显提升的重要原因，也制约着乡村学校乡村振兴功能的实现。对乡村社会教育的投入可从以下方面着手：提供农民技术培训素材，让农民不再为寻求生产技术而发愁；为服务乡村社会教育的教师设置补贴，吸引乡村教师为社会教育献力；为在乡村社会教育中扮演"小先生"角色的学生设置奖项，鼓励学生参与到社会教育活动中；等等。乡村学生的家庭教育存在很大问题，对乡村家庭教育的投入方面应涉及对家长进行教育方式指导和教育心理辅导。比如，家庭教育指导机构、心理辅导机构为乡村家长举办公益咨询活动；学校与家庭共同探索有效的合作共育模式，不断提高家庭教育在学生成长中的作用。此外，高校、企事业团体整合优势，通过组织公益性教育指导活动投入乡村社会教育和乡村家庭教育，为村民提供科学的家庭教育理论指导，以使其注重子女的全面发展。政府和教育事业单位增强对家庭教育的重视程度，在法律和政策指引下既可通过政府补贴、奖励激励、购买服务的方式培育一批家庭教育服务机构，又需要对这些机构进行监管。[①]

不言而喻，企业、社会团体和个人的参与可以减轻政府财政负担，

[①] 《中华人民共和国家庭教育促进法》，《人民日报》2021年10月25日第13版。

企业、社会团体和个人的捐赠援助是改善乡村办学条件、村庄发展前景的重要力量。保障多元投入是一方面，另一方面还要关注如何提高经费投入和利用率。在经费投入使用方面，要自觉遵守有效、高效、节约的原则。面对紧缺的教育经费，与城市学校相比，一些乡村学校在很多方面有所尝试，比如通过组织校内人力开展活动来节约经费，在劳动课程方面进行探索，利用学生的劳动课程，组织学生清除校园杂草，开垦荒地种植蔬菜；成立后勤服务队，在开展劳动教育的同时为学校节约了经费开支；① 在校舍的使用、办公室使用、学生奖品设置等方面都厉行节约。尽管如此，乡村学校经费依旧存在总体不足、结构性短缺的问题。因此，在呼吁增加经费、积极寻找公益力量支持的同时，如何规避经费低效现象发生在乡村学校的乡村振兴功能发挥过程中，仍是摆在人们面前的重要课题。

第三节　改善基础设施平台，推动社校互促发展

保障多元投入是完善设施平台的前提，有了投入来源保障，乡村学校的乡村振兴功能发挥所需的设施平台会逐渐完善。规划不合理、基础设施不足是许多乡村面临的现实问题，完善乡村设施既要基于现实条件，又要考虑未来需求。经济日报社对中国 16 个省份的 125 个村庄的调查显示，村民最急需的基础设施为田间道路硬化、公共交通、村内道路硬化、行政村到自然村道路硬化、养老院、路灯、图书馆和公园、互联网。② 村民最急需的公共服务依次是就业创业培训、医疗卫生、公共教育、社会保险、住房保障、文化体育、社会服务和残疾人服务。③ 结合乡村学校实现乡村振兴功能来看，完善交通设施、增添图书室和公园、铺设网络通

---

① 周国平：《办好一所乡村学校的思路与实践（6）——劳动教育：为学校省下不少经费》，《中国民族教育》2020 年第 9 期。

② 经济日报社中国经济趋势研究院：《我国村庄基础设施建设日趋完善》，《经济日报》2021 年 3 月 23 日第 12 版。

③ 经济日报社中国经济趋势研究院：《我国村庄基础设施建设日趋完善》，《经济日报》2021 年 3 月 23 日第 12 版。

道、增设文化体育设施等非常必要。

一 基于学校建设标准，改善乡村学校基础设施

乡村学校是乡村重要的公共文化空间，学校设施不足影响乡村学校功能发挥，学校建设标准是乡村学校建设的依据和基本目标。2008年9月，中华人民共和国住房和城乡建设部、中华人民共和国国家发展和改革委员会批准发布《农村普通中小学校建设标准》[1]；2012年，《国务院办公厅关于规范农村义务教育学校布局调整的意见》[2]发布；2016年，《国务院关于统筹推进县域内城乡义务教育一体化改革发展的若干意见》[3]发布；2017年，《教育部关于印发〈义务教育学校管理标准〉的通知》[4]发布；2018年，《国务院办公厅关于全面加强乡村小规模学校和乡镇寄宿制学校建设的指导意见》颁布。目前，我国中西部大部分乡村学校标准化建设还在进行中，继《"十三五"推进基本公共服务均等化规划》之后编制的"十四五"相关规划正在实施中。依据《中华人民共和国国民经济和社会发展第十四个五年规划和2035年远景目标纲要》，乡村小规模学校和乡镇寄宿制学校建设仍是重要关注对象。[5] 这些为乡村学校确立基本建设标准和发展方向，但是随着我国全面摆脱绝对贫困，开启乡村全面振兴征程，乡村学校标准化建设要走向更高水平、更深层次。

首先，从基本的安全角度出发，维修改造乡村学校。管理部门每学期对所有乡村学校道路、围墙、校舍建筑及内部设施进行详细、客观的安全排查。将发现的安全隐患及时告知学校及负责学校设施安全的管理部门，相关部门联合学校及施工企业就发现的问题制定整改方案，杜绝

---

[1] 《农村普通中小学校建设标准》，http://www.moe.gov.cn/publicfiles/business/htmlfiles/moe/cmsmedia/image//UserFiles/File/2009/04/10/2009041008/2009041008_540505.pdf。

[2] 《国务院办公厅关于规范农村义务教育学校布局调整的意见》，http://www.gov.cn/zwgk/2012-09/07/content_2218779.htm。

[3] 《国务院关于统筹推进县域内城乡义务教育一体化改革发展的若干意见》，http://www.gov.cn/zhengce/content/2016-07/11/content_5090298.htm。

[4] 《教育部关于印发〈义务教育学校管理标准〉的通知》，http://www.moe.gov.cn/srcsite/A06/s3321/201712/t20171211_321026.html。

[5] 《中华人民共和国国民经济和社会发展第十四个五年规划和2035年远景目标纲要》，《人民日报》2021年3月13日第1版。

责任规避、推诿现象。除了每学期的安全排查外,还要适时对学校路面、水电、围墙和校舍墙面进行改造,阻断危害学生安全的事故发生,为学生提供安全的学习环境。乡村学校中还存在餐厅狭小、拥挤、缺水,宿舍空间狭小且脏、乱、差,厕所脏、乱、差、危、臭等问题。这些卫生安全影响学生健康,解决这些问题是当务之急。因此,以推进乡村学校"厕所革命"为重点的乡村学校卫生设施改造也应成为维修改造乡村学校的重要内容。考虑到求学路途遥远可能为学生带来安全隐患,有必要在维持现有学校布局的情况下,依据交通条件、生源变动对学校布局进行小幅调整。同时,考虑到乡村振兴下乡村学校新功能,要慎重决定学校的消亡与恢复。对于恢复办学和恢复规模的学校,也应将安全保障放在第一位。

其次,从提高办学质量角度考虑,增补教育设施设备。乡村振兴背景下,办好乡村学校有利于留住乡村人口,进而让乡村学校更好地服务乡村。然而,还有一些问题困扰着乡村教育质量的提高,比如乡镇中心校大班额学校还存在。有教师表示,之所以存在大班额现象,是因为生源突然增加,比如易地搬迁村庄、行政区划调整以及教学点消失等导致学生向中心校聚集。再如,乡村学校整体信息化水平较低,师资不足、设施不齐导致乡村教育水平低于城市水平。随着乡村教师专业化素质不断提升、乡村教师补充渠道拓宽,师资不足问题得到明显缓解,教学设施方面的问题便更加凸显。从设施来看,乡村学校更是没有做好步入智能时代的准备。为缩小城乡教育差距,助力乡村教育整体质量提高,理应对照城市学校的教学设施,为乡村学校补充新的音乐、体育、计算机设施,为教室配置数字化、智能化教学设备。此外,还需要考虑将乡村学校办成全面终身学习的场所;[1] 不断扩大学校功能,给予学生更多的知识和生活关照,比如"周末安排专门教师组织学生开展课外活动、家庭交流走访活动、丰富多彩的文体活动等,让学生在学校中有家的感觉,使学校成为一个'温馨、舒适的共同体'"[2]。

---

[1] 唐松林、姚尧:《乡村振兴战略中教师的使命、挑战与选择》,《湖南师范大学教育科学学报》2018 年第 4 期。

[2] 王鉴:《西部农村小规模学校发展思路研究》,《教育发展研究》2019 年第 20 期。

二 基于乡村交通不便，继续优化道路网络设施

乡村要振兴，首先解决村民急需。据经济日报社调查结果来看，在村民急需的基础设施中，排在前四位的都是道路建设需求[①]。然而，交通不便也影响乡村民众与外界的交流，以及乡村民众之间的交流。在优化道路设施、不断完善乡村交通的同时，网络设施的铺设与优化也应被纳入计划内。网络是乡村与外界联系的重要渠道，良好的网络设施有利于乡村与外界的联系。同时，网络还是乡村社会教育的重要手段，可以对交通导致的社会教育不足起到一定的弥补作用。

首先，道路设施建设方面。交通不便使得乡村学校长期处于半封闭状态，学生、居民的封闭性更强。除坐落于村庄之间的学校外，其他学校与村庄的联系较少。就坐落于村庄之间的学校而言，其与村庄的联系也常仅限于所在村庄或周边居民。在偏远山村，人口居住密度较低，有些村庄人口居住非常分散，远离学校者大有人在。调研发现，在西部 W 镇的几所学校中，许多学生要步行半小时以上，其中一些学生需要走山路。学校要想通过实践活动服务乡村实属难上加难，摆脱交通困境便成为学校与乡村的共同所需。尽管经过脱贫攻坚后，乡村交通条件大大改善，道路硬化面积逐渐增加，但距离远、行驶耗时长的难题始终难解决。架桥、铺梯工作任务还很繁重，将村庄公路与高速公路连通任务还很艰巨。因此，一方面要加强通往学校道路的建设，另一方面要加强乡村其他区域道路建设。我国乡村学校，尤其是在中西部乡村学校地形复杂，为交通建设带来极大麻烦。通过搬迁学校或者修路，实现乡村学校公路全覆盖，并以乡镇域内学校为群组，通过租赁、购买或获得的形式实现"校校通""校镇通"，为开展乡村教育活动、增强校社之间联系提供便利。同时，为保证师生路途方便和安全，还要经常对道路进行安全维护，比如及时清理路障、设置落石防护等。另外，交通不便既遏制乡村经济发展，导致农田、果园管理相当麻烦，生产的水果、蔬菜卖不出去等，也阻隔了学校与社区的沟通。将村庄内部道路、田间道路、村庄与村庄

---

① 经济日报社中国经济趋势研究院：《我国村庄基础设施建设日趋完善》，《经济日报》2021 年 3 月 23 日第 12 版。

之间道路、村庄与乡镇道路作为持续建设任务，实现路面全硬化并做好路面维护，为村民出行及师生进入村庄、农田试验田、劳动教育实践基地等提供便利。

其次，网络设施建设方面。网络让乡村与外界沟通更便利，让学校与乡村的沟通渠道增加，也让乡村民众生活更加便捷。我国中小学（包含教学点）的网络接入率在2020年年底已经达到了100%，实现了宽带网络全覆盖；全国行政村、贫困村通光纤和通4G比例均超过98%，农村地区互联网普及率达55.9%。① 基于互联网的电子商务、电子政务及网络文化发展呈现较好势头的同时，我们不得不承认乡村网络设施建设还存在一系列待改进的方面。诸如乡村学校网络设施人均拥有比较低，条件好点的学校能保证为每位教师配置一台电脑，条件中等的学校能保证每间办公室或每个学科组配有电脑，条件差一点的则只在行政办公室放置一两台电脑。乡村社区网络设施存在基站信号辐射范围有限，利用率低、利用效果不好、普惠性差等问题。城乡"数字鸿沟"有所缩小，但是乡村网络设施水平仍与城市有差距，乡村民众信息技术能力不高加剧了网络设施"建多用少"的状况。由此可见，乡村在增设网络设施和提高网络设施利用率方面还有很大的提升空间，主要着力点如下：为偏远乡村补充联网设备，按照教师工作需求、学生学习需求补充网络接入设备如电脑、数字电视等，依据乡村经济社会发展水平及村民生产生活中与外界联通的需求补充电脑及其他远程互动设备；加强网络基站建设，在乡村及偏远地区增设4G基站，在人口密度大、网络需求旺盛的地方补充5G基站；实现乡村网络与商务平台、政务平台的连接，实现网络服务内容和服务对象大众化；等等。

三 基于建筑使用情况，增设常用文体活动场所

与乡村学校相比，乡村社区可以举办更加丰富多样的文化传承活动。这些活动往往更加贴近农民生活，更容易引起村民的共鸣。有研究表明，

---

① 《国家互联网信息办公室发布〈数字中国发展报告（2020年）〉》，https://www.gov.cn/xinwen/2021-07/03/content_5622668.htm。

以社区为中心的民族文化传承活动更能推动乡村可持续发展。① 此类活动还能丰富乡村居民的精神文化生活，拉近邻里乡亲之间的关系，更能促进乡风文明。当前，有一些乡村因公共场地不足而无法开展乡土文化传承活动，因此需要确定可长期用于文化体育活动的公共场地，比如文化活动室或文化广场、村委会大院、乡村学校旧址、闲置房屋或宅基地等。文化活动室、文化广场、村委会大院本身常被用于组织开展文化体育活动，属于比较稳定的公共服务场所。这些地方的设施利用率还不高，设施资源浪费现象在许多乡村都存在。同时，还有一些乡村公共文体设施布局不合理，人口较多村庄的这类资源匮乏。调研中发现，许多村庄都只有一处供村民使用的公共设施，这些设施又集中在村委会旁，住址远离村委会的居民几乎没有享用这些设施的机会。因此，有必要增设新的文体设施，至于地址的选择可优先考虑闲置校园校舍、房屋或宅基地。

随着乡村人口逐渐向城市流动和学龄人口减少，乡村学校生源下降，学校撤并、搬迁时有发生，越来越多的学校闲置。《国务院办公厅关于进一步激发社会领域投资活力的意见》指出，要将闲置校园校舍"优先用于教育、养老、医疗、文化、体育等社会领域"②。"提高体育场馆使用效率，盘活存量资源，推动有条件的学校体育场馆设施在课后和节假日对本校学生和公众有序开放"③。研究者基于 273 份文件分析得出，就闲置校舍而言，提及用于建设幼儿园、养老院、文化活动中心、偿债资金、返乡下乡创业创新基地的较多，提到将其用作老年学校及医疗室的相对较少。④ 但在实际利用中，虽然有一部分被改建为幼儿园、养老院，但仍有一部分校园校舍被荒置或只用于堆砌物品。在对闲置校舍土地和建筑物确权的基础上，对闲置校园校舍的利用优先考虑公共教育服务和其他社会服务。⑤ 比如，优先考虑将学校旧址改为社区学校或文化活动中心，

---

① 田静：《教育与乡村建设：云南一个贫困民族乡的发展人类学探究》，博士学位论文，华东师范大学，2011 年，第 117—118 页。
② 《国务院办公厅关于进一步激发社会领域投资活力的意见》，http://www.gov.cn/zhengce/content/2017-03/16/content_5177914.htm。
③ 《国务院办公厅关于进一步扩大旅游文化体育健康养老教育培训等领域消费的意见》，http://www.gov.cn/zhengce/content/2016-11/28/content_5138843.htm。
④ 李涛、邬志辉：《农村校舍闲置难题破解：思路与策略》，《教育研究》2020 年第 3 期。
⑤ 李涛、邬志辉：《农村校舍闲置难题破解：思路与策略》，《教育研究》2020 年第 3 期。

如文化馆、村史馆、农家书屋、公共网络中心等。[①] 将其改造为文化体育活动公共场所，既符合乡村学校本身的文化特性，也体现了优先用作社会公共服务的原则。研究表明，村庄宅基地闲置现象比较普遍，一些住宅闲置期长，更有5.3%的房屋长期无人居住。[②] 还有一些宅基地处于空闲状态，既不能用作农田，也不能随意处置。依据农村空闲房屋和空闲宅基地的相关管理文件，在盘活闲置宅基地过程中为乡村文体活动考虑。就闲置房屋而言，年久失修让其居住价值逐年下降，久而久之便成为荒废建筑。村委会可与房屋主人沟通，征得同意后将其改造为图书室、农耕博物馆、全民健身活动中心等。

四 基于农业生产场所，建立生产教育示范基地

乡村学校教育要做有根的教育，这种根不仅是地理上的联系，还是生产生活上的联系。乡村学校虽然能在生产技术上提供指导，但只讲理论难以保证其指导效果，因此需积极为教育对象提供实际学习和实践机会。正如有学者所提的，要从硬件教育环境建设上为学生提供耕读教育园、自然观察园，并充分利用乡村户外资源，定期或不定期地开展户外活动和项目学习。[③] 为在这方面获得更好的效果，乡村学校可依托生产示范基地，将理论与实践结合起来提升指导效果。一方面，种植业和养殖业是乡村的传统产业形式，也是村民相对擅长和比较喜爱的行业；另一方面，搭建村民之间进行生产技能交流的平台，组织教师和群众相互交流种植养殖经验。[④]

当被问及是否有支持乡村农业生产的经历时，给予肯定回答的乡村教师表示其参与的主要集中在种植和养殖方面，比如受访者003、受访者008都曾在"夜校"为村民讲课。乡村发展以农为本，乡村振兴离不开农业生产技术的支持。为提升乡村农业生产技术水平，可将"鼓励和引导

[①] 周晔：《村学的社会文化功能及退出影响》，《社会科学战线》2017年第2期。
[②] 经济日报社中国经济趋势研究院：《我国村庄基础设施建设日趋完善》，《经济日报》2021年3月23日第12版。
[③] 王占伟：《乡村教育的未来》，《中国教师报》2022年2月23日第14版。
[④] 唐松林、姚尧：《乡村振兴战略中教师的使命、挑战与选择》，《湖南师范大学教育科学学报》2018年第4期。

第七章　乡村学校之乡村振兴功能发挥问题的解决保障　　255

农林类大学到乡村办分院、办研究所、办科研基地"[1] 作为途径之一。同时，引导这些农林类大学与当地乡村学校合作，为乡村学校提供生产教育示范基地。这类基地有以下用途：一是可以作为乡村学校的实践活动基地，用以带领学生认识农业、了解劳作技术，甚或带领学生实地种植蔬菜、养殖动物等；二是可以作为生产技术推广基地，供村民到此学习生产管理技术，比如蔬菜无公害种植技术、水果防虫防坏技术、花木嫁接技术等，禽畜饲养科学喂养、繁殖技术等；三是可以作为农业技术研发基地，供师生和农民开展创新型研究，供农科研人员根据当地土壤、气候等条件改良作物产品，根据当地动植物资源开辟新的农业生产模式。对学生而言，在这些地方习得的技能既适应学生成长所需，又高于大部分家庭所采用的生产技能，因此能够起到提升综合素养的作用。对乡村居民而言，学校对生产教育示范基地的介入让农业生产实现更科学更高质量的发展，能起到帮助乡村引介或研发新技术的作用。

　　诚然，无论教育事业还是乡村社会事业，政府都是重要的责任主体。中央人民政府统一领导全国地方各级行政机关及各类行政性工作。[2] 与之相应的地方政府包括省级（自治区、直辖市）政府、县级（自治县、市）政府和乡镇（民族乡、镇）级政府。地方政府在很大程度上影响乡村学校助力乡村振兴政策的决策与执行情况，是乡村学校与乡村振兴统筹发展机制建立的关键力量。乡村学校的直接管理权在地方，乡村振兴的落实也要靠地方政府来实现，地方政府是乡村学校的乡村振兴功能调适的重要组织保障者。县级政府和镇级政府的组织能力是关键因素。因此，省级政府要加强省级统筹，把推进乡村学校的乡村振兴功能发挥纳入重要日程。各级农业农村部门、教育部门、财政部门、发展改革部门、人力资源和社会保障、自然生态部门、编制部门、交通运输部门、住房建设部门等要密切配合，尽快制定相关政策及落实方案；依据现实需要和职责范围明确各部门责任，并将处理这些事务的环节衔接好，提高行政效率。为保障政策执行效果，可将对乡村学校发挥乡村振兴功能的支持

---

[1] 张孝德：《以大教育观推进乡村教育及乡村全面振兴》，《中国教师报》2022 年 2 月 23 日第 14 版。

[2] 《国务院组织机构》，http://www.gov.cn/guowuyuan/zuzhi.htm。

情况作为地方政府及相关行政部门的考核指标。相关的必要保障还有很多，比如教育部门联合财政部门、人力资源社会保障部及编制部门等，依据乡村振兴对乡村教师数量、结构及质量的新需求，不断完善乡村教师队伍建设；农业农村部门、发展改革部门、交通运输部门、住房建设部门及自然生态部门从各自领域出发，督促下级单位落实完善乡村设施、改善乡村生存环境的职责。

第八章

结　　语

全面建成小康社会和全面建成社会主义现代化强国，最艰巨最繁重的任务在乡村，最广泛最深厚的基础在乡村，最大的潜力和最足的后劲也在乡村。把乡村发展至于全面振兴的高度，表明了我国支持乡村发展的决心。本研究对乡村学校为何能助力乡村振兴、乡村学校助力乡村振兴的现状如何、乡村学校助力乡村振兴过程中遇到哪些问题、产生这些问题的原因，以及如何破解这些问题进行了深入探讨。

第一节　研究结论

从理论分析来看，本研究论证了乡村学校助力乡村振兴的可行性及价值。从学校与社会的关系视角来看，学校是社会的产物，同时受到社会制约。社会的需要是学校努力的方向，新时代乡村学校的发展要顾及乡村振兴的需要。同时，乡村振兴的动力要素也需要创新，作为乡村重要组成部分和公共教育机构的学校，能够持续助力乡村发展。从乡村学校自身功能来讲，在乡村振兴时代其能够对乡村文化、乡村经济、乡村政治、乡村社会以及乡村生态产生作用。本研究将这些归之为乡村学校的乡村振兴功能，并对其深刻内涵、价值意义及作用范畴进行了论证。此外，以大教育观、统筹理论、教育功能论、生活教育论等为指导，提出了乡村学校今后努力的方向。

在现状考察方面，通过问卷调查、访谈等方法获取真实资料，得知乡村学校的乡村振兴功能发挥大致情况。利用李克特五点量表法来评判，乡村学校的乡村振兴功能整体发挥水平值为3.6019，处于中等略微偏好的状态。从各维度来看，乡村学校在五个维度上的水平从高到低依次为支持乡村社会建设、参与乡村生态建设、助力乡村政治建设、促进乡村文化建设、推动乡村经济建设。为揭示群体差异情况，本研究运用独立样本t检验或单因素方差分析对不同群体教师反馈的乡村学校的乡村振兴功能现状进行差异分析。从分析结果来看，不同类型、规模的学校间存在差异，不同工作状况教师的反馈上存在差异，不同生活状况教师的反馈上也存在差异。他们在具体项目上的差异，既有共同性，又有差异性。另外，对乡村政策的认知、参与扶贫实践的经历影响乡村教师对乡村学校振兴功能现状的判断。乡村学校助力乡村振兴的积极性受政策导向和评价制度影响，乡村学校得到的外界支持程度影响其助力乡村振兴的程度，乡村学校自身力量的有限性决定了乡村学校在助力乡村振兴方面也是有限的。

从综合评判来看，乡村学校的乡村振兴功能的发挥成效较为持续地促进了乡村文化发展、略微有效地推动了乡村经济增长、在一定程度上助力了乡村政治建设、较为有力地支持了乡村社会进步、相对有力地参与了乡村生态改善。存在的问题也有很多，比如乡村学校在促进乡村文化建设上面临后续动力不足；在推动乡村经济建设上面临人力结构不佳；在助力乡村政治建设方面，乡村学校的治理经验、治理人才、治理方式等在乡村治理中的恰适程度还不够高；在支持乡村社会建设方面，面临较多的客观限制，比如乡村人口分散与流失、居民之间利益分配不公、教师在居住上逐渐远离乡村等；在参与生态建设方面，乡村学校常常面临功能范围窄化或被窄化的尴尬。之所以出现这些问题，其原因大致如下：一是传统办学观念约制乡村学校功能发挥，具体而言，人们往往将学校的服务对象囿于学生，学校工作任务安排囿于校内。二是内部动力不足束缚乡村学校功能发挥，乡村学生和乡村教师助力乡村振兴的能力和精力有限。三是外部支持乏力限制乡村学校功能发挥，比如专门政策与执行组织缺位、社区人文环境支持度不足、专项经费和专门人才匮乏。四是公众诉求偏执阻碍乡村学校功能发挥，比如学校的工具性价值被不当理解，离农价值被奉为圭臬，不同视野下的乡村学校价值难以平衡。

从现状改善考虑，本研究提出需要尽快采取破解乡村学校的乡村振兴功能发挥问题的路径和保障。在路径方面，宏观层面要加强对乡村学校布局调整的统筹以确保乡村学校力量充足，乡村学校要调适工作模式以与乡村发展保持较紧密的联系，师生个体也要积极参与服务乡村的行动，家校要联动合作以巩固学校振兴乡村效益。在保障方面，国家要完善政策引导，注重学校发展质量；构建多元投入机制，稳定多元供给渠道；改善乡村设施平台，推动社校互促发展。

第二节　研究创新

乡村振兴是当前乡村学校发展最鲜活、最灵动的时代背景。发挥乡村学校的乡村振兴功能既是乡村学校对乡村振兴呼唤的回应，也是由乡村学校本身的社会属性决定的。在对乡村学校的乡村振兴功能进行理论论证、现状分析及对为乡村学校走出自身发展困境、乡村振兴功能发挥困境时，本研究创新点可归纳为以下方面。

第一，紧密结合乡村振兴战略的时代背景，对乡村学校功能的阐释进行创新。突破人们对乡村学校功能的常规认识，将校内功能与校外功能、学校发展与生产生活结合起来。具体而言，本研究着眼于教育的本体功能与社会功能、学校的本体功能和社会功能，以乡村振兴的条件诉求为现实逻辑起点，结合中国特色社会主义事业"五位一体"总体布局，尝试在吸收乡村教育历史经验的基础之上整合出乡村学校之乡村振兴功能的范畴。亦即突破已有将乡村教育局限于乡村学校教育的范畴，构建出大教育系统观之下的乡村学校功能体系，既立足系统观进行分析，也观照主体视角聚焦、转换；联系历史上，尤其是民国时期先进的乡村建设思想，乡村教育改造理论，从大教育观和系统科学视角出发，希望为乡村学校的乡村振兴功能发挥寻找到合适的理论支撑；引导人们转变"学校只是学生学习的地方"的观念，让大教育观视野回归，引导人们认识到乡村学校之于乡村振兴的功能。

第二，发掘一条可持续助力乡村振兴的路径，并论证了该路径的实施基础及可行性。中国式减贫经验在世界上拥有较好声誉，教育之于减贫的作用是全世界有目共睹的，为我国乡村振兴的实施提供了很好的经验借鉴。本研究既是对乡村建设先贤探索的吸收，又是在乡村振兴战略实施进程中的深度挖掘。本研究所指向的乡村学校的乡村振兴功能是基于我国的政治优势而展开的，是中国特色社会主义制度下的一种深刻解读。从目前乡村发展实际来看，乡村振兴模式多样、路径多条，但对外界的依附性明显，内部的动力显得不足，因而仍旧缺乏具有长久持续性的路径。本研究从乡村学校社会功能发挥、乡村教师社会作用发挥角度探索了一条支持乡村全面振兴、持续振兴的路径。

第三，为乡村学校工作调整方向提供新的视角，提出并论证了乡村振兴时代乡村学校突破生源减少、教师不足、前景渺茫困境的策略。将支持乡村振兴作为乡村学校工作调整的可能路径，既是对乡村振兴呼唤的回应，也是积极应对消亡困境的重要之举。乡村人口流失、乡村空心化导致乡村学校最坚实的服务对象逐渐萎缩，让乡村学校工作开展一度进入尴尬地步，甚至出现难以为继的情况。据我国以往乡村学校变革与管理经验、国外乡村学校的发展路向，乡村学校工作调整一方面要考虑全国教育普及的需要，另一方面要兼顾乡村的需要，实现与乡村社区的统筹发展。所以，本研究提出要从乡村学校工作对象、乡村学校工作内容、乡村学校人员配备方面做出调整，让承担青少年教育工作相对减少的乡村学校在工作对象和工作范围上充实起来，当然，相应的教师资源配置、教师专业发展也应不断完善。

第三节　不足与展望

一　存在不足

尽管本研究在搜集资料和进行分析时做出了不懈努力，但不得不承认依旧存在以下两个方面的不足。

第一，从经验借鉴来看，对异域乡村振兴理论、经验借鉴略少。我国乡村与国外乡村的发育程度不等、面临的发展机遇不同。基于此，本研究在理论分析上以国内学者的探讨、我国政策走向等为主要参考。总体而言，本研究较为注重从我国乡村学校的乡村振兴功能的自身情况、整体情况着手分析，对国外乡村振兴经验借鉴偏少，同时也不可避免地遗漏了可能会对我国乡村学校的乡村振兴功能发挥有益的经验的介绍。

第二，从研究方法来看，访谈法使用程度还不够深入。语言沟通是访谈的基础，笔者在研究中努力克服语言上的困难。在与乡村教师交流方面，遇到的语言困难虽存在，但基本可以通过请求对方语速慢一些、换种表达方式、举例说明等方式来克服。在与村干部和村民的交流中，尤其是在村中走访时会遇到沟通不畅的尴尬。在与学生的交流中，也时常碰壁。尽管请当地人当向导，笔者依旧难以彻底摆脱语言障碍。这也致使对访谈问题的追问比较困难，对问题的把握并不能做到面面俱到。

二 未来展望

与过去相比，步入21世纪后我国乡村取得了明显发展，乡村学校和乡村社区得到的相应支持增多。但如前所述，破解乡村学校乡村振兴功能发挥方面的问题需要过程，一些策略难以在短时间内奏效。因此，乡村学校的乡村振兴功能以学校的教育功能为基础，而教育是一项长期工作，教育效果也具有滞后性；中西部乡村学校中存在很多发展条件薄弱学校，自身资源不足使其在助推乡村振兴中显得乏力，甚至无能为力；人们往往抱有"求稳不求变"的心理，一些学校领导或教师不愿主动调整工作模式，导致乡村学校服务乡村的工作难以开展。相关的支持政策亟须出台，学校组织力量需要增强，乡村学校与社区统筹发展机制要建立起来，乡村基础设施、网络实施及社区、学校共享平台需要完善，等等。诸如此类的任务还有很多，这就需要更多人关注此议题，在相关的理论研究和实践尝试上贡献智慧。

诚然，乡村学校作为乡村的组成部分，可以对乡村振兴发挥重要的助推作用，但毋庸置疑的是，乡村振兴离不开乡村学校以往的其他力量的支撑。这些力量也是实现乡村振兴和发展好乡村学校的重要保障。我们坚信随着乡村社会的发展、乡村教育发展模式的变革，人们对乡村学校发挥乡村振兴功能的接受度将会更高。

参考文献

一 中文文献

（一）图书

［联邦德国］H·哈肯：《协同学——自然成功的奥秘》，戴鸣钟译，上海科学普及出版社1988年版。

［德］马克斯·韦伯：《经济与社会》上卷，林荣远译，商务印书馆1998年版。

［法］H. 孟德拉斯（Henri Mendras）：《农民的终结》，李培林译，社会科学文献出版社2005年版。

［美］杜赞奇：《文化、权力与国家：1900—1942年的华北农村》，王福明译，江苏人民出版社2004年版。

［美］古德莱德：《学校的职能》，赵晓燕编译，甘肃文化出版社2005年版。

［美］约翰·R. 霍尔、［美］玛丽·乔·尼兹：《文化：社会学的视野》，周晓虹、徐彬译，商务印书馆2002年版。

［美］沃尔特·范伯格、［美］乔纳斯·F. 索尔蒂斯：《学校与社会》，李奇等译，教育科学出版社2006年版。

［美］西奥多·W. 舒尔茨：《人力资本投资——教育和研究的作用》，蒋斌、张蘅译，商务印书馆1990年版。

［美］约翰·杜威：《学校与社会·明日之学校》，赵祥麟、任钟印、吴志宏译，人民教育出版社1994年版。

［日］滨田博文编著：《变革学校的新生力量》，张扬、黄宇、夏鹏翔译，华东师范大学出版社2019年版。

樊克政：《学校史话》，社会科学文献出版社 2011 年版。

范先佐等：《农村教育》，科学出版社 2018 年版。

费孝通：《江村经济》，北京大学出版社 2016 年版。

费孝通：《乡土中国》，人民出版社 2020 年版。

高志强、郭丽君：《学校生态学引论》，经济管理出版社 2015 年版。

郭法奇：《文化视野中的学校教育：历史与比较》，中国社会科学出版社 2016 年版。

贺雪峰：《新乡土中国》，北京大学出版社 2013 年版。

纪河主编：《学校教育社会学》，河海大学出版社 2003 年版。

李庆真：《社会变迁中的乡村精英与乡村社会》，浙江大学出版社 2016 年版。

李书磊：《村落中的"国家"——文化变迁中的乡村学校》，浙江人民出版社 1999 年版。

梁漱溟：《乡村建设理论》，上海人民出版社 2011 年版。

刘善槐：《农村学校布局调整决策的科学化、民主化与道义化研究》，教育科学出版社 2014 年版。

刘守英、程国强等：《中国乡村振兴之路——理论、制度与政策》，科学出版社 2021 年版。

陆益龙：《后乡土中国》，商务印书馆 2017 年版。

陆益龙：《农民中国——后乡土社会与新农村建设研究》，中国人民大学出版社 2010 年版。

秦晖：《农民中国：历史反思与现实选择》，河南人民出版社 2003 年版。

任春荣、左晓梅等：《乡村小规模学校的生存与发展》，知识产权出版社 2019 年版。

容中逵：《传统与现代的交锋：百年中国乡村教育变迁的实践表达》，浙江大学出版社 2010 年版。

申国昌等：《生活的追忆：明清学校日常生活史》，海峡出版发行集团、福建教育出版社 2018 年版。

宋恩荣编：《梁漱溟教育文集》，江苏教育出版社 1987 年版。

宋恩荣主编：《晏阳初全集》第 1 卷，天津教育出版社 2013 年版。

陶行知：《中国教育改造》，商务印书馆 2017 年版。

田晓伟：《找寻失落的"蜀庠楷模"——重庆聚奎学校变革的历史人类学研究》，人民出版社2019年版。

王思斌主编：《乡村社会学》，中央广播电视大学出版社2004年版。

魏风云：《乡村教育振兴研究》，人民出版社2020年版。

徐杰舜等：《新乡土中国——新农村建设武义模式研究》，中国经济出版社2007年版。

姚永强：《乡村振兴背景下中国农村教育发展》，社会科学文献出版社2021年版。

叶哲铭：《底层视野——现代学校教育与乡村民众生活》，浙江大学出版社2010年版。

赵杰：《城镇化与农村中心学校出路》，华东师范大学出版社2018年版。

朱启臻：《把根留住：基于乡村价值的乡村振兴》，中国农业大学出版社2019年版。

（二）期刊

白亮：《乡村振兴中学校的社会文化价值分析》，《教育与经济》2019年第6期。

白杨、巴登尼玛：《学校与社区互动要素探究——基于四川藏区学校与社区互动的考察分析》，《民族教育研究》2012年第6期。

鲍成中：《"生活·实践"教育视野下学校教育改革探索》，《宁波大学学报》（教育科学版）2021年第3期。

蔡剑兴：《乡村学校的社会功能定位思考》，《福建陶研》2006年第3期。

陈桂生：《略论学校性质演变的轨迹》，《当代教育论坛》2005年第11期。

程莲雪、王丽娟、唐智松：《乡村学校在乡土文化传承中的价值及其实现》，《教学与管理》2021年第15期。

龚春明、饶国宾：《找回家乡：城镇化进程中乡村情感价值的展演》，《探索》2015年第4期。

谷亚、肖正德：《乡村教师乡贤角色的百年嬗变》，《教育研究与实验》2021年第3期。

郭文良：《"后撤点并校时代"乡村学校的文化使命及其实现路径》，《现代中小学教育》2015年第4期。

郝德贤：《乡村学校社会教化功能的历史观照与乡村振兴战略实施的耦合》，《教育探索》2020年第9期。

郝婕：《学校的性质》，《青年与社会》2012年第6期。

贺雪峰：《关于实施乡村振兴战略的几个问题》，《南京农业大学学报》（社会科学版）2018年第3期。

胡德海：《论教育的功能问题》，《西北师大学报》（社会科学版）1999年第2期。

胡定荣：《学校改进：认识边界、历史逻辑与前进方向》，《中国教育科学》（中英文）2016年第3期。

胡振京：《教育负向功能观的社会学分析》，《教育学报》2005年第4期。

黄济：《关于教育功能的几个问题》，《北京师范大学学报》（社会科学版）1991年第6期。

吉标：《中国村落小学的百年兴衰》，《华东师范大学学报》（教育科学版）2012年第4期。

李帆、徐竹君、王丽娟：《城镇化背景下乡村学校的现实境遇与发展路径——基于公平理论的视角》，《教师教育学报》2019年第4期。

李兴洲：《为了学校的名义——学校基本功能辨正》，《当代教育科学》2006年第6期。

李跃雪、邬志辉：《城镇化背景下乡村教育发展策略：国际经验与启示》，《比较教育研究》2016年第3期。

梁东兴、唐鸣：《中国乡村社会的百年变迁》，《江汉论坛》2015年第1期。

刘丽群：《我国乡村学校建设的方向性迷失与战略性抉择》，《湖南师范大学教育科学学报》2019年第5期。

刘铁芳：《重新确立乡村教育的根本目标》，《探索与争鸣》2008年第5期。

刘云杉：《人唯求旧，物唯求新——城镇化进程中乡村学校如何重建》，《生活教育》2014年第11期。

马健生、邹维：《论学校及其功能》，《清华大学教育研究》2019年第4期。

马连奇、唐智松：《农村学校与新农村建设》，《江西教育科研》2007年第 7 期。

缪学超：《学校仪式的文化记忆功能及实现路径》，《教育学报》2020 年第 2 期。

秦玉友：《农村小规模学校发展的基本判断与治理思路》，《教育研究》2018 年第 12 期。

沈晓燕：《城镇化背景下乡村教师知识分子身份的式微与重构》，《教育发展研究》2018 年第 20 期。

孙闻泽、范国睿：《乡村小规模学校发展的国际经验与启示》，《全球教育展望》2020 年第 6 期。

唐松林、姚尧：《乡村振兴战略中教师的使命、挑战与选择》，《湖南师范大学教育科学学报》2018 年第 4 期。

唐智松、高娅妮、王丽娟：《乡村教师如何助力乡村振兴——基于职业作用的调查与思考》，《现代远程教育研究》2020 年第 3 期。

万明钢：《"文字上移"——渐行渐远的乡村教育》，《教育科学研究》2010 年第 7 期。

王鉴：《西部农村小规模学校发展思路研究》，《教育发展研究》2019 年第 20 期。

王凌、曹能秀：《依托学校建立民族农村社区学习中心的实践探索——以云南省寻甸县六哨乡、联合乡为个案》，《教育研究》2008 年第 12 期。

邬志辉：《学校特色化发展的重新认识》，《教育科学研究》2011 年第 3 期。

吴康宁：《学校究竟是什么——重申学校的社会属性》，《教育研究》2021 年第 12 期。

萧放、王宇琛：《发挥乡村学校的基层治理体系塑造功能》，《社会治理》2018 年第 6 期。

肖正德：《论乡村振兴战略中乡村教师的新乡贤角色》，《教育研究》2020 年第 11 期。

杨蕾：《生态位视域下农村小规模学校的定位与发展》，《中国教育学刊》2017 年第 9 期。

周晔：《村学的社会文化功能及退出影响》，《社会科学战线》2017 年第 2 期。

朱启臻：《当前乡村振兴的障碍因素及对策分析》，《人民论坛·学术前沿》2018年第3期。

（三）学位论文

江涛：《人类学视野中的乡村教化（1949—2014）——以伍村为个案》，博士学位论文，东北师范大学，2015年。

李红婷：《无根的社区　悬置的学校——湖南大金村教育人类学考察》，博士学位论文，中央民族大学，2010年。

李兴洲：《重构学校精神——学校功能偏离与现代学校制度建设》，博士学位论文，南京师范大学，2005年。

李学良：《失去学校的村庄与远离村落的学校——贤村教育的田野考察》，硕士学位论文，华东师范大学，2014年。

司洪昌：《嵌入村庄的学校——仁村教育的历史人类学探究》，博士学位论文，华东师范大学，2006年。

田静：《教育与乡村建设——云南一个贫困民族乡的发展人类学探究》，博士学位论文，华东师范大学，2011年。

王红：《乡村教育在地化研究》，博士学位论文，东北师范大学，2019年。

王文林：《农村城镇化与学校教育服务功能的拓展》，硕士学位论文，苏州大学，2008年。

徐畅：《新型城镇化背景下乡村学校价值缺失与复归》，硕士学位论文，渤海大学，2017年。

张晓燕：《教育的民生功能研究》，博士学位论文，西南大学，2014年。

赵艳龙：《基于嵌入性理论的乡村农民精神文化教育研究》，博士学位论文，西南大学，2014年。

赵忠平：《"悬浮"在村庄——黄村学生离农意识建构的田野考察》，博士学位论文，东北师范大学，2015年。

庄西真：《学校行为的社会逻辑——关系网络中的学校》，博士学位论文，南京师范大学，2005年。

二　外文文献

Alam S., "Communicative Space and Working Locally: A Report of a Participatory Action Research Project in a Remote Rural School in Bangladesh",

Action Research, Vol. 15, No. 2, 2018.

Beach D., Arrazola M. B. V., "Community and the Education Market: A Cross-National Comparative Analysis of Ethnographies of Education Inclusion and Involvement in Rural Schools in Spain and Sweden", *Journal of Rural Studies*, Vol. 177, 2020.

Chung C., Mason M., "Why do Primary School Students Drop Out in Poor, Rural China? A Portrait Sketched in a Remote Mountain Village", *International Journal of Educational Development*, No. 32, 2012.

Clout H. D., "Rural Revival in Marne, 1914–1930", *The Agricultural History Review*, Vol. 42, No. 2, 1994.

Elena T. A., Adela M., "Rural Education in Romania: Present and Perspectives", *Procedia-Social and Behavioral Sciences*, Vol. 2, No. 2, 2010.

Galton M., Hargreaves L., "Clustering: A Survival Mechanism for Rural School in the United Kingdom", *Journal of Research in Rural Education*, No. 11, 1995.

Gibbs R., "Education as a Rural Development Strategy", *Management Quarterly*, Vol. 47, No. 4, 2006.

Gladwin C. H., Long. B F., Babb E. M., et al., "Rural Entrepreneurship: One Key to Rural Revitalization", *American Journal of Agricultural Economics*, Vol. 71, No. 5, 1989.

Hallinger P., Liu S. N., "Leadership and Teacher Learning in Urban and Rural Schools in China: Meeting the Dual Challenges of Equity and Effectiveness", *International Journal of Educational Development*, Vol. 51, 2016.

Hargreaves L. M., "Respect and Responsibility: Review of Research on Small Rural Schools in England", *International Journal of Educational*, No. 48, 2009.

Harmon H. L., Kai Schafft K., "Rural School Leadership for Collaborative Community Development", *The Rural Educator*, Vol. 30, No. 3, 2009.

Knight J., "Rural Revitalization in Japan: Spirit of the Village and Taste of the Country", *Asian Survey*, Vol. 34, No. 7, 1994.

Kovács K., "Rescuing a Small Village School in The Context of Rural Change in Hungary", *Journal of Rural Studies*, Vol. 28, No. 2, 2012.

Kwon J. Y., Kim E. S., Bae S. E., "A Study on Residents' Competency Education Needs of Rural Village Types: Focused on The Building Up Rural Village Revitalization", *Journal of Agricultural Extension & Community Development*, Vol. 22, No. 1, 2015.

Malek J. A., Ahmad A. R., Awang M. M., et al., "Symbiotic Relationship Between Telecentre and Lifelong Learning for Rural Community Development: A Malaysian Experience", *The Turkish Online Journal of Educational Technology*, Vol. 3, No. 13, 2014.

Manuel D. J., "Combining Participatory Processes and Sustainable Development Goals to Revitalize a Rural Area in Cantabria (Spain)", *Land*, Vol. 11, No. 9, 2020.

Nasibullov R. R., Korshunova O. V., Arshabekov N. R., "Rural School as a Resource for the Intellectual and Labour Potential Formation of the Rural Society", *International Journal of Environmental & Science Education*, Vol. 11, No. 3, 2016.

Schultz T. W., *Economic Value of Education*, Columbia University Press, 1963.

Semke C. A., Sheridan S. M., "Family-School Connections in Rural Educational Settings: A Systematic Review of the Empirical Literature", R^2 *Ed Working Paper*, April, 2011.

Sikorski D., Latocha A., Szmytkie R., et al., "Functional Changes in Peripheral Mountainous Areas in East Central Europe between 2004 and 2016 as an Aspect of Rural Revival? Kłodzko County Case Study", *Applied Geography*, Vol. 122, 2020.

Sisaye S., "Education and Rural Development in Ethiopia", *Agricultural Administration*, Vol. 15, No. 2, 1985.

Starr K., White S., "The Small Rural School Principalship: Key Challenges and Cross-School Responses", *Journal of Research in Rural Education*, Vol. 15, No. 2, 2008.

Wiezorek C., Stark S., Dieminger B., " 'You Must Know the Infrastructure of Rural Areas is Really Not Such That I Can Draw on Abundant Resources'—Development of All-Day Schools in Rural Areas", *Zeitschrift für Erziehungswissenschaft*, Vol. 14, No. 3, 2011.

Yahsi Z., The Village School and Village Life: An Ethnographic Study of Early Childhood Education, Ph. D. dissertation, The Ohio State University, 2011.

后　　记

近年来，我一直关注乡村教育，并围绕乡村大教育、乡村学校、乡村教师撰写了论文或申请课题，查阅了丰富的文献资料，对乡村教育发展历程、乡村学校变革、乡村教师身份角色演变、乡村教师素养提升有大致的判断。梳理历史发现，乡村学校的功能经历了漫长的演变，并推动着中国教育的发展。乡村学校之于乡村发展的价值毋庸置疑，关键点在于现实中的乡村学校对乡村发展能否产生作用，产生了什么样的作用，还有哪些方面需要改善。关注乡村发展亦是我个人兴趣所致。我出生在乡村，并在乡村完成基础教育阶段。回想小时候的教育经历，虽然有很多缺憾，但并没有遮蔽我求学的快乐。身在其中不觉得，离开方知可贵。我抓住参观学习、参加会议、调研、度假的机会，对乡村学校的发展现状、困难进行了解，同时也探索具有中国特色的乡村智慧。

在乡村振兴时代，乡村学校发展问题、乡村学校功能发挥问题无疑更加重要。对于乡村学校诸功能发挥情况的好奇驱使我多次走出书斋去调研，去看看乡村间烟火气，去感受乡村学校的发展气息。调研中有欢乐、收获，也有困难、无奈。收获了与教师们之间的友谊，感受到了居住于"童话村庄"的欣喜，体验了与山村小朋友一起下山去学校的辛苦与快乐。同时，无奈于自己力量薄弱无法帮助他们解决生活困难、教育困境。还有一种无奈来自调研资料获取上的困难，在与农户攀谈中，看到他们急于向我表达想法却又无法让我听懂的无奈，我既自责为何没有精通他们的民族语言，又感叹教育资源的不均衡。如今当地的"学前学普行动"已经开始实施，若干年后，他们与外界的交流也便不再如此困难。

这项研究的完成离不开我的导师唐智松教授的指导，离不开孙振东教授、吴晓蓉教授、么加利教授、彭泽平教授、倪胜利教授、扈中平教授、杨兆山教授等提出的宝贵修改意见，离不开调研地校长、教师、学生以及乡镇、村干部的支持，离不开同学、朋友的智慧碰撞。本书的出版离不开河南大学的支持、中国社会科学出版社的支持与黄晗编辑的辛勤付出。在此一并表示感谢。

王丽娟

2023 年 12 月